PUBLICATIONS SOUS PRESSE.

Sainte-Beuve.

PORT-ROYAL, 2 vol. in-8.
CRITIQUES ET PORTRAITS, tome 2, in-8.

Théophile Gautier.

LA COMÉDIE DE LA MORT, 1 vol. in-8.
LE CAPITAINE FRACASSE, 2 vol. in-8.

E.-T.-A. Hoffmann.

SIXIÈME LIVRAISON, 4 vol. in-12.

Louis Bertrand.

GASPARD DE LA NUIT, 1 vol. in-8.

Ferdinand Dugué.

HORIZONS DE LA POÉSIE, 1 vol. in-8.

IMPRIMERIE DE MADAME POUSSIN, RUE MIGNON, 2.

SOUVENIRS

DU

DUC DE VICENCE.

IMPRIMERIE DE Mme PORTHMANN,
RUE DU HASARD-RICHELIEU, 8.

SOUVENIRS

DU

DUC DE VICENCE

RECUEILLIS ET PUBLIÉS

PAR CHARLOTTE DE SO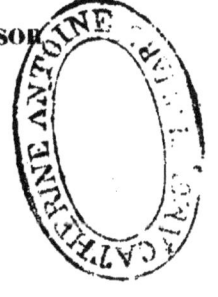

TOME I

𝔇𝔢𝔲𝔵𝔦è𝔪𝔢 𝔈𝔡𝔦𝔱𝔦𝔬𝔫.

PARIS

ALPHONSE LEVAVASSEUR ET Cⁱᵉ

8, PLACE DE LA BOURSE

1837

MÉMOIRES

SUR

NAPOLÉON ET L'EMPIRE.

CHAPITRE PREMIER.

C'ÉTAIT par une belle et chaude matinée de septembre 1826. J'étais assise dans l'endroit le plus fourré d'un de ces bois charmants qui avoisinent Plombières, du côté de la fontaine Stanislas; j'avais un livre posé sur mes genoux, et je ne lisais pas : ma pensée se reportait triste et soucieuse vers une belle époque du passé. Beaucoup de promeneurs traversaient le petit sentier qui coupait le bois assez près de moi; aucun d'eux ne m'avait distraite de mes rêveries : c'étaient comme des ombres qui gênaient mes yeux sans se rattacher en aucune manière à mes souvenirs.

La tête appuyée sur ma main, les regards baissés, j'avais fini par m'isoler entièrement. Ma capricieuse imagination déployait devant moi le magnifique bassin d'Anvers, son port, ses vastes chantiers de construction, où apparaissaient tout pavoisés deux beaux vaisseaux qui allaient être lancés ce jour même, l'un à la marée du matin, l'autre à la marée de l'après-midi.

Napoléon avait voulu présenter à ce peuple de turbulente mémoire la petite-nièce de leur grande Christine, et faire célébrer des fêtes vraiment royales dans toutes les villes de la Belgique conquise, mais jamais soumise.

Quatre heures sonnaient à la cathédrale, au moment où nous descendîmes de voiture à la Tête de Flandre. Nous nous élançâmes dans un frêle canot, qui nous débarqua sur le port d'Anvers, où tout était action, mouvement, quoique le jour parût à peine. Le soleil se levait pâle et terne, un commissaire de marine, en grand uniforme, l'air affairé et important, donnait des ordres; puis, à la vue des nuages qui se condensaient péniblement, sa figure exprima une vive anxiété, et, s'adressant à un ouvrier occupé à lier des cordages : « Maringo, le vent est sud-ouest..... je crains la pluie....; ce serait diablement vexant.

— Baste, » fit l'homme à la veste, avec un

geste de confiance intraduisible, « *il* a toujours son soleil d'Austerlitz dans sa poche, et *il* se fiche autant des nuages que moi de çà...

—Monsieur le commissaire, « demandai-je, à quelle heure doit-on lancer le premier vaisseau?

—Leurs majestés seront ici avant six heures; la marée n'attend personne...

— Quand elle l'attendrait, *lui*, » grogna le soldat, « elle est bien faite pour çà. »

Nous nous mîmes tous à rire.

« Mon brave homme, » dis-je en lui présentant une pièce de cinq francs, « voilà pour boire à la santé de l'empereur.

— Ma petite dame, ce que vous me proposez là est bien enjôlant; mais c'est que Maringo... Maringo se connaît, » dit-il en se grattant l'oreille, « Maringo boira la pièce jusqu'au dernier sou à c'te santé-là, et ça ne fera pas de la bonne besogne; avec çà qu'*il* m'a parlé hier, et qu'il m'a dit: « Que fais-tu ici, mon brave...? »..... si je bois mes cent sous, bien sûr que j'irai faire un demi-tour à droite à la salle de police, et, voyez-vous, je ne veux pas qu'il ait le moindre reproche à me faire, ce cher brave empereur. »

Et c'était ainsi que Napoléon possédait ce pouvoir de fascination, qui donnait à ces hommes simples et dévoués la croyance singulière que chacun d'eux était individuellement distingué et compté par leur héros.

Placés sous une tente, vis-à-vis de celle de l'empereur, nous le vîmes arriver. L'impératrice Marie-Louise, sa jeune et insignifiante femme, était l'objet de ses soins empressés. Le regard heureux de Napoléon la couvait de son amour; on voyait qu'il était fier de la montrer à tous et partout, quand l'effroyable tonnerre de l'artillerie des vaisseaux en rade et de celle du fort saluèrent le bâtiment qui faisait majestueusement son entrée dans l'Escaut. A ce moment l'empereur, dont les yeux semblaient lancer des éclairs, au bruit du canon, passa son bras autour de la taille de sa femme effrayée, la rapprocha de lui comme pour la préserver d'un danger qui n'existait pas..... Trois années plus tard, cette femme oubliait de qui elle était l'épouse..... elle acceptait un autre appui, un autre sein pour s'y réfugier.

Oh! mais elle n'est pas française, cette femme, pensai-je, et cette idée rafraîchissait mon front brûlant.

J'en avais fini avec mes souvenirs; je relevai machinalement la tête; un homme gravissait lentement, et en se reposant de temps à autre, le sentier assez escarpé qui passait à mes pieds. A mesure qu'il se rapprochait, j'étais frappée de la distinction de sa tournure; sa taille était flexible et élancée, il y avait encore de la jeunesse sous ses rides précoces, sous l'altération de sa pâle figure.

Un reflet du passé éclaira ma pensée; mon Dieu! dis-je, cet être est comme une apparition qui continue mes souvenirs...; mais alors cette tête était haute et fière; cette taille, maintenant voûtée, était droite, un riche uniforme la recouvrait...; tout, alors, dans cet homme, respirait la force et l'audace; dans son regard se peignait la confiance d'une de ces hautes positions dont on n'est précipité qu'aux dépens de la vie!

J'avais devant moi le grand-écuyer de l'empire, le duc de Vicence!

Je le considérais tristement et des larmes coulaient involontairement sur mes joues.

« Mademoiselle, » dit le duc de Vicence à ma femme de chambre, qui travaillait assise près du chemin, « ce sentier conduit-il directement à la fontaine Stanislas?

— Oui, monsieur le duc, » répondis-je en me levant aussi vite que je le pus, épuisée et bien malade que j'étais à cette époque.

Il fit quelques pas vers moi, et avec cette grâce que personne ne lui contestera :

« Madame, ai-je donc l'honneur d'être connu de vous.

— Oh! » répondis-je, « tous les rêves dorés de ma jeunesse se rattachent aux pompes de l'empire; plus tard, j'ai pleuré sur ses désastres, et le dévouement du duc de Vicence est inséparable, dans ma pensée, du nom de Napoléon. »

Nous rappelâmes d'anciens souvenirs; nous avions connu les grands acteurs du drame héroïque; nos sympathies se reportaient vives et palpitantes vers le passé... Depuis ce jour nos causeries furent interminables.

Quand je retrouvai le duc de Vicence à Plombières en 1826, il était horriblement maigre; ses cheveux étaient presque entièrement gris; sur ses traits bouleversés il portait les stigmates d'atroces souffrances morales. En quelques années, un demi-siècle semblait avoir passé sur le brillant écuyer de Napoléon. Un cancer à l'estomac, affreuse et inguérissable maladie, tranchait violemment sa vie. Envoyé aux eaux de Plombières par son médecin, le docteur Broussais, le duc ne faisait que peu ou point de remèdes; l'existence pesait à cet homme, lui, qui l'avait épuisée si belle d'abord, et qui la supportait maintenant si décolorée, si pleine d'amers souvenirs..... « Il n'y a plus de place pour moi en France, » m'a-t-il dit souvent.

Ses souffrances physiques ne lui laissaient aucun répit; en proie à une insomnie continuelle, une grande partie des nuits, il dictait ses riches et curieux Mémoires à un secrétaire intelligent et sûr. « Ces Mémoires, » me disait le duc, « ne peuvent être publiés que quand la mort aura fauché les têtes couronnées dont j'ai retracé les ténébreuses menées, les trahisons et la politique. Il y a de sales recoins dans le cœur humain..... Parmi ces hommes-rois, je n'ai connu qu'un pur et noble cœur... Celui-là repose froid dans la tombe (1)! »

Un soir, le duc de Vicence m'apporta quel-

---

(1) Alexandre.

ques feuilles de ses manuscrits; celles qui me furent lues étaient relatives à l'Autriche, aux négociations avant ou après le mariage, aux traités... Ces pages sont brûlantes dans ma mémoire, mais je ne les redirai pas... j'ai promis loyale discrétion, je ne les redirai pas... celui qui a reçu ma parole ne peut plus me la rendre!

Ces deux mois passés à Plombières sont doux dans mes souvenirs. Ils furent comme une compensation à un de ces temps d'épreuves, où l'on semble abandonné du ciel; où l'on se demande quel crime on expie pour être ainsi livré aux tortures; où chaque soir on demande à Dieu que ce soit le dernier; où chaque matin on se retrouve avec les mêmes douleurs, avec les mêmes souffrances : la mort toujours en face, sans pouvoir ni la fuir, ni la saisir?

Trois longues années s'étaient écoulées dans ce désolant état de somnolence, entre la vie et le néant. Ma résignation et mon courage étaient épuisés. Les médecins, pour se débarrasser de moi, je crois, m'ordonnèrent de voyager; et moi, lasse de la casanière vie de malade, de la monotonie de ces jolies inutilités qui seules avaient frappé mes regards durant tant de jours, tant de nuits désespérées; moi, j'éprouvai comme de la joie d'obtenir la permission d'aller souffrir dans d'autres lieux, de voir d'autres objets, de respirer un autre air, au risque de mourir sur les grands chemins. Un de mes parents, le colonel de R..., se dévoua à m'assister. Je partis, étendue dans ma voiture. Nous voyagions à petite journées, et il me sembla que Plombières était au bout du monde. La ville, à notre arrivée, était littéralement encombrée de baigneurs; je fus forcée de rester l'hôtel de la Tête d'Or, où notre postillon nous avait déposés.

Ma faiblesse ne me permettait ni de faire des visites, ni d'en recevoir : les joies de ce monde étaient trop fatigantes pour moi; et encore une fois je me retrouvais isolée, au milieu cependant de la ville la plus bruyante et la plus animée. Il y avait à cette époque six mille étrangers à Plombières; les départs et les arrivées se succédaient continuellement, et rien n'eût été plus gai; plus distrayant que ce séjour, si l'impitoyable souffrance n'eût pas été ma fidèle compagne de fête.

Ce fut donc pour moi, déshéritée de tous plaisirs, une rencontre providentielle que celle de M. de Caulincourt. Lui aussi était cruellement malade, et nous fûmes les seules personnes qu'il vit assidûment. Tous les matins, nous nous retrouvions à la fontaine du Crucifix; puis nous faisions quelques heures de promenade, moi, montée sur un vilain petit cheval du pays, ces messieurs m'accompagnant à pied.

Le duc était logé dans une maison atténante à la nôtre, dans le même appartement qu'occupait l'impératrice Joséphine, lorsque le balcon de bois se détachant tout-à-coup, elle tomba avec deux de ses dames, je crois, du premier étage dans la rue.

Il y a de ces coïncidences remarquables. Vingt années plus tard, le hasard amenait dans cette maison le duc de Vicence; et dans cette même chambre à coucher où avait retenti tant de fois le nom de Napoléon, prononcé par une douce voix de femme, le grand-écuyer mourant dictait l'histoire du héros, et le récit fabuleux de son règne!

La pensée s'égare, rêveuse et mélancolique, sur ces mystérieux rapprochements du hasard.

C'était en août et septembre; les soirées commençaient de bonne heure; à quelques rares exceptions, nous les passâmes toutes avec le duc de Vicence. Il arrivait chez moi à sept heures, et plus d'une fois, en entendant tinter avec fracas minuit, à la grosse horloge de la ville, nous nous écriâmes, pauvres malades que nous étions, « que nous devenions fous. »

Mais, je l'ai dit; le duc ne dormait pas, et moi et mon parent nous ne nous lassions point de l'entendre. Les heures passaient avec la rapidité de l'éclair, dans ces entretiens si remplis d'un immense intérêt.

Mes questions, comme sa complaisance à y répondre, étaient inépuisables. Le duc de Vicence avait été l'ami intime, l'ami de cœur de Napoléon. Chargé des plus hautes fonctions diplomatiques, il correspondait toujours directement avec l'Empereur; entre eux, il n'y avait pas d'intermédiaire : c'était la pensée d'homme à homme, les instructions intimes du souverain à un ami de haute et intelligente capacité. Le duc de Vicence, entre tous, pouvait parler de Napoléon, avec une connaissance approfondie de son caractère et de ces nuances intimes que ne peut saisir le vulgaire. L'Empereur, pour ses ministres, pour ses lieutenants, pour tout ce qui l'approchait, posait en maître; pour Caulincourt, il était Napoléon : bon ou brusque, doux ou irrité, confiant ou soucieux, mais toujours sincère, toujours lui dans ses épanchements.

C'est que le duc de Vicence, parmi le monde des courtisans, était un homme à part; il avait en lui une distinction, une élégance de manières et de langage, une dignité naturelle, qui le classaient haut entre ses égaux, qui imposaient à tous. Cette raideur, que je l'ai entendu reprocher, était inhérente à son caractère fier et indépendant. Cet homme avait le sentiment de son incontestable supériorité, de sa valeur personnelle; mais sa parfaite politesse tempérait ce que ses formes graves pouvaient offrir d'aspérités.

Une fois, à la suite d'une vive discussion, l'Empereur lui dit : « Barre de fer...! vous
« êtes une véritable barre de fer... il faudrait
« vous mettre au feu pour vous faire plier.
« — Oui, sire, barre de fer avec votre ma-
« jesté, plus qu'avec qui que ce soit au monde.
« — Ah! ah!
« — Cela doit être, sire, parce que, quand il
« m'arrive de contredire votre majesté, c'est

« qu'il faut que j'aie cent fois raison pour me
« décider à le faire. »

Napoléon faisait, en général, peu de cas de l'espèce humaine ; il avait vécu parmi les hommes et il ne les estimait pas... Il aimait, mais plus encore il estimait le duc de Vicence. Ce caractère était un beau type que lui, Napoléon, admirait et dont il exploitait les riches facultés à son profit.

« L'Empereur, » demandai-je au duc, « était-il aussi merveilleusement organisé qu'il nous apparaissait à nous autres gens du parterre ?

— L'Empereur ne m'a paru, dans aucune circonstance, au-dessous de sa gigantesque position. Son génie, sa capacité, ses immenses moyens intellectuels dominaient les faits prodigieux de son règne ; et lorsqu'il disait que le mot *impossible* n'était pas français, c'est qu'en effet il ne le comprenait pas. Il sentait en lui de quoi résoudre les problèmes les plus abstraits, de quoi vaincre toutes les impossibilités ; il s'élançait, en jouant, dans les plus hautes régions de l'intelligence humaine. Les circonstances qui ont amené ses fautes politiques devaient tromper toutes les prévisions.

Lui, Napoléon, avait tracé un large et admirable plan ; il avait sagement pensé de magnifiques résultats ; mais ses vastes facultés trouvaient rarement des réflecteurs dans les pions qu'il faisait mouvoir. A ce hardi créateur, il eût fallu le pouvoir d'inoculer les émanations de son génie à sa famille, à ses ministres, à tous ceux enfin dont il était l'astre dirigeant, le centre unique.

— Mais, » dis-je, « les événemens de 1812 à 1814 n'avaient-ils pas altéré cette puissance de moyens ?

— Eh ! sans doute. La dévorante période de 1800 à 1814 avait, non pas amoindri, mais fatigué peut-être les ressorts de cette prodigieuse organisation. A celui dont les épaules portaient la terre, il pouvait être permis d'en ressentir la fatigue !

« Napoléon était une création exceptionnelle ; sa physionomie morale est une étude grave, qui ne comporte pas de mesquines proportions. La grande et merveilleuse figure de l'Empereur ne peut être jugée terre-à-terre. »

J'avais remarqué que le duc de Vicence, en parlant de l'Empereur, ne s'écartait jamais de ces formes respectueuses qu'il eût employées en s'adressant à son souverain. Il y avait une haute convenance dans cette tradition, c'était un hommage rendu à une grande infortune.

Je lui dis ma pensée et combien j'étais touchée de cette réserve de bon goût.

« Mes souvenirs, » me répondit-il, « sont un sanctuaire où j'ai conservé dans toute sa vivacité le sentiment exalté qui a survécu à la mort. Je parle rarement de l'empereur, et jamais avec ceux qui ne me comprennent pas. »

Le duc de Vicence avait pour Napoléon une admiration passionnée, mais non pas aveugle. Doué lui-même d'un esprit très-supérieur, son enthousiasme était réfléchi et basé sur l'incontestable supériorité de cette merveilleuse nature.

« J'ai connu, » nous disait-il, « à peu près toutes les têtes couronnées de l'époque, toutes les sommités contemporaines ; j'ai vécu parmi quelques-unes de ces grandes figures historiques, dans des relations de confiance et d'intimité, tout-à-fait en-dehors de mes fonctions diplomatiques ; j'ai pu comparer et juger. Nulle comparaison n'était possible de cet homme à un autre homme : ceux qui ne le jugeront pas ainsi ne l'ont pas compris.

« Duroc, simple et noble cœur, m'a dit souvent avec cette bonhomie que nous lui connaissions tous : « L'Empereur, mon cher, est « une de ces organisations qui comportent « toutes les spécialités, et dont une seule fe- « rait distinguer un homme de la foule. Ainsi, « le plus grand capitaine du monde, le sou- « verain dont les ministres ne sont que les « premiers commis, l'habile administrateur « qui dirige toutes les parties de ses états, « toutes les branches du service ; ce colosse, « aux proportions gigantesques, redescend « avec une admirable facilité aux plus petits « détails de la vie privée. Il pourrait régler « les comptes de sa maison, comme il règle « les finances du royaume. » Et Duroc disait vrai.

« On s'est servi depuis d'une plate et fausse épithète à l'égard des dévoués amis de l'Empereur. Il n'avait pas de séides ; il avait des admirateurs fanatiques par conviction.

« Quant à moi, je ne puis retourner dans le passé, sans que quelques rayons de ce météore ne viennent éclairer ma pensée.

« Le jour de la bataille d'Iéna, l'Empereur me fit appeler vers trois heures du matin. Il ne s'était pas couché. Je le trouvai irrité et impatient; des ordres expédiés partout depuis la veille n'avaient pas encore reçu leur exécution. Rien pourtant n'était en retard, mais l'idée que cela pouvait arriver le bouleversait. A chaque instant se succédaient des officiers d'état-major, qui venaient rendre compte des missions qu'ils avaient reçues dans la nuit. Il fallait qu'ils eussent à s'expliquer le plus laconiquement possible; car l'Empereur ne supportait ni la prolixité, ni l'hésitation. Le prince de Neufchâtel eût pu très-certainement lui éviter la fatigue de recevoir ces ordonnances; mais lui ne s'en rapportait jamais à personne, pour tout ce qui avait rapport au plan qu'il avait adopté. Ses mouvements étaient coordonnés de telle sorte, que lui seul pouvait en saisir toute l'économie. De l'intelligence et de l'exacte ponctualité de tous dépendait le sort de la bataille. Aussi l'Empereur était-il terrible, quand la plus légère omission à l'exécution de ses ordres venait déranger ses calculs.

« Sire, » lui dis-je, « la journée sera rude;
« il n'est encore que quatre heures, Votre
« Majesté n'a pris aucun repos.....

« — Impossible, Caulaincourt... J'ai mon

« plan là... » dit-il en portant lentement la main à son front, « mais rien, rien encore « sur mes cartes... Rustan, appelez Dalbe...; « que Dalbe vienne tout de suite. »

« La carte du terrain choisi pour livrer la bataille avait été levée la veille. Penché sur la table où elle était déployée, l'Empereur traça son plan et en fit l'exposition de la manière la plus rapide, la plus précise.

« Maintenant cela va bien... Vous avez « compris, Caulaincourt?... Vous avez dans « la tête mes dispositions... Montez à cheval; « allez sur les lieux, choisissez une place d'où « je puisse dominer le champ de bataille... « A six heures je monterai à cheval. »

« Il se jeta sur son lit de camp, et quelques minutes après il dormait profondément.

« L'action, commencée à neuf heures du matin, n'avait encore rien perdu de son premier acharnement à deux heures de l'après-midi. La victoire était tellement disputée de part et d'autre, que nul de nous ne pouvait prévoir l'issue de la journée. L'Empereur, avec son état-major, placé sur une éminence, suivait les mouvements des deux armées; tout à coup, il quitte sa position, met son cheval au galop, et se dirige à droite du champ de bataille, sur une hauteur tout-à-fait découverte. Le terrain en était labouré par les boulets ennemis ; un bataillon de grenadiers avait été placé là en tirailleurs.

« Dalbe, mes cartes, mes cartes, » dit l'Empereur en mettant pied à terre.

« Les cartes étendues, il les consulta, fit dessus plusieurs évolutions avec la main, prit sa longue-vue qu'il promena longtemps sur l'effroyable scène qui se développait à nos pieds et autour de nous. L'artillerie de tous côtés vomissait un épouvantable feu. On se battait partout. L'Empereur, calme et intrépidement immobile au milieu de cette épouvantable destruction, continua sur ses cartes l'étude du champ de bataille ; et, rendant enfin sa longue-vue : « Messieurs, la bataille est
« gagnée ; dans huit jours nous coucherons à
« Berlin. »

« Ces paroles étaient véritablement magiques ! Il y avait de quoi électriser les imaginations les plus froides ! En effet aucun de nous n'aurait pu établir alors une opinion sur la perte ou le gain de la bataille dont le succès ne fut réellement décidé que plus de quatre heures après. La victoire nous restait, mais elle fut arrachée au prix des plus héroïques efforts.

« Je voudrais, » ajouta le duc de Vicence, sur le pâle visage duquel rayonnait un reflet de bonheur, « je voudrais pouvoir vous retracer tous les détails de cette simple anecdote, qui imprime un si magnifique cachet à ce génie extraordinaire ! Au moment où l'Empereur disait : *la bataille est gagnée, dans huit jours nous coucherons à Berlin*, les soldats, qui s'étaient peu à peu rapprochés, nous entouraient de si près, que l'Empereur n'avait littéralement plus de place pour remonter à cheval.

« Arrière, arrière donc, » criaient les officiers d'état-major.

« Laissez-les, laissez-les, » dit l'Empereur, « ils viendront avec moi à Berlin.... Ils y vien-
« dront... Je n'irai pas sans eux. »

« Des trépignements, des houras d'enthousiasme éclatèrent avec des cris délirants. Tous les bonnets sautaient en l'air. « Nous irons à « Berlin avec l'Empereur, en avant, et vive « l'Empereur ! » Il n'était pas un de ces hommes qui n'eût voulu avoir dix corps à faire sabrer pour l'Empereur.

« Ce qui sera toujours intraduisible, c'est la

grâce, c'est la coquetterie qu'il employait vis-à-vis des soldats en leur adressant la parole. Il savait donner un charme irrésistible au timbre de sa voix, lorsqu'il voulait plaire, et il le voulait toujours en parlant à ses vieilles moustaches.

« Je me rappelle que, le soir de la bataille de Bautzen, il passait devant une ambulance; c'était un horrible spectacle que ce monceau de bras et de jambes amputés qui frappa nos regards. Un cuirassier de la vieille garde, étendu à terre, se débattait contre deux aides-majors qui cherchaient à se rendre maîtres de lui, et Larrey se disposait à amputer le blessé qui avait la cuisse fracassée par un éclat d'obus.

« Veux-tu te laisser faire, poltron, » lui criait à tue-tête Larrey.

« Mais le pauvre diable résistait, et de grosses larmes coulaient sur sa figure noircie par la fumée de la poudre.

« Qu'est-ce, » dit l'Empereur en poussant son cheval près du cuirassier, « comment !
« une vieille moustache comme toi craint une
« coupure ?

« — C'est pas cela, notre Empereur, c'est
« qu'on en meurt dru comme mouche de c'te

« sorte de coupure-là... Et Catherine et ses
« quatre marmots... Vous savez, la cantinière
« du 2ᵉ cuirassiers ?

« — Eh bien ! » fit l'Empereur.

« — Eh bien, la Catherine, c'est ma femme ;
« et mes quatre enfants... Et si je meurs... » dit-
il en retenant les pleurs qui brisaient sa voix.

« — Eh bien, si tu meurs, est-ce que je ne
« suis pas là, moi...

« — C'est vrai, notre Empereur ! que je suis
« bête ! coupez, coupez, major. Vive l'Empe-
« reur !

« — Allons, Larrey, opérez-moi comme il
« faut ce brave homme, et que, dans un mois,
« il soit dirigé sur les Invalides, à Paris. »

« — Vive l'Empereur ! » cria toute l'ambulance encombrée de blessés et de mourants.

« On a dit que l'Empereur n'était doué
d'aucune sensibilité. Il y a bien quelque fon-
dement à cette assertion ; mais c'est que vraiment il n'avait pas le temps de s'attendrir. Il
marchait droit à un but, sans s'embarrasser
des épines du chemin. Ainsi, dans mille batailles, où il perdit tant et de si utiles officiers,
si un regret traversa son cœur, l'expression
n'en vint point consoler de cruelles douleurs.

Le duc cessa de parler; un profond soupir sortit de sa poitrine brûlante.

« Ah ! » lui dis-je, « à la bataille de la Moskowa, où fut tué votre bien-aimé frère, Auguste de Caulaincourt... Avec vous je puis penser tout haut, nous parlons la même langue ; laissez-moi vous dire que j'ai été révoltée de ces paroles, qui enfin sont devenues de l'histoire : « Caulaincourt, vous entendez... les « malheurs de la guerre... » Il y avait bien de la sécheresse de cœur dans cette phrase. S'il ne trouvait pas en lui un peu de sympathie pour l'affreux malheur d'un ami, il fallait qu'il se tût ; il fallait que son silence pût être interprété en faveur d'un bon sentiment. Mon Dieu ! qu'il est triste d'avoir un grave reproche à faire à celui que nous plaçons si haut ! »

Les regards du duc restaient fixés sur moi, et exprimaient un de ces moments d'amer souvenir ; souvenir sur lequel le temps a passé en vain. Enthousiaste irréfléchi, je venais de traduire une pensée que cet homme avait refoulée; à laquelle, bien des fois peut-être, il avait voulu se soustraire... La tombe recouvrait tout... Et dans ce noble cœur il ne restait qu'un pur et éternel regret !

J'étais mécontente de moi ; je sentis que j'avais fait vibrer une corde qui avait douloureusement retenti. Je lui tendis la main en signe de regret.

Il la prit et la serra vivement.

« Oh! comme vous me comprenez, » dit-il en souriant d'un de ces sourires à faire pleurer.

« — Oui, je vous comprends si bien, que je n'oublierai plus que nous sommes convenus qu'il ne pouvait être jugé terre-à-terre. »

En effet, cette redoute où le général Auguste de Caulaincourt avait trouvé une mort glorieuse, était arrosée du sang d'un millier de braves, de celui de trois généraux ; mais, cette redoute enlevée, la bataille était gagnée !

Ce n'est pas un roman que j'écris, c'est une conversation toute historique; il me faut être rigoureusement exacte, et le nom m'échappe de la bataille où le général Moreau perdit sa vieille gloire et la vie (1). Jamais crime ne reçut un plus prompt, un plus éclatant châtiment. Il sembla que la colère céleste fût venue foudroyer l'apostat !!!

Au moment où l'Empereur apprit cet évé-

---

(1) Ce fut à la bataille de Dresde.

nement, il se retourna vivement vers le duc de Vicence, et, se penchant à son oreille : « Mon étoile, Caulaincourt ! mon étoile !! Oh ! « cette mort sera une des pages les plus impor- « tantes de mon histoire ! »

Plusieurs fois, dans la soirée, il revint sur ce sujet. Dans ses idées de fatalisme, cette mort était pour lui un sourire de la destinée ; un retour de ce prestigieux bonheur qui l'avait pris comme par la main, lui Napoléon, simple sous-lieutenant, pour le conduire, à force de gloire, à n'avoir plus d'égal parmi les hommes; à compter des rois parmi ses vassaux ; à tenir cour plénière à Tilsitt, pour y régler la part que chaque souverain devait recevoir de sa munificence.

Ce boulet français qui vint frapper Moreau au moment même où il apparaissait dans le camp ennemi, était un de ces hasards fabuleux qui ne s'expliquent pas. Napoléon tirait de ce fait des conséquences que caressaient ses convictions dans l'existence de la prédestination. Un seul mot avait traduit sa pensée jetée au cœur d'un ami : « Mon étoile, Caulaincourt !... » « Moi-même, » me disait le duc, « je partageais les impressions de l'Empereur sur cette mort extraordinaire ; l'armée en fut fortement frappée. L'intelligence des masses saisit merveilleusement ces sinistres leçons morales. Au nom du général Moreau est attaché un haut enseignement. »

CHAPITRE II.

Nous avions projeté avec le duc de Vicence une course à Remiremont, petite et jolie ville située à quatre lieues de Plombières. La matinée était douce, et nous partîmes à sept heures du matin dans une calèche découverte. Nous visitâmes les ruines de la célèbre abbaye de Remiremont, qui possédait un chapitre noble. Les bâtiments sont dévastés; l'église seule est encore en bon état. On nous fit remarquer dans le cloître les restes d'un tombeau du moyen âge. Une vieille légende raconte que la belle Isaure de Coulanges, surnommée l'astre des nuits, est enterrée dans ce monument.

Nous revînmes de bonne heure à Plombières. Cette course nous avait fatigués et médiocrement amusés. Nous nous promîmes de ne plus quitter nos verts et charmants bois. Nous y causions mieux que sur les grandes routes, et nos causeries nous intéressaient plus que tous les plaisirs du monde.

Le duc, cruellement malade depuis deux jours, n'avait pas quitté sa chambre. Comme je viens de le dire, cette promenade l'avait fatigué; nous fûmes le voir. L'altération de ses traits était effrayante. Indépendamment de ses souffrances physiques, cet homme se consumait dans ses souvenirs qui, comme une lave brûlante, corrodaient son sang. Il sentait que la vie lui échappait; que le temps lui manquait. Le duc de Vicence voulait que quelque chose de lui survécût à lui-même. Ces mémoires qu'il écrivait, c'était le noble héritage de ses fils; c'était leur part de l'honorable butin recueilli par leur père; c'était un dernier hommage rendu aux mânes d'un héros. L'histoire de Napoléon, écrite par un ami, était un legs pieux, une gloire nationale dont il voulait doter la France. Il sentait la terre manquer sous ses pas; et il ne voulait pas, le pauvre malade, emporter ses trésors dans la tombe! Le travail retranchait des jours à ses jours comptés.... Mais peu lui importait?

Nous autres femmes, nous possédons cette intelligence intuitive où se reflètent ces douleurs sans nom, ces tortures qui ne s'épanchent pas et dont on meurt sans pouvoir les formuler. J'essayai de jeter quelques douces teintes à travers les tons si sombres de cette imagination dévastée. J'amenai la conversation sur l'ambassade du duc en Russie; sur ses quatre belles et poétiques années, conquises sur l'ensemble d'une existence si largement remplie. En rappelant les bons jours, je déplaçai les mauvais pour quelques moments. Et qui de nous n'a pas éprouvé que quand on souffre, changer de place c'est presque du bien-être?

Mes premières questions ramenèrent un sourire sur les lèvres du duc de Vicence.

« Le temps que j'ai passé en Russie, » nous dit-il, « est presque la seule époque à laquelle je puisse me reporter, sans craindre de me heurter à une souffrance.

« Lorsqu'en 1807, je fus nommé ambassadeur en Russie, l'Empereur Napoléon était à l'apogée de sa fortune politique. La France n'avait d'autres limites que celles fixées par son souverain. Le nom français était un talisman qui faisait courber les têtes et fléchir les volontés. Oh! alors, il y avait de la gloire, il y avait de l'honneur à représenter la France!...

« L'Empereur possédait toujours le sentiment de ce qui est noble et grand; parcimonieux pour ses dépenses personnelles, ennemi du gaspillage et des déprédations, il était magnifique dans tout ce qui avait rapport à la dignité de la couronne. Jamais homme ne comprit mieux les conditions de sa haute position. L'Empereur voulut que l'ambassadeur du plus bel empire du monde établît royalement le rang de la nation qu'il avait l'honneur de représenter. « Je vous donne carte blanche pour les « dépenses de l'ambassade, » me dit-il; « il « ne faut pas que nous ayons l'air de bour- « geois enrichis... La cour de France ne doit « pas se faire mesquine ni petite... Notre frère « de Russie aime le luxe et les fêtes.... Soyez « magnifique, donnez-leur-en pour leur ar- « gent. »

« Et il se prit à rire, comme un écolier, de cette maligne allusion. L'Empereur était rarement gai; mais quand cela lui arrivait, il se livrait à sa gaîté avec une bonhomie d'abandon qui la rendait vraiment communicative.

« — Si j'osais, sire, me servir d'une phrase

« vulgaire, mais très-applicable à votre joyeuse
« malice, je dirais...

« — Qu'ils ont payé à l'avance les violons, »
interrompit-il; et les rires recommencèrent.
Puis, avec cette mobilité toute italienne :
« Maintenant, Caulaincourt, faisons sérieuse-
« ment de la diplomatie de cabinet; vous,
« monsieur le duc, vous ferez très-bien en
« grand seigneur celle de salon... Prêtez-moi
« toute votre attention, Caulincourt; pé-
« nétrez-vous bien de mes instructions; pé-
« nétrez-vous, surtout, de mes vues politi-
« ques, de mon système. Si vous ne me com-
« preniez pas parfaitement, vous me serviriez
« mal. La lettre tue l'esprit; en diplomatie, le
« tact et le bien joué réussissent mieux que la
« ruse; ces roueries à l'usage des vieux di-
« plomates sont usées; toutes leurs finesses
« sont éventées; et puis, quand on peut parler
« haut et clair, » ajouta-t-il en se redressant
fièrement, « à quoi bon ruser ? rien ne dénote
« la faiblesse comme la fausseté. »

« Il m'exposa alors sa politique à l'égard de
la cour de Russie; il m'en déduisit les conséquences avec une lucidité, une hauteur de
vues remarquables. Son tracé de plan était

grandiose, et devait amener d'incalculables résultats! La communication fut longue; il avait dominé mon attention à tel point, que ses instructions s'étaient facilement coordonnées et presque stéréotypées dans mon esprit. Ma mission était belle et glorieuse, et j'avais le sentiment de mes forces pour la remplir dignement... Cependant me donna-t-il son dernier mot dans cet entretien? je ne sais. Mais il est certain que, dans le cours de mon ambassade, je lui ai, hélas! rappelé, en vain, ces instructions reçues la veille de mon départ de Paris. Brisons là!...

« Vous voulez, n'est-ce pas, » continua le duc, « que je vous introduise dans cette brillante cour de Russie, où je retrouvai, mises en action, toutes les traditions du siècle de la jeunesse de Louis XIV? A Saint-Pétersbourg, alors, on en rêvait, on en raffolait, et, il faut bien le dire, jamais cour ne fournit en elle plus d'éléments de prestige; c'était étourdissant, éblouissant; autour de ce trône tout était gai, jeune, délirant.

« Les jours de réception, les salons du palais réalisaient ce que l'imagination peut créer de plus enivrant : c'étaient les prodiges des

Mille et une Nuits. Un luxe tout asiatique; des femmes ravissantes de beauté, de grâces et d'élégance, étincelantes de diamants, spirituelles, instruites, frivoles, rieuses, avides de danse, de musique, de fêtes et de plaisirs; des jeunes hommes d'une élégance de mise, de manières et de langage, d'une prodigalité, d'un faste à désespérer tous nos modèles français, les Richelieu, les Narbonne et autres célébrités.

« Chaque jour amenait de nouvelles parties de plaisir, de nouvelles fêtes. J'avais fort affaire, je vous le jure, pour ne le céder en rien, dans mon état de maison, aux enchantements, aux féeries du luxe russe. Les bals, les concerts, la comédie, les soupers, employaient les soirées. Dans la journée, les promenades en traînaux étaient de rigueur. Je vais vous citer un exemple, entre mille, qui vous donnera une idée de cette orgie d'argent à l'usage de la Russie.

« Dans un souper, à la suite d'un bal donné à l'ambassade, une assiette de cinq poires coûta 125 louis. Une autre fois, c'était des cerises à 4 francs pièce, servies avec la même abondance que si elles n'eussent coûté que 20 sous la livre. N'allez pas croire que ce fût une exception qui dût être remarquée et exciter l'étonnement ; il eût été ridicule que cela ne fût pas ainsi. Toutes les tables chez les grands seigneurs russes, sont servies avec cette somptuosité. Souvent avec Rayneval, mon premier secrétaire d'ambassade, excellent jeune homme, plein d'avenir et de moyens, nous nous lamentions de cette obligation de jeter ainsi, sottement, l'argent par les fenêtres.

« Je ne puis résister à l'envie de vous citer à ce sujet un mot de l'Empereur. Dans ma correspondance intime, je lui donnais souvent des détails. Il m'avait recommandé de ne pas lui épargner les *commérages ;* cela le divertissait beaucoup. Au sujet des poires à 25 louis pièce, il me répondit : « Quand j'étais sous-lieute-
« nant, je me serais bien contenté pour le re-
« venu d'une année de votre assiettée de *poires*
« *de Russie.* Ces gens-là sont fous ou stu-
« pides. »

« Je suis sûr, » ajouta le duc, en riant, « qu'intérieurement l'Empereur était irrité de cette manie de folle prodigalité. *Quoique les violons eussent été payés à l'avance,* ces poires et ces cerises lui étaient de difficile digestion.

Nous nous mîmes à rire tous les trois.

« — En effet, » dis-je, « pour un homme aussi sobre, aussi rangé que l'était notre grand Empereur, il y avait de quoi exciter sa pitié, voire même sa colère.

« — Que de contrastes, que de curieuses observations me fournissait mon séjour à Saint-Pétersbourg ! Il faudrait se faire une idée de la toute puissance, et de l'espèce de déification dont est environné l'autocrate de toutes les Russies, pour comprendre notre surprise à nous autres Français. Et cependant la familiarité excessive que l'Empereur Alexandre souffrait de la part des gens subalternes, qu'il prenait à gré, passe toute croyance.

« Il y avait à Saint-Pétersbourg un Théâtre-Français. Mesdemoiselles Georges et Bourgoin, Duport de l'Opéra faisaient fureur. L'acteur Frogère, élève de Dugazon, était un garçon bien élevé, fin et spirituel ; il avait surtout de cet esprit argent comptant dont le cours est toujours coté très-haut dans tous les pays. Frogère amusait l'Empereur, qui le traitait à merveille ; aussi usait-il largement de sa faveur. L'acteur Frogère était admis partout ;

il n'y avait pas une fête au palais, et chez nous tous, où il ne fût invité. C'était la mode.

« Une fois, au cercle de l'Impératrice, Frogère s'approche de l'Empereur, tire de sa poche une énorme tabatière d'or remplie de ducats et l'ouvrant : « Sire, en usez-vous?

« — Qu'est-ce que cela veut dire? » demanda en riant Alexandre.

« — Ah! Sire, c'est que si vous en usiez,
« cela me ferait grand plaisir. M. Démidof,
« qui m'a envoyé cette tabatière ce matin,
« m'a fait dire que s'il avait la commanderie
« de Malte, que Votre Majesté a promis de lui
« conférer, il renouvellerait souvent ce tabac.

« — Eh bien, mon pauvre Frogère, je
« vous autorise à priser souvent du tabac de
« Démidof. »

« Et M. Démidof eut sur la poitrine la croix désirée.

« L'Empereur entretenait un jour Frogère sur l'art dramatique, sur les agréments de cette vie nomade et artistique.

« Vous n'avez rien à envier à personne,
« Sire; si je n'étais pas l'acteur Frogère, je
« voudrais être l'empereur de Russie. »

« Le jour où Frogère eut l'honneur d'être présenté au grand-duc Constantin, c'était le matin, à l'heure où le duc, tout en s'habillant, recevait ses familiers. Il passe un pantalon de peau jaune, comme on en portait alors; il trouve qu'il va mal, l'ôte et en demande un autre. Constantin était fort laid, mais admirablement bien fait et très-coquet. Le prince, occupé de sa toilette, n'avait pas encore adressé la parole à Frogère.

« Monseigneur, je ne suis pas votre « dupe.... »

« Le grand-duc se retourne vivement et s'avançant, la tête haute, vers Frogère. « Qu'est-ce? que voulez-vous dire, Monsieur?

« — Non, Monseigneur, je ne suis pas « votre dupe.... Vous voulez me faire voir que « vous êtes bien fait, et aussi que vous avez « deux pantalons à votre service. »

« Ce furent des rires fous et, dès ce moment, Frogère fut admis à l'intimité du prince.

« En France, » ajouta le duc de Vicence, « nous n'avons nul goût pour ces énormités-là; l'empereur Napoléon eût fait jeter par les fenêtres le spirituel Frogère. »

J'étais très-curieuse d'avoir quelques détails

sur une certaine dame. « Monsieur le duc, » dis-je, « je vous en prie, parlez-moi de cette jolie madame Narith.... tant aimée d'Alexandre, et, dit-on, si désespérément coquette. Je suis du goût de Napoléon, je suis folle des commérages.

« — Oh! » répondit en riant le duc, « c'est tout un roman que l'amour d'Alexandre pour la ravissante Marie-Antône Narith....

« Madame Narith...., femme du grand-veneur, allié par sa mère à la famille impériale, était une séduisante sylphide. Si j'avais le talent de décrire, je vous en ferais un portrait à faire tourner toutes les têtes françaises, et je resterais encore au-dessous de mon modèle. On ne traduit pas la grâce, la désinvolture, l'expression d'une céleste physionomie, et c'était tout cela qui rendait madame Narith.... la plus irrésistible femme du monde entier. Avec cela, jolie, très-jolie, spirituelle, maligne, capricieuse; bonne musicienne, chantant à merveille, et coquette...., mais coquette à incendier tous les cœurs.

« Lorsque je lui faisais ainsi son portrait, elle en riait beaucoup, et me disait qu'il n'était pas flatté.

« Je vous donne ma parole d'honneur que si j'avais eu le bonheur ou le malheur d'être l'amant de cette délicieuse femme, elle m'aurait rendu fou, sérieusement.

« Quelques mois après mon arrivée à Saint-Pétersbourg, j'étais devenu l'ami de l'empereur Alexandre; c'était le plus noble, le plus aimable caractère; nous étions du même âge, je l'aimais comme un frère, et lui était lié avec moi, comme il ne pouvait l'être avec ses propres frères. Les souverains n'ont que des sujets. On a beau vouloir controverser sentimentalement ce fait, il existe.

« Que de fois, après le cercle de la cour, rentré chez moi, et souvent déjà couché, ne vis-je pas arriver dans ma chambre l'empereur Alexandre. Il passait une partie de la nuit assis sur le pied de mon lit, à me raconter ses douleurs, ses inquiétudes, ses jalousies.

« — Avez-vous remarqué ce soir, mon
« cher duc, avec quelle coquetterie elle a
« parlé à Dol.... Elle a dansé trois fois avec
« lui; c'est indigne! Et cet imbécille de Tol....,
« qui, comme un laquais, se précipite tou-
« jours pour ramasser le gant, l'éventail, le
« bouquet, que sais-je! Tout cela, pour ob-

« tenir l'aumône d'un regard. Que les hommes
« sont sots! Cela fait pitié.

« — Mais, votre Majesté...

« — Ah! mon cher Caulaincourt, pour la
« centième fois, de grâce, point de majesté
« entre nous, ou c'en est fait de nos bonnes
« causeries, qui me rendent si heureux.

« — Comment voulez-vous, Sire, que ces
« pauvres jeunes gens n'admirent pas, comme
« nous tous, Madame Narith....

« — Mais ils n'ont pas le sens commun....
« Cette femme, mon ami, me rend le plus
« malheureux des hommes, par son insuppor-
« table coquetterie; elle le sait, et n'en tient
« aucun compte; elle est avide d'hommages et
« d'adulations, et quand je lui reproche cette
« rage de succès, elle me répond : « Les fem-
« mes ne vivent que de cela; à quoi sert la vie,
« si elle n'est enivrante et poétique? Je n'aime
« que vous, Alexandre, mais j'aime l'admira-
« tion de tous. »

« C'est à devenir fou, » soupirait le souverain de toutes les Russies, de l'air le plus risible du monde.

« Quand il l'avait oubliée quelques heures,
il était ravi de sa vengeance; mais il lui reve-

naît plus épris que jamais. Et elle lui faisait payer cher cet oubli, la maligne Antône.

« La belle Mlle G.... avait enlevé, disait-on, un moment Alexandre au servage de Madame Narith.... Tous les soupirants espérèrent et firent foule sur les pas de la belle délaissée ; elle devina le coup de canif donné au contrat, et s'il n'entra pas avant dans son cœur, il pénétra, vif et brûlant, dans son amour-propre de grande dame.

« Léon N....., charmant jeune homme, admirateur passionné, mais jusqu'ici silencieux de sa séduisante tante Madame Narith...., entendit, je crois, quelques douces paroles, et son amour, longtemps comprimé, éclata avec violence. Il se prit à aimer éperdûment, à ne plus pouvoir dissimuler la violence du sentiment qui bouleversait sa raison. Il était dans cet âge où l'on sacrifie sans un regret sa carrière, l'ambition, la fortune, la vie même à son amour. Léon sacrifia tout. Fut-il heureux? Je l'ignore!

« A la cour, rien ne demeure caché. L'empereur voulait bien être infidèle, mais il ne voulait pas que Madame Narith.... le fût, et le voilà dans une exaltation de jalousie à en perdre la tête.

« Savez-vous, » me disait-il, « que ces gens-là
« jouent leur vie... tout au moins leur fortune,
« leur liberté... J'ai la puissance en main, je puis
« pulvériser cet audacieux, je puis... mais, à
« tout prendre, cette coquette ne vaut pas la
« peine que j'exile un homme pour elle. Je suis
« trop bon, mon cher duc, je ne veux pas com-
« mettre une mauvaise action pour me ven-
« ger... et, pourtant, il me prend de furieuses
« envies d'envoyer ce damoiseau faire un tour
« en Sibérie.... »

« Et moi de le calmer, de chercher à détourner la foudre impériale de dessus la tête du
pauvre amoureux ; je m'épuisais en belles
paroles.

« — Je suis bien sûr qu'elle ne l'aime pas,
« elle ne s'en soucie pas le moins du monde ;
« Antône n'aime personne, c'est bien la femme
« la plus personnelle, la plus égoïste ! elle croit
« me punir, me désoler...., oh mais, je lui
« ferai voir que je l'ai jugée. Maintenant je
« vous le jure, elle m'est parfaitement indif-
« férente. »

« J'avais beaucoup de peine à garder mon
sérieux, car j'avais deviné le calcul féminin de
Madame Narith..., elle avait voulu donner une

vive inquiétude à l'Empereur et elle avait réussi au-delà de ses espérances.

« Pendant un mois que dura cette brouille, la cour fut en émoi; c'était le sujet de toutes les conversations. Un grand seigneur, fort avant dans l'intimité d'Alexandre, renoua des négociations de paix; des notes diplomatiques furent échangées. La malicieuse Antône gardait sa dignité haute; elle traitait de puissance à puissance. C'était réellement très-divertissant, et le cercle de l'impératrice était un champ d'observations très-curieuses. Là, chaque soir se trouvaient en présence les deux parties belligérantes, l'Empereur et Madame Narith.... »

« —Et l'impératrice; » demandai-je, « on dit qu'elle était très-belle aussi, les amours d'Alexandre devaient lui causer de vifs chagrins?

« — L'impératrice Elisabeth, jolie, délicieuse, douce et résignée, ne se plaignait jamais. Son cœur froissé ne se donna nulle part... au moins ne fut-elle pas soupçonnée. La couronne allait bien à son noble front; elle comprenait sa mission de femme couronnée: souffrir et sourire. Elisabeth cachait dans les joies des fêtes une douleur aiguë, un de ces mortels déplaisirs qui décolorent tout. Quand son regard pénétrant et mélancolique se posait sur la charmante Madame Narith...., il semblait lui demander compte de son bonheur, à elle, impératrice de toutes les Russies ; à elle, belle aussi, gracieuse et spirituelle aussi et pourtant délaissée par celui qu'elle avait passionnément aimé, non parce qu'il était empereur, mais parce qu'il était lui, Alexandre ! »

La soirée était avancée, nous prîmes congé du duc de Vicence. Le lendemain quand nous nous retrouvâmes à la fontaine, il me dit qu'il avait passé une bonne nuit. « Nous reparlerons encore de la Russie, » lui répondis-je.

CHAPITRE III.

Tout ce qui se rattache à la grande époque de l'empire provoque l'intérêt et excite la sympathie, à ce point que la faible plume d'une femme a trouvé grâce auprès de graves lecteurs. Encouragée à redire les conversations dont un heureux hasard m'a favorisée, j'ai besoin, cependant, de beaucoup d'indulgence pour qu'il ne me soit pas reproché de manquer d'unité, de sauter d'un temps à un autre, d'y revenir et de l'abandonner encore, pour le reprendre plus tard. L'explication sera courte; je serai comprise et pardonnée, en disant simplement la vérité.

Nos entretiens avec le duc de Vicence n'étaient pas un cours d'histoire. Nous butinions dans ses souvenirs, avec tout le décousu, tout l'imprévu qu'inspire la curiosité à des gens avides d'apprendre des choses nouvelles sur une miraculeuse époque. Je ne dois qu'à ma casanière vie de malade d'avoir écrit chaque matin les causeries de la veillée. Alors, je vivais au jour le jour... je n'avais pas assez d'avenir pour imaginer de me faire des matériaux avec les précieuses révélations du duc de Vicence. Ce que je voulais, c'était de conserver dans toute leur pureté, dans toute leur intégrité, les faits, mais surtout les propres paroles qu'avait prononcées Napoléon, mon héros à moi! mon type merveilleux!

En écrivant, je suis servilement les indications que me donnent mes notes, sans en changer les dates, sans les coordonner; cela serait plus correct, plus littéraire, sans doute, mais dirai-je toute ma pensée? J'ai mis de la probité à être exacte et vraie, à ne pas faire du *métier* dans un récit où l'écrivain doit s'effacer, doit écrire, non avec sa vanité, mais avec sa conscience. Assez de gens ont connu de près l'Empereur, pour qu'à son sujet un thème brodé et pailleté ne leur soit pas chose déplaisante. Je redis donc fidèlement ce qui m'a été dit, jour par jour, par un homme que ses souvenirs débordaient de toutes parts ; qui ne pouvait ni inventer, ni mentir, pace qu'il n'était pas nécessaire qu'il fît un roman pour intéresser ses auditeurs.

Et maintenant, que j'ai expliqué pourquoi j'écris sans ordre ni suite, je reprends mon récit avec plus de confiance.

Les anecdotes de Russie nous avaient fait passer de joyeuses heures ; je demandai au duc de Vicence si ses souvenirs à ce sujet étaient épuisés.

« Je vous devine, » me répondit-il en souriant ; « il y a bien plus de bonté encore que de curiosité dans votre désir de retourner avec moi à Saint-Pétersbourg ; car pour Alexandre il nous faut délaisser un peu Napoléon. J'ai ici avec moi, à Plombières, tous les documents relatifs à mon ambassade de Russie, où j'arrive bientôt dans mes Mémoires. Je vous ai apporté quelques lignes écrites de la main de l'Empereur, que vous lirez avec intérêt.

« Ainsi que je vous l'ai dit, les détails sur l'intérieur de la cour de Russie divertissaient beaucoup Napoléon. Le mois de brouille entre Alexandre et la rebelle Antône, avait été réellement comme l'armistice qui précède ou la paix ou une bataille décisive. Le souverain, encore jeune homme, dans toute l'acception de ce mot, tout préoccupé de la capitulation qu'on lui faisait attendre, de la victoire qu'on lui faisait chèrement acheter, ne pouvait se livrer à aucun travail sérieux; il ne signait rien, et vouloir l'entretenir d'une affaire grave eût été impossible. « La tête suit le cœur, » me dit-il un jour en riant ; « remettons, mon cher « duc, cette communication à la semaine pro- « chaine. Ecrivez à votre cour que je suis un « peu malade; vous ne mentirez pas; cette « femme me rend fou. »

« Et voici ce que l'empereur Napoléon m'écrivait à ce sujet, de sa main, au bas de cette lettre qui renferme des instructions diplomatiques :

« Ce n'est pas une chose indifférente pour « moi que d'observer cette nature d'homme né « roi. Une femme fait tourner la tête à l'auto- « crate de toutes les Russies... Toutes les fem- « mes du monde ne me feraient pas perdre « une heure. Donnez-moi toujours des détails, « beaucoup de détails; la vie privée d'un « homme est un réflecteur où l'on peut lire « et s'instruire fructueusement. »

« Mais si Napoléon, » continua le duc, « était avide de connaître la cour de Russie, Alexandre ne l'était pas moins de m'interroger sur celle des Tuileries. Vous pensez bien que je redevenais diplomate, ce qui veut dire discret et réservé.

« Mon rôle me semblait plus difficile vis-à-vis de l'impératrice Elisabeth qui était véritablement insatiable d'informations sur Napoléon. Chaque fois que nous nous trouvions en petit comité, elle me soumettait à une espèce de compte-rendu, de la figure, de la tournure, des faits et gestes de *mon* Empereur. Puis, avec la gracieuse légèreté d'une femme, c'étaient des questions sans fin sur l'ordonnance de nos fêtes, nos réceptions, nos bals, sur les modes, les toilettes. Les Françaises étaient-elles aussi séduisantes qu'on le disait? quels étaient leurs costumes de cour? etc., etc.; cela n'en finissait pas. Comme je pouvais, sans compromettre les secrets de l'état, révéler les secrets des toilettes, je résignais de bonne grâce ma dignité d'ambassadeur, et je me faisais chiffonnier avec la charmante impératrice Elisabeth.

« Monsieur le duc, » disait-elle avec ce

timbre de voix enchanteur que je n'ai connu qu'à elle, « Monsieur le duc, que je voudrais « être cachée dans un petit coin, un jour de « bal à votre cour ! que je voudrais voir vos « jolies Françaises, avec toutes leurs grâces, « toute leur élégance; on dit qu'elles sont « ravissantes.

« — Oh! dans tous les pays, madame, on « trouve des femmes ravissantes.....

« — Je ne sais pas cela, je n'ai jamais quitté « la Russie, « fit-elle avec un ton de finesse intraduisible..... « toujours est-il que nous « ne pouvons rivaliser d'élégance avec vos « Parisiennes, leurs modes ne nous arrivent « que quand elles en ont déjà changé. » Et sa jolie figure exprimait un regret.

« Napoléon, le grand capitaine, » poursuivit le duc, « lui aussi, se mêlait, à l'occasion, de robes et de chapeaux. Plus d'une dame de la cour en avait fait la cruelle expérience à ses dépens. Je l'ai entendu à Saint-Cloud dire, de sa plus grosse voix fâchée, à la femme d'un général : « Madame, quand on a un mari qui « reçoit cent mille francs par an, on peut faire « les frais d'une robe neuve chaque fois qu'on « a l'honneur de faire sa cour à l'Impératrice.

« Les dotations, madame, sont des faveurs...
« je ne les dois pas, et quand je les donne,
« c'est pour qu'elles servent à alimenter le
« luxe sans lequel il n'y a point de commerce. »
La pauvre femme ne savait où se mettre ; mais
il est juste de dire que, par la mesquinerie de
sa toilette habituelle, elle s'était attirée cette
marque de déplaisir.

« Je reviens à mon sujet. Je trouvai drôle
d'entretenir mon redouté maître des profonds
chagrins de l'impératrice de toutes les Russies
sur l'article chiffons.

« Très-peu de temps après, l'impératrice
Elisabeth reçoit quatre énormes caisses remplies d'ajustements, de toques, de chapeaux,
bonnets, fleurs, rubans, d'un goût exquis.
C'était à en faire tourner toutes les têtes féminines. Elisabeth n'avait rien demandé, n'attendait rien de Paris ; toutes ces belles choses
tombaient des nues, sans doute.

« Le soir, à son cercle, l'Impératrice vint
à moi, et, me menaçant d'un geste gracieux,
« Vous avez été indiscret... Mais au moins,
« vous direz aussi que j'ai trouvé tout char-
« mant, vraiment charmant. » Elle me quitta ;

je restai fort intrigué, je n'avais pas compris un mot.

« Le lendemain il y avait une course aux traîneaux. L'Empereur me fit l'honneur de me faire monter dans le traîneau de l'Impératrice.

« Votre Majesté, » dis-je, « daignera-t-
« elle me donner l'explication du crime d'in-
« discrétion qu'elle m'a imputé. »

« Elle me dit en riant le mot de l'énigme. Je l'assurai que je n'étais pas dans la confidence de l'envoi, qu'il ne m'avait pas été écrit une ligne à ce sujet, ce qui était vrai.

« Je suis certain qu'à Paris les ordres furent donnés secrètement, et que personne ne sut de quelle part la commande était faite. Cette galanterie est de bon goût. Ces chiffons n'a-vaient aucune valeur réelle. Ils devaient plaire à la jeune femme coquette; ils ne pouvaient être offerts à l'Impératrice.

« Un fait remarquable, c'est que la royale questionneuse ne demandait jamais de détails intimes sur Joséphine. Madame de Beauharnais couronnée ! c'était chose vulgaire, la Russie avait vu d'autres énormités... Napoléon, le sous-lieutenant, franchissant un incommensurable espace, et, appuyé sur sa seule épée, montant sur le premier trône de l'univers, Napoléon apparaissait à travers un disque lumineux à l'impératrice de toutes les Russies, née fille de roi.

« — Donnez-nous aussi, » dis-je au duc de Vicence, quelques descriptions de ces belles revues où je sais qu'Alexandre déployait toute sa coquetterie vis-à-vis de l'ambassadeur de France.

« — Cela est exact, et c'était vraiment un imposant spectacle que ces magnifiques revues impériales. L'Empereur y attachait un amour-propre extrême. Il me demanda un jour si ses revues valaient celles des Tuileries : « Sire, » lui répondis-je, « les unes et les « autres sont incomparables. » Il me regarda en riant : je crois qu'il m'avait compris...

« Il ne défilait pas moins de 20,000 hommes, souvent le nombre dépassait 30,000. Il faut bien le dire, ces troupes étaient admirables de tenue et de costumes. Chaque régiment de cavalerie avait sa couleur de chevaux, tous noirs, tous gris, blancs, bais, etc. Le colonel de chaque régiment était un des plus grands seigneurs de la cour de Russie, et dépensait des sommes immenses en luxe de représentation.

« Je vous citerai en première ligne le régiment des *Chevaliers gardes* créé par Paul Ier. Tous les simples gardes sont chevaliers de Malte, l'uniforme rouge, les cuirasses en argent massif, avec la croix de l'ordre en relief, formant sur la poitrine un large écusson. Les officiers de ce corps sont tous de la plus haute distinction. L'or et les pierreries étincèlent sur eux et sur leurs chevaux arabes d'une valeur idéale.

« Et on distinguait, entre les plus beaux, le régiment des hussards de la garde, commandé par Scherwertinskim, frère de madame Narish...; c'était bien le plus élégant colonel qu'on pût voir. Son uniforme, rouge aussi, était criblé d'or et de riches fourrures rehaussaient encore sa belle figure, sa noble tournure militaire. Il avait obtenu que ses chevaux fussent noirs. Ce noir jais luisant, en opposition avec le rouge éclatant de l'uniforme, était d'un effet prodigieux. Les selles et les armes resplendissaient d'or. Scherwertinskim dépensait 50,000 roubles par an pour son régiment, en sus de l'entretien de l'état. Les officiers rivalisaient de faste et de richesse. Il n'y en avait pas un qui ne montât un cheval qui eût coûté moins de 2,000 roubles. Je ne vous cite que ces deux corps, je pourrais les citer tous : même luxe, même magnificence.

« Rien n'égalait l'éclat de ces revues. L'uniforme russe est martial et gracieux tout à la fois. Ces plumes aux couleurs sombres et chatoyantes, ces ceintures sur des hommes et des habits admirablement bien faits, sont d'une belle facture guerrière. L'état-major qui entourait l'Empereur était éblouissant, et il pouvait bien être permis au jeune souverain d'être fier de ses revues.

« Les évolutions, les manœuvres, étaient exécutées avec une précision et un ensemble parfaits. Il n'y avait pas là un chef de corps qui ne cherchât et ne trouvât, dans la foule des spectatrices, deux beaux yeux pour stimuler sa grâce et son adresse.

« L'Empereur termina, à une de ces revues, une piquante aventure qui devint le sujet de toutes les conversations.

« Alexandre aimait à sortir seul, à pied, simplement vêtu; et souvent il lui arrivait de pousser ses excursions à trois ou quatre lieues de la ville. Un jour, se trouvant fatigué, il monte dans le premier traîneau qu'il rencontre. « Au palais impérial de Saint-Pétersbourg, » dit-il à l'ystwotshilk.

« — Oui, mon officier, je vous descendrai
« le plus près que je le pourrai, parce que les
« gardes ne nous laissent pas approcher, nous
« autres.

« — Va toujours. »

« Arrivé à quelque distance du palais, le paysan arrête :

« C'est ici, mon officier, nous ne pouvons
« aller plus loin. »

« L'Empereur saute à bas du traîneau.

« Attends là, je vais te faire payer.

« — Non pas, non pas, il m'arrive si sou-
« vent que vos camarades m'en disent autant
« et oublient de me payer, que je ne fais plus
« de crédit. Laissez-moi quelque chose, ou
« sinon....

« — Tiens; » et aussitôt Alexandre, en riant aux éclats, dégrafe son manteau et le lance dans le traîneau. Rentré dans ses appartements, il donne l'ordre à un valet de chambre de donner cinquante roubles à l'yswotshilk qui l'avait conduit, et de reprendre son manteau.

« Qui a conduit l'Empereur ?... »

« Vingt traîneaux sont rangés près du palais ; personne ne répond.

« Qui est-ce qui a un manteau en gage ?

« — Un officier m'a laissé un manteau, » dit un paysan.

« — Rends-le moi, voilà le prix de ta « course, » et il lui remet les cinquante roubles.

» Grand Saint-Nicolas ! » s'écrie le pauvre diable ; il saisit ses guides, lance son cheval au grand galop et s'éloigne avec la rapidité d'une flèche.

« Les hourras de tous les yswotshilks le poursuivirent longtemps.

« Ceci se passait la veille d'une revue. Il est d'usage qu'après le défilé tous les chefs de corps viennent se grouper autour de l'Empereur.

« Messieurs, je suis content ; vos régiments « sont beaux, bien tenus, mais dites de ma « part à messieurs vos officiers qu'ils m'ont « valu hier l'humiliation de laisser mon man- « teau en gage. »

« Tout le monde se regardait.

« Eh! sans doute... L'yswolshilk qui m'a ra-
« mené, n'a pas voulu me faire crédit, parce
« que, mon officier, m'a-t-il dit, vos cama-
« rades oublient souvent de me payer. »

« Le reste du jour on ne cessa de commenter les paroles de l'Empereur. A la revue on
se perdait en conjectures. Le soir, au cercle
de madame Narish..., l'Empereur raconta sa
mésaventure, en singeant si bien le paysan, que
ce furent des rires fous.

« J'ai déjà dit le laisser-aller, la familiarité
d'Alexandre envers les subalternes; l'Empereur et moi, nous nous promenions un matin
à la Perspective, grande et belle promenade
située au milieu de la ville. Nous rencontrons
Andrieux, l'acteur, mari de madame Philis.
« Bonjour, Andrieux, » dit l'Empereur,
« comment cela va-t-il?

« — Bien, sire, et vous?
« — Comment se porte votre femme?
« — Bien, sire; et madame votre épouse,
« et madame votre mère? »

« Toutes ces privautés divertissaient beaucoup Alexandre; ces facéties répétées faisaient
les délices des salons pendant huit jours.

« En vous parlant de ce singulier Frogère, j'avais oublié une anecdote que l'Empereur me raconta lui-même sur son favori, en posession permanente de l'amuser.

« Frogère allait familièrement chez le prince impérial Alexandre. La mort de Paul Ier place le prince sur le trône et Frogère ne paraît plus. A quelque temps de là, l'empereur le rencontre : « Eh bien, Frogère, je ne te vois « plus. — Ah dame! sire, j'allais chez le « prince impérial comme chez un camarade, » mais à présent..... — A présent, tu ne « veux plus venir chez l'empereur? — Si » fait, Sire; j'avais peur que votre bonne place » ne vous eût rendu plus fier; mais puisqu'il » n'en est pas ainsi, je retournerai vous voir. »

« Et l'on trouvait cela charmant.

« Parmi les grands seigneurs, c'étaient d'autres licences, de meilleure compagnie, il est vrai, et qu'Alexandre souffrait avec une incroyable indulgence. Ouwaroff, l'un des hommes admis dans l'intimité de l'empereur, était remarquablement bien de sa personne; sa fatuité, ses dépenses, son faste, surpassaient toutes les extravagances de ce genre. Célèbre par ses conquêtes, par ses intrigues d'amour, il ne se passait pas de semaine sans qu'il ne fît parler de lui. Brave comme son épée, il était redouté et son audace s'en accroissait. Il allait sur les brisées de tous, et peu d'audacieux se hasardaient sur les siennes. Amant heureux de la belle princesse S..., il la délaissa tout-à-coup et afficha une grande passion pour madame L... La princesse au désespoir lui renvoie les lettres et le portrait qu'elle avait reçus aux jours du bonheur, et elle s'empoisonne. L'infortunée n'avait que le tort d'aimer encore, alors qu'elle n'était plus aimée. Elle dédaigna les explications, les reproches; l'infidélité avait brisé son cœur... elle brisa sans regret sa vie!

« Cette mort fit grand bruit. La princesse S... était aimée. Ouwaroff comprit qu'il ne pourrait braver cet orage; il demanda un congé, l'obtint et voyagea pendant quelques mois. A son retour, l'Empereur lui dit de tâcher d'être plus circonspect. « Sire, je ne demande pas mieux, « mais ces têtes de femmes, grand Dieu! qui « sait si je ne serai pas encore compromis. »

« Ce même Ouwaroff, si léger, si vain, était brave entre les plus braves. A l'entrevue des deux empereurs, après la bataille de Friedland, sur le Niémen, en 1807, Alexandre arriva sur le radeau, accompagné du grand-duc Constantin, du général en chef Beningsen, du prince Lubanoff et du général Ouwaroff. L'empereur Napoléon était accompagné de Murat, des maréchaux Berthier et Bessières, du général Duroc et de moi.

« Napoléon possédait une grâce parfaite lorsqu'il lui convenait de plaire. Dans cette entrevue sur le fleuve, en face de deux armées, il y avait une idéalité, une poésie qui exaltaient toutes les imaginations. Lui, vainqueur, tenant entre ses mains les destinées de deux grandes puissances, pouvait les anéantir en soufflant dessus, et il dédaignait de punir; il offrait son amitié et sa protection à ses ennemis vaincus... C'est une belle page dans l'histoire de Napoléon ! »

Le duc s'arrêta; son regard peignait une inexprimable souffrance. Ce passé si beau ! le présent si misérable... Ah ! comme je comprenais bien que cet homme ne trouvât plus *de place en France* pour lui !.....

Il reprit : « les deux souverains s'embrassèrent à plusieurs reprises avec une effusion entière. « Mon frère, » dit Napoléon, en retenant une des mains d'Alexandre dans les sien-

nes, « le sort des armes vous a été contraire,
« mais votre armée est vaillante et dévouée,
« vos troupes ont fait des prodiges de valeur...
« Les Russes sont essentiellement braves...
« Qui est-ce qui commandait la cavalerie? »
dit-il, en s'adressant au général en chef Béningsen.

« *Je*, sire » dit en s'avançant vivement un élégant jeune homme.

« Les deux empereurs et nous tous nous nous mîmes à rire. « Général, » reprit Napoléon, « si vous ne savez pas très-bien parler « français, vous savez admirablement bien » vous battre. »

« Cette puissance de fascination que Napoléon exerçait sur ses soldats, impressionnait au même degré tout ce qui l'approchait. Par son seul ascendant, il dominait tout, en quelque position, en quelques lieux qu'il se trouvât. Mais voyez, » ajouta le duc, avec une chaleur entraînante, « la parole ne peut exprimer, le pinceau ne saurait retracer ce que j'ai vu... La religieuse admiration de mes impressions sur ce radeau du Niémen est encore toute palpitante, là... L'empereur Alexandre imposait de la splendeur de son origine, de sa noble figure, de sa haute taille qui dépassait d'un pied celle de notre Napoléon qui, lui, s'élevait si grand qu'il planait majestueusement sur l'ensemble de cette scène fabuleuse. Au moment où les deux empereurs s'embrassaient, des applaudissemens franchirent le fleuve ; des hourras impossibles à décrire partirent des deux rives couvertes de troupes. Mon Dieu, quelle belle heure dans ma vie!!

« Je ne vous parlerai pas de Tilsitt, tous les détails officiels en sont connus; mais, ce qui ne peut l'être, ce sont les nuances pleines de grâce et de finesse dans les rapports de Napoléon avec les souverains ; c'est la dignité aisée et polie avec laquelle il resta sur son terrain de protecteur magnanime. Il ne présenta pas un côté vulnérable à l'adulation et à la flatterie. La belle et séduisante reine de Prusse émoussa vainement les traits de son esprit fin et très-délié. Napoléon fit ce qu'il voulait faire, et ne concéda rien de ce qu'il avait résolu de garder. Jamais homme ne posséda un tel empire sur lui-même ; il semblait réellement n'appartenir en rien à notre pauvre humanité.

« Le soir, rentré dans ses appartements, il se laissait aller à toute sa belle humeur. « Que

« vous en semble, Monsieur le grand écuyer,
« ne sommes-nous pas un magnifique con-
« quérant?

« — Sire, vous faites fort bien les honneurs
« du pays à vos frères de Prusse et de Rus-
« sie. »

« Il se prit à rire. « — Entre nous, Caulain-
« court, j'ai conquis les pays et les cœurs.

« — Et Votre Majesté n'y laissera pas le
« sien?

« — J'ai bien d'autres choses à penser qu'à
« faire l'amour; et puis, on ne joue pas à ces
« batailles-là sans y laisser quelques palmes de
« sa gloire... J'ai un plan arrêté, et, ma foi,
« les plus beaux yeux du monde (car ils sont
« très-beaux, Caulaincourt...), ne me feront
« pourtant pas dévier d'une ligne.

« — Votre majesté est inaccessible aux sé-
« ductions....

« — Ah, baste!... le roi de Prusse me fait
« pitié, Caulaincourt, en vérité; mais il faut
« qu'il se contente de la part que je lui ai fai-
« te.... Si je cédais ceci, aujourd'hui, demain
« on me demanderait cela, et d'encore en en-
« core, je crois que je finirais par avoir tra-
« vaillé pour le *roi de Prusse*..... »

Et nous voilà à rire aux éclats. C'était le bon temps alors; il savait encore rire et s'amuser.

« Alexandre est un bon jeune homme.... Je
« le crois franc et loyal... Oh ! nous nous en-
« tendrons avec celui-là.

« — Je le crois bien, Sire, il est en admi-
« ration devant Votre Majesté.

« — C'est que je suis un être si étrange... La
« destinée, Caulaincourt! » Et la figure radieuse de l'Empereur laissait deviner que sa pensée le reportait à Toulon....

« Il aimait à la folie les propos naïfs du soldat ; presque toujours ils arrivent à leur adresse, avec une rare sagacité.

« Après la perte décisive de la bataille de Friedland, la position du roi de Prusse était affreuse ; dans son pays conquis et envahi de toutes parts, il n'avait plus d'asile; il était réfugié dans un moulin de l'autre côté du Niémen, au moment de l'entrevue des deux Empereurs.

Rentrant avec Napoléon, je mis pied à terre dans la cour du Palais, et m'arrêtai quelques instants. Deux soldats de la vieille garde causaient entre eux : « En a-t-il sur le

« dos, le roi de Prusse, » dit l'un; « il n'a pas
« osé seulement venir saluer l'Empereur.

« — Tiens, je crois bien; il est joliment de-
« venu d'évêque meunier, celui-là.

« — C'est à la rebours du nôtre, qu'est de-
« venu de meunier évêque, et fièrement, je
« m'en flatte. »

« L'Empereur était heureux, heureux!
« Pardieu, Caulaincourt, puisque nous som-
« mes en train de flaner comme des sous-lieu-
« tenants au corps-de-garde, il faut que je
« vous donne aussi mon histoire :

« La *Passarge* avait débordé dans le che-
« min de *Scholditten ;* nos troupes marchaient
« jusqu'à mi-jambe dans une véritable bouillie.
« Pressé de me porter en avant, je suivais un
« petit sentier exhaussé de quelques pouces au-
« dessus de la route, et à peine praticable à che-
« val. « Mille diables! » dit un chasseur à un
« de ses camarades qui cherchait à retrouver
« son soulier dans la boue : « Dis donc, parisien,
« ces déhontés de Polonais, qui ont le front
« d'appeler çà une patrie? » Un autre gro-
« gnard. « Çà finira-t-il bientôt, c'te prome-
« nade dans la crême de café? l'Empereur a
« donc juré de nous faire user nos jambes jus-

« qu'aux genoux? » « Çà finira-t-il bientôt
« aussi, » cria, d'une voix de Stentor, une de
« mes vieilles moustaches, ayant quatre che-
« vrons au bras, ça m'échauffe les oreilles, à
« moi tous ces quolibets! Qu'est-ce qui m'a
« fourni un tas de muscadins comme ça? Pas
« tant de raison. En avant, et vive l'Empe-
« reur! ou sinon, Dieu de Dieu! »

« La pendule sonna deux heures. Ma foi!
« Caulaincourt, le temps à passé vite; je me
« suis amusé comme un *roi*. »

« Cette époque de Tilsitt fut la plus heureuse, la plus immense du règne de Napoléon.

« Mais nous voici bien loin de la cour de
Russie, » reprit le duc de Vicence, « c'est
qu'un seul mot qui me rappelle l'Empereur
fait jaillir dans ma pensée tant et de si beaux
souvenirs!

« Saint-Pétersbourg offrait en 1810 toutes
les ressources artistiques qui peuvent charmer
les yeux et les oreilles. Nos célébrités parisiennes chantantes et dansantes demandaient des
congés pour la Russie, et le soir, au théâtre
de Saint-Pétersbourg, il ne tenait qu'à nous
de nous croire en grande loge à l'opéra de

Paris. Iudépendamment des acteurs et des actrices que je vous ai nommés, nous avions madame Philis Andrieux et son mari, et dix autres de seconde force. Boïeldieu composait des opéras et nous faisait de charmantes partitions pour nos concerts particuliers. Madame Lafont, belle et agréable, avait de grands succès; elle chantait à ravir, et ses yeux disaient les plus jolies choses du monde. Son mari, le premier violon de l'Europe certainement, faisait accourir tous les musicomanes aux concerts qu'il donnait le matin chez lui. C'était le bon ton de ne pas manquer une matinée de musique chez Lafont, et, au reste, la réunion était remarquablement bien composée; on y rencontrait toute la société. Benkendorf, frère de la princesse de Liéven, alors gouverneur général de Saint-Pétersbourg, se serait cru perdu, s'il ne fût venu coqueter avec toutes les femmes élégantes qui, elles aussi, suivaient assidûment le concert Lafont.

« M. Narishkim, grand chambellan, frère aîné du grand écuyer, tenait un état royal. Son palais était le rendez-vous de toutes les sommités, et ses fêtes étaient souvent honorées de la présence de l'Empereur. C'était un luxe d'appartements, de décorations, d'or, de bronze, de porphyre et de fleurs, qui donnait à ses matinées dansantes, musicales, un aspect de féerie dont nous n'avons nulle idée en France.

Le bruit courait que l'Empereur allait conférer la dignité de prince au grand chambellan. A l'une de ses brillantes réunions du matin, nous nous promenions lui et moi, à l'écart de la foule, dans une des délicieuses serres chaudes qui faisaient suite aux appartements de réception. Cette musique, dont les accords nous arrivaient doux et brisés, l'air tiède et embaumé que répandaient les fleurs, produisait un effet inexprimable. Nous nous assîmes.

« Nous sommes dans un palais de fées, » dis-je à M. Narishkim, « le titre de prince s'alliera
« merveilleusement avec la magnificence du
« suzerain de ces beaux lieux.

« — Regardez autour de vous, monsieur le
« duc, quelque chose peut-il ajouter à la splen-
« deur de ma fortune? Je laisse croire à cette
« ridicule nouvelle pour amuser les désœu-
« vrés; mais à vous, monsieur le duc, je dirai
« la vérité sur cette affaire, parce que je ne
« voudrais pas qu'à votre cour, on crût qu'un
« Narishkim pût tenir le titre de prince d'un

« autre que de lui-même.—Voici ce qui s'est
« passé.—L'Empereur m'a effectivement ex-
« primé le désir de m'élever à cette dignité ;
« mais je lui ai répondu : « Sire, la mère de
« Pierre-le-Grand était une Narishkim....
« Quand on a l'honneur d'appartenir d'aussi
« près à votre majesté, le titre de prince n'a-
« joute rien à l'illustration d'une race. Les
« Narishkim sont nobles à l'égal de l'Empe-
« reur de toutes les Russies, sire. »

« Ce langage fier et hardi déplut-il à Alexandre ? je ne le sais ; mais il y avait tant de vraie
noblesse dans le cœur du souverain que le grand
chambellan resta en faveur. On ne lui reparla
plus de principauté.

« A travers les graves instructions diplomatiques que m'adressait l'Empereur, il se mêlait
quelquefois des choses d'une très-minime importance. Napoléon se faisait rendre compte
de tout, et son esprit apte à tout retenir, em-
brassait les plus petits détails, il n'oubliait
rien. Je reçus, en 1809 ou 10, je crois, l'ordre
très-précis de faire surveiller un Français qui
s'était réfugié en Russie. Voici à peu près de
quoi il s'agissait.

« Le comte Charles de la Garde habitait la

Pologne, par suite de l'émigration ou autrement. Lié avec toutes les grandes familles nobles du pays, il lui passa par la tête d'établir, sur le trône de Pologne, un roi de sa façon, et il jeta les yeux sur Lucien Bonaparte, pour lui décerner la couronne. C'était là une singulière idée! Il organisa une petite conjuration, crut avoir associé quelques Polonais à ses rêveries, et, plein de ses projets, il part pour l'Italie. Vit-il ou ne vit-il pas Lucien, cela importe peu, car tout cela n'était que risible. Mais l'Empereur, qui n'aimait pas les brouillons, prit assez mal la plaisanterie, et l'ordre fut expédié d'arrêter le donneur de couronnes et de l'amener à Paris, où probablement il eût passé quelques mois au Temple ou à Vincennes, à réfléchir sur les dangers de jouer avec le feu. Le pauvre conspirateur, averti à temps, trouva à la cour de Naples quelques âmes compatissantes. Beaucoup de belles dames s'intéressèrent à l'aventureux personnage. Murat ferma les yeux, on enleva le coupable dans une voiture, caché ou à peu près, sous les jupons de ses protectrices; toujours est-il qu'il échappa aux limiers de la police, et qu'il parvint à réintégrer son domicile, non plus en Pologne, où il n'aurait pas été en sûreté, mais dans les états de Russie, où le grand bras de Napoléon ne pouvait l'atteindre aussi facilement. Il changea de nom, se fit appeler le chevalier de Messence, et comme l'Empereur ne tenait pas beaucoup à son extradition, il ne la demanda pas, se contentant seulement de le faire surveiller. Le chevalier de Messence habitait Saint-Pétersbourg, mais vous comprenez qu'il ne s'était pas présenté à l'ambassade, et qu'il évitait tout contact avec moi. Les notes qui le concernaient m'arrivèrent, je les transmis dans mes bureaux, je donnai mes ordres et cela en resta là. On parlait d'un émigré, d'un conspirateur, d'où il résultait, dans ma pensée, que ce chevalier de Messence devait avoir au moins 40 à 50 ans.

« Or, il n'était bruit que des faits et gestes du chevalier, fort bien accueilli dans le monde et intimement lié avec Alexandre Ypsylanti, enseigne au régiment des Chevaliers gardes et fils du prince Ypsylanti, hospodar de la Valachie. On ne parlait que des talents, de la grâce, de la gentillesse du chevalier; il composait et chantait à merveille des romances dont Boïeldieu écrivait la musique, il improvisait et il avait, disait-on, de grands succès auprès des dames. Or je ne savais comment arranger de si beaux exploits avec l'âge respectable dont je gratifiais cet homme. Il ne me convenait ni d'en parler, ni de le rechercher, et cependant je n'aurais pas été fâché d'entrevoir ce Lovelace au petit pied.

« Un soir, au théâtre, pendant un entr'acte, j'étais en visite dans quelques loges de ma connaissance. La princesse Dol... m'aperçoit, me fait un signe, je me rends auprès d'elle. Quelques instants après, Ypsylanti arrive, accompagné d'un très-jeune homme, à la mine éveillée, à la tournure élégante. « Monsieur « l'ambassadeur, » dit étourdîment la princesse, « permettez-moi de présenter à votre « excellence un de vos compatriotes, le cheva- « lier Charles de Messence. » Lui et moi nous restâmes assez étourdis du coup, mais lui, en homme de bonne compagnie, salua profondément et cinq minutes après il disparut.

« A dire vrai, je riais sous cape. Ce hardi chef du complot qui devait affranchir la Pologne et lui donner un roi de sa façon, était tout bonnement un tout gentil jeune homme, dont la tête blonde, aux cheveux bouclés, dont la physionomie enfantine accusaient 20 à 22 ans. J'écrivis à l'Empereur que la police avait pris beaucoup trop sérieusement cette espièglerie, que ce chevalier de Messence pouvait conspirer avec quelques chances de succès dans les ruelles, mais que je ne pensais pas qu'il fût redoutable ailleurs que sur ce terrain. L'affaire en resta à ces termes; l'Empereur ne m'en reparla plus.

« Je ne puis quitter la Russie sans vous parler de gens que vous connaissez et que vous aimez certainement; c'est la famille Lesseps. M. Lesseps était consul-général à Saint-Pétersavant et pendant mon ambassade. Napoléon faisait grand cas de son consul et me l'avait particulièrement recommandé. Instruit, spirituel, très-aimable, et contant à merveille, M. Lesseps était fort considéré. Une particularité remarquable s'attachait à lui. Embarqué fort jeune sur l'expédition de Lapeyrouse, il tomba malade à bord; le vaisseau relâcha à **** où il fut laissé. Il passa en France pour s'y rétablir, remit au gouvernement les dépêches dont l'avait chargé Lapeyrouse, et ce furent les dernières. Depuis lors on n'entendit plus parler de la malheureuse expédition. Madame Lesseps, bonne et excellente femme, était aimée de tous, bien qu'elle ne fût ni brillante ni jolie ; mère d'une nombreuse famille, on la rencontrait plus souvent chez elle que dans les fêtes. Alexandre les traitait fort bien. Il demandait un jour à M. Lesseps des nouvelles de sa femme. « Sire, elle est accou« chée hier. — Encore ! mais combien donc « avez-vous d'enfants ? — Un nombre infini, « sire ; c'est comme les sables du désert. »

« Pauvre Lesseps ! nous nous retrouvâmes plus tard, dans Moscou embrâsé.... Et, à la lueur des flammes, en nous promenant près du Kremlin, nous nous rappellions les bons jours que nous avions passés en Russie. Une année à peine s'était écoulée, et, en regard des merveilles de Saint-Pétersbourg, nous considérions les décombres fumants de la seconde ville de l'empire Russe !! »

Le duc de Vicence pâle et agité porta la main à son front brûlant. Ses dernières paroles avaient ramené de cruelles pensées... « Demain, » dit-il, « je vous raconterai un trait qui frappa Napoléon au cœur ; je vous dirai une de ces actions qui caractérisent largement tout un peuple. »

CHAPITRE IV.

« La bataille de la Moskowa avait été horriblement meurtrière pour les Russes. A leur bravoure naturelle, il se joignait du désespoir, du fanatisme, dans leur acharnement à disputer la victoire. Du sort de cette bataille dépendait le sort de Moscou, et Moscou pour les Russes, c'est la ville sainte, la bien-aimée de Dieu. La levée en masse s'était effectuée avec une ardeur, un enthousiasme qui tenaient du délire. Le clergé, tout-puissant sur l'esprit des paysans, en les appelant à la défense du pays, les avait bénis, leur avait prédit l'invincibilité. La Vierge révérée des Sept Douleurs fut promenée par la ville. Chaque corps d'armée dirigé contre les Français, se prosterna aux pieds de la statue divine et jura de défendre Moscou

et de n'y rentrer que vainqueur. Des hurlements sauvages de « mort aux Français » avaient retenti autour de la douce Marie, pendant un mois que dura le passage des troupes russes par Moscou. Un paysan, affranchi sous Paul Ier, vieillard de quatre-vingts ans, aveugle, père d'une nombreuse famille, avait treize fils ou petits-fils engagés volontaires. « Allez » leur dit-il, « n'épargnez pas votre sang à la défense de
« la patrie et de votre religion. Vous reviendrez
« vainqueurs, Dieu est juste; mais si la colère
« céleste s'appesantit sur la ville; si les étran-
« gers doivent la profaner par leur présence, ils
« passeront sur mon corps pour y pénétrer. »

« La bataille de la Moscowa est perdue, les troupes françaises avancent vers Moscou. Tous les habitants fuient, bientôt la ville est déserte. Pétrowisk, le vieillard aveugle, résiste aux pleurs, aux supplications de sa famille et de ses amis, il refuse de partir. « Cette terre m'a vu naître, » dit-il en frappant le sol de son bâton,
« elle m'a nourri et porté pendant quatre-vingts
« ans... sur cette terre je mourrai. » Le vieillard reste inexorable, toute la famille émigre, emportant ce qu'elle peut soustraire au pillage; les bestiaux précèdent le triste cortége. Au mo-

ment du départ, quatre générations à genoux implorent la bénédiction de son chef respecté. La haute taille de Pétrowisk, ses longs cheveux blancs, sa belle barbe blanche qui couvre sa large poitrine, ses grands yeux noirs ouverts et fixes, le lieu, l'actualité, tout donne à cette scène un aspect fantastique. Les mains étendues, il prononce lentement ces paroles : « Que « la bénédiction de Dieu, et celle de votre « vieux père vous suivent partout où vous « porterez vos pas. Nous nous retrouverons « là haut, dans le ciel, où les Français mau- « dits n'entreront jamais. » Puis, s'adressant à voix basse à son fils aîné : « J'ai ta parole. » Ivan répond d'un ton farouche : « Père je la tiendrai. »

« L'aveugle est resté seul dans sa demeure ; toute la famille est partie, à l'exception d'un jeune homme de 16 ans, qui s'est dévoué à partager le sort de son aïeul. Le lendemain, l'avant-garde française défilait sur la grande route ; la tête de colonne touchait aux portes de Moscou. Par intervalle, plusieurs coups de feu ont frappé dans les rangs ; ils sont dirigés par une main habile, chaque balle a porté, des soldats sont tués ou blessés. Un officier,

atteint à la tête, tombe de cheval; tous les yeux cherchent la direction d'où est parti le coup. Un vieillard, dont la longue barbe couvre la poitrine, est assis à terre appuyé près d'un arbre. Nos soldats irrités se précipitent vers lui la baïonnette en avant. Un jeune homme descend de l'arbre, se jette au-devant du vieillard, décharge les deux pistolets passés à sa ceinture, tire un large poignard; mais, accablé par le nombre, il vient tomber sanglant et sans vie aux pieds de Pétrowisk. « Mainte-
« nant, tuez-moi, Français maudits, ce brave
« garçon est mon fils, et c'est moi, Pétrowisk
« l'aveugle, qui l'ai armé. »

« Une heure après, l'Empereur, entouré de son état-major, passait en ce lieu. « Ah! » fit-il en poussant vivement son cheval de l'autre côté de la route, « c'est un lâche assassinat...
« un vieillard! oh!! » Tous les regards se détournèrent avec horreur. L'infortuné était resté assis, les yeux ouverts et fixes; sa belle barbe blanche est souillée de sang; ses vêtemens gris sont percés de part en part de coups de sabre; dans le sang, qui forme une marre autour de l'arbre, gît un enfant, un tout jeune homme,

dont les cheveux blonds bouclés voltigent encore au gré du vent.

« C'était un affreux spectacle ! L'Empereur, naturellement superstitieux, en fut attéré.

« En parcourant les rues de Moscou pour se rendre au Kremlin, l'aspect de la ville le frappa. Toutes les maisons étaient exactement fermées ; on ne rencontrait pas un seul habitant. Ce silence, cette torpeur d'une grande capitale imprimaient sur tous les visages une tristesse profonde. Les cris de joie de nos soldats en découvrant la ville, « Moscou, Moscou, la « terre promise ! » leur délire bruyant étaient remplacés par une stupeur complète.

« Cette solitude est effrayante », me dit l'Empereur en se penchant vers moi. J'avais ressenti la même impression.

« Le soir, on trouva un homme blotti sous un escalier conduisant aux appartements de l'Empereur. Il voulut le voir et le questionner ; mais l'homme ne parlait pas un mot de français, on fut chercher un interprète. L'Empereur, agité, impatient, arpentait le salon dans tous les sens ; puis il s'arrêtait devant le prisonnier, oubliant qu'il ne pouvait ni l'entendre, ni lui répondre. Enfin l'interprète arriva. Le colloque fut long, et c'était chose curieuse à observer que l'air fier et inspiré répandu sur la physionomie, sur les gestes de cet homme à la haute taille, au regard farouche. « Que dit-il ? « que dit-il ? » demandait l'Empereur à chaque instant. Nous apprîmes que cet homme, âgé à peu près de 50 ans, était Ivan, l'un des fils de Pétrowisk l'aveugle ; qu'il avait juré à son père, sur l'évangile, d'assassiner Napoléon. Il s'était déguisé et caché pour accomplir son dessein. En effet, ce fanatique dépouilla un de nos soldats tué sur la route, et, à la faveur de ce déguisement, il lui avait été plus facile de pénétrer dans le lieu où il fut trouvé caché.

« Pourquoi cette haine furieuse ? Qu'ai-je
« fait à ce Pétrowisk personnellement ? »

« L'interprète transmit à l'empereur ce qui a précédé.

« Je lui fais grâce de la vie ; qu'on le con-
« duise hors de la ville, je neveux pas qu'il
« lui soit fait aucun mal. Tout ceci doit rester
« entre nous, » ajouta-t-il, en se retournant vers les personnes présentes, « je défends
« qu'on en parle. »

« Caulaincourt, » me dit-il, en rentrant dans

sa chambre à coucher, » mon entrée dans
« Moscou est signalée par de lugubres pré-
« sages... Il y a ici quelque combinaison in-
« fernale... On a mis en jeu le fanatisme reli-
« gieux, c'est un moyen puissant sur un peuple
« brute, cela réussit. En France, si on osait
« cette jonglerie, on se ferait siffler. En Rus-
« sie, à l'aide de ce levier, on a créé des si-
« caires dévoués. Ce vieillard, quel carac-
« tère !... En regard de la frivolité des grands
« seigneurs Russes, il y a dans le peuple de la
« sauvage fermeté du Parthe. Cette guerre
« ne ressemble à aucune autre. A Eylau, à
« Friedland, nous avions à combattre des sol-
« dats ; ici, nous avons à vaincre tout un
« peuple... Depuis le commencement de la cam-
« pagne, les villes dépeuplées, désertées jus-
« qu'au dernier habitant, la famine partout !...
« Il faut suffire, dans un désert, aux besoins
« matériels d'une armée innombrable ! »

« Son front se plissa, ses yeux, d'une transparence si remarquable, étaient ternes et horriblement tristes ; une souffrance aride, un
malaise indéfinissable, se peignaient sur sa
physionomie et dans ses gestes. Je cherchai à
le distraire de ses noires préoccupations, je

savais que cet état nerveux était le résultat de la contrainte qu'il s'imposait depuis quarante-huit heures. Mais, pour persuader, il faut être convaincu, et je parlais sous l'influence des plus sinistres pressentiments; les paroles tombaient glacées de ma pensée; j'étais moi-même en proie à une dévorante inquiétude.

L'empereur se leva, marcha longtemps les bras croisés, la tête inclinée vers la terre, puis s'arrêtant devant moi : « Et Murat !
« Murat, sans attendre mes ordres, sans pren-
« dre d'autres conseils que de sa folle tête,
« Murat, va se lancer sur la route de Vola-
« dimir !... ardent, brillant au feu, il a l'es-
« prit du courage et n'a pas le courage de l'es-
« prit. Savoir s'arrêter, c'est du bien joué
« quelquefois... Il n'a pas le sens commun.
« Je suis irrité de cette fanfaronnade, c'est
« un embarras qu'il me crée à brûle-pour-
« point... Je ne puis le rappeler sans accuser
« notre faiblesse, et si je lui envoie des ren-
« forts, c'est recommencer la guerre ?... je
« suis toujours mal compris, mal secondé par
« les miens, » dit-il avec amertume, et sa promenade recommença.

« Je voulus rejeter sur la bravoure et l'impétuosité du roi de Naples cette échauffourée qui, dans les circonstances présentes, était véritablement un malheur.

« Non, non, Caulaincourt; c'est de l'im-
« prudence ridicule, et voilà tout. Ces gens-ci
« n'ont pu supporter leur haute fortune, la
« tête leur a tourné... J'ai fait de sottes éco-
« les... Brisons là.

« Il s'approcha d'une table, déploya une carte de Pologne : « Voyez Caulaincourt, je
« ne pouvais rester en Pologne; j'aurais été
« facilement cerné de tous côtés, en suppo-
« sant quelques défections parmi mes alliés...
« Oh! il y avait un grand danger dans cette
« combinaison... et pourtant !... Non, il me
« fallait avancer, étonner par la rapidité de ma
« marche et de mes victoires... Maintenant
« le sort en est jeté, il faut qu'avant six se-
« maines je sois à Saint-Pétersbourg, il le
« faut ! j'y prendrai mes quartiers d'hiver...
« J'avais pensé à m'arrêter ici, l'armée ne
« fera que s'y reposer... décidément, il faut
« que je sois à Saint-Pétersbourg le 1er no-
« vembre. J'échelonnerai mes troupes, » dit-il
en se ranimant, « des renforts m'arriveront
« de France, ils se formeront. Mes places for-

« tes sont approvisionnées pour six mois...
« Ceci est une ligue formidable... mais j'en
« triompherai, Dieu aidant ! »

« Et moi, je ne partageais pas les espérances de l'empereur. Il n'y avait plus de prévision possible. Les événements se pressaient autour de nous ; le sol était brûlant, le volcan bouillonnait sous nos pieds, et » ajouta le duc de Vicence avec un amer découragement, « déjà, à cette époque, l'avenir n'avait plus pour moi de promesses ! L'empereur pouvait peut-être s'illusionner encore, mais moi, moi, je ne le pouvais plus. Les trames ourdies dans l'ombre par l'Angleterre recevaient leur pleine et entière exécution. La Russie, en déchaînant contre nous ses peuples barbares, usait de dangereuses ressources, c'était son dernier enjeu. A cette heure même, Kutusof, poussé par le cabinet anglais, Kutusof, généralissime, était plus roi qu'Alexandre, empereur de toutes les Russies.

« Il fallait qu'Alexandre vainquît Napoléon sous peine de perdre la couronne et la vie. Sa longue résistance à rompre avec la France, en soulevant des méfiances dans toutes les classes, lui avait aliéné l'esprit public. Au cœur de ses états existait un redoutable parti, et ce parti n'attendait qu'une occasion pour précipiter du trône le czar libéral qui avait osé rêver la généreuse pensée de l'affranchissement successif des serfs... On attribuait à la prédilection d'Alexandre pour Napoléon les maux qu'avait attirés sur le commerce le système continental, ruineux pour le pays et favorable à la France, qui s'était jouée tant d'années de la foi jurée. Ces griefs, présentés par un chef audacieux, auraient facilement entraîné les masses. Les hautes classes formulaient ainsi l'accusation pour la rendre plus populaire, mais ce n'était là qu'un prétexte!...

« Dans les derniers mois de mon séjour à Saint-Pétersbourg, combien de fois Alexandre n'avait-il pas épanché ses inquiétudes dans nos entretiens intimes! L'éternelle ennemie de la France, l'Angleterre entretenait à la cour de Russie des conseillers occultes qui infiltraient la désaffection et le mécontentement autour du trône. Le cabinet anglais savait bien que toute guerre de propagande serait impossible, tant que la Russie resterait alliée à la France. Toutes les puissances étaient d'accord, tous les rois étaient parjures, un seul excepté : celui-là, il fallait l'entraîner ou le perdre...

« Alexandre, à l'époque où je parle, n'était déjà plus le jeune homme insoucieux et frivole. La gravité des circonstances qui surgissaient de toutes parts lui donnait de la prévoyance et il jugeait parfaitement sa position personnelle. Il me disait à moi ce qu'il n'eût pas dit à ses propres frères... ce qu'il ne pouvait dire à ses ministres, sans danger peut-être. Sous des dehors confiants, il déguisait de sombres appréhensions..... Enfin les choses étaient arrivées à ce point, qu'il eût été très-impolitique à l'empereur de renouveler ses visites nocturnes, où une année avant il venait me raconter ses soucis d'amour. Pour lui aussi, le bon temps était passé !

« Dans la disposition d'irritation où l'on entretenait les esprits, son intimité avec l'ambassadeur français était sévèrement blâmée et il le savait. Nous avons quelquefois retrouvé de bons rires, en nous donnant des rendez-vous avec le même mystère que deux jeunes amoureux : « Mon cher Caulincourt, » me disait-il un soir, appuyé sur le balcon des appartements de l'impératrice, « Mon cher Caulincourt,

« dans mes vastes états je n'ai pas un seul ami
« à qui je puisse ouvrir mon cœur. Je livre
« mes secrètes inquiétudes à votre honneur,
« et non à l'ambassadeur de France. Il faut
« que l'empereur Napoléon sache ce qui se
« trame ici contre lui. Je ne vous ai rien celé,
« mon cher duc; j'ai outrepassé peut-être,
« dans mes confidences, les limites de la plus
« entière probité... Dites à votre empereur tout
« ce que je vous ai révélé, ce que vous avez
« vu et lu. Dites-lui encore que la terre tremble
« ici sous mes pas; que dans mon propre em-
« pire ma position est devenue intolérable par
« son manque de foi aux traités. Transmet-
« tez-lui de ma part cette loyale et dernière
« déclaration : c'est qu'une fois la guerre en-
« gagée, il faut que lui Napoléon, ou moi
« Alexandre, y perde sa couronne. »

« J'ai rempli la noble mission qui m'avait été confiée; j'ai supporté les reproches et les emportements; j'ai résisté, au risque de me briser dans la lutte que je soutenais, contre les prétextes qui servirent de base à la guerre de 1812. Dans une vive discussion, où j'avais épuisé en vain les meilleures raisons, poussé à bout par un mot piquant de l'Empereur, je lui répondis :

« Sire, ma vie vous appartient, disposez-en sur
« les champs de bataille pour la sainte cause
« du pays. Mais ici mes convictions sont en
« opposition avec les vôtres, ma conscience,
« mon honneur n'appartiennent qu'à moi...
« et je serais un lâche si, pour complaire à
« votre majesté, je désertais la cause de la
« France.

« — Que prétendez-vous dire, monsieur? »
dit-il en s'avançant vivement vers moi.

« — Je répète à votre majesté, pendant
« qu'il en est temps encore, que cette guerre
« ne peut avoir qu'un résultat funeste pour le
« pays; que toutes les puissances se lèveront
« en masse contre une seule; vous vous perdez,
« sire, et la France, c'est vous... »

« Six mois après cette scène, je me retrouvais encore seul avec l'Empereur; non plus au palais des Tuileries, mais dans le palais des Czars, au Kremlin, à Moscou! c'était fabuleux! L'inexplicable destinée, imprimait un sceau terrible à mes avertissements dédaignés! l'Empereur se rappelait-il alors nos discussions, mon opiniâtre résistance?... mais il savait aussi que mon attachement, que mon dévouement absolu ne lui manqueraient jamais, et au jour du malheur il comptait sur moi sans arrière-pensée. Je refoulai mes propres douleurs pour m'occuper des siennes ; j'essayai de ranimer la conversation ; je le connaissais : en s'épanchant il se calmait facilement. Son organisation méditative le portait à user ses sensations en lui-même. Napoléon ne se répandait pas au dehors. L'écolier de Brienne, le sous-lieutenant d'artillerie avait des camarades et point d'amis. Les joies, les douces intimités de la jeunesse n'avaient pas eu d'accès dans cette nature à part. Sa haute fortune n'avait pas même effleuré son âme de bronze, qui se repliait naturellement en elle-même. Il aimait Berthier, Duroc aussi, c'était à peu près les deux seuls hommes de son intérieur avec lesquels il fût familier, mais non expansif et intime, ce qui est bien différent. Avec moi, il n'était pas familier et il pensait tout haut, quoiqu'il m'arrivât de le contredire quelquefois. Oh! quand il pouvait être lui-même, il était toujours sincère et bon !

« Je cherchai à faire valoir les chances que nos dernières victoires devaient nous donner pour recevoir de la Russie des ouvertures de paix. Je ne croyais pas à ce résultat, mais,

avant tout, je voulais ramener ce calme qui lui était si nécessaire dans l'horrible position où nous nous trouvions. « Non, Caulincourt,
« ni moi, ni vous, nous ne pouvons nous
« abuser sur les conséquences incalculables de
« cette lutte fanatique et désespérée... les
« moyens qu'ils emploient annihilent mes con-
« quêtes bien plus sûrement que le fer et le
« canon... »

« L'Empereur, en entrant dans Moscou, avait traduit littéralement cette pensée en trois mots : *quelle effrayante solitude*. En effet, la prise de chaque ville nous coûtait des flots de sang, et, dans toutes, nous retrouvions cette effrayante solitude, ce silence de mort. Le moral de l'armée en était vivement impressionné.

« Il reprit : « Je voudrais, d'ici, offrir une
« paix honorable, mais eux ne la voudront
« pas... ce Murat, pardieu ! a fait là une sotte
« équipée; cette fugue dérange tous mes cal-
« culs... il ne voit pas plus loin que cela...
« quand il ferraille d'estoc et de taille, il se
« croit un grand roi; » et il leva les épaules.

« Puisque je suis entraîné, » poursuivit le duc, « à vous redire les détails intimes sur la déplorable époque de Moscou, je ne puis m'empêcher de vous parler d'une assertion qui a trouvé dans ces derniers temps quelque crédit, parce qu'elle tend à déconsidérer l'Empereur. Ses faiblesses et ses torts sont inhérents à l'humanité, mais un homme de cœur ne devrait pas attenter à la gloire de Napoléon. C'est un domaine national, inaliénable en France. Je repousse aussi de toutes mes forces l'attitude qu'on voudrait me donner vis-à-vis de lui.

« Il est faux de dire que Napoléon m'a proposé d'aller en mission auprès de l'empereur Alexandre et que je l'ai refusé. Ceux qui débitent de telles pauvretés n'ont jamais entrevu ce qui se passait dans le cabinet de l'Empereur, que de loin et par le trou de la serrure. Et d'abord, il ne pouvait tomber à l'esprit de l'Empereur d'envoyer un grand officier de sa couronne porter une lettre à Alexandre. Si les propositions amiables de Napoléon eussent été acceptées, il y aurait eu lieu à stipuler un traité de paix; dans ce cas, j'aurais pu lui être de quelque utilité, et j'aurais tenu à honneur d'en être le négociateur. Mais les circonstances étaient loin de permettre qu'on envoyât, du camp français à St-Pétersbourg, un plénipotentiaire officiel. Mon refus n'existe donc que dans l'imagination des auteurs de cette fable. Il en est de même de la prétendue froideur que je témoignais à l'Empereur, motivée, disait-on, sur ma désapprobation de la campagne contre la Russie. Vous savez ce que j'ai tenté pour l'empêcher. Mais c'était un fait accompli, et Napoléon malheureux était pour moi l'objet d'un culte sacré. La détestable pensée de lui faire sentir ses torts eût été une lâcheté, en présence des événements qui l'accablaient. Le moment était arrivé, pour tout ce qui sentait battre un cœur dans sa poitrine, d'acquitter, par un dévouement aveugle et sans restriction, les bienfaits dont il nous avait comblés aux jours de sa toute-puissance; il y aurait eu de la honte à agir différemment.

« Non, je ne lui ai pas failli ni un jour ni une heure; cette infamie ne souillera pas ma mémoire. Ses douleurs ont passé par mon cœur, ses désastres ont emporté ma vie, mon admiration l'a suivi au-delà du tombeau!!

« Le général Lauriston fut chargé de porter une lettre particulière de Napoléon à Alexandre. Ni l'Empereur, ni moi, nous n'en espérions aucun résultat. Mais pourquoi ne le dirais-je pas? l'Empereur, écrasé sous le poids de la responsabilité du sort de l'armée qu'il avait entraînée à 800 lieues du pays, l'Empereur faisait noblement ployer son orgueil devant sa conscience. Cette humiliation, car c'en fut une, était une nécessité qu'il eût voulu racheter de tout son sang. Cet acte est une des grandes actions de la vie de Napoléon! pitié, pitié pour ceux qui ne l'ont pas compris.... Voilà toute la vérité sur cet épisode de Moscou.

« Je reviens à mon récit : la nuit s'avançait, et l'Empereur, toujours agité, s'asseyait, se promenait; il ne pouvait demeurer en place. « Allez vous reposer, Caulaincourt », me dit-il d'un ton triste et affectueux.

« — Non, sire, je ne le pourrais, permet-
« tez-moi de rester avec Votre Majesté. »

« Il me tendit la main.

« — Mon pauvre Caulaincourt, dans ce cas
« travaillons pour nous distraire. Dans trois
« jours, j'aurai ici deux cent cinquante mille
« hommes, voyez : » il parcourut ses états de mouvement. « Ils trouveront des toits pour
« s'abriter. Il faut assurer des vivres, organi-
« ser les différents services... Rien, rien... le
« désert ! la famine partout ! »

« A l'instant, une vive lumière éclaira les fenêtres ; nous nous levâmes, nous aperçûmes l'horizon rouge et embrasé ; l'air était lourd et étouffant. Des cris « au feu ! au feu » s'élevèrent des cours du Kremlin où bivouaquait la garde ; il s'y mêlait quelques cris de « vive l'Empereur ! » Ces braves semblaient l'avertir qu'ils étaient là, qu'ils veillaient sur leur Empereur. La nuit d'avant, il y avait eu quelques incendies partiels que le maréchal Mortier, nommé gouverneur de Moscou, et nous tous nous avions attribués au désordre inséparable de l'installation des troupes.

« Un officier d'état-major entra et annonça que le feu éclatait simultanément dans divers quartiers et dans des bâtiments ou palais clos et inhabités. Plusieurs généraux arrivèrent ; tous les rapports s'accordaient ; il n'y avait plus à en douter, la destruction de Moscou était organisée et commandée.

L'Empereur retrouva toute sa force pour poser en chef couronné. D'un ton calme et assuré, il donna des ordres pour porter des secours sur les points menacés et non atteints encore. « Faites la part du feu ; sauvez ce « qui peut l'être. Allez, Messieurs, je rends « chaque chef de corps responsable de l'exé-

« cution de mes ordres... Que chacun de
« vous, Messieurs, fasse son devoir... je vais
« monter à cheval. Dites à mes soldats que je
« serai au milieu d'eux. » Il rappela le prince
de Neufchâtel. « Berthier, *où sont situés les*
« *magasins à blé ?* Envoyez un officier sûr,
« qui me rendra compte du danger que peu-
« vent courir les magasins à blé... Qu'on y di-
« rige la jeune garde... de la célérité, Ber-
« thier ? »

« Et quand, enfin, nous nous retrouvâmes
seuls : « Ceci dépasse toute croyance !.. c'est une
« guerre d'extermination, c'est une tactique
« atroce qui n'a pas de précédents dans les an-
« nales de la civilisation... Que l'exécration
« des siècles futurs retombe sur les auteurs de
« ce vandalisme !! incendier leurs propres vil-
« les, ah !! » Les paroles sortaient brèves et ha-
chées de sa poitrine haletante, un feu sombre
éclairait ses yeux. « Ces gens sont inspirés par
« le démon... Quelle farouche détermination !
« Quel peuple ! quel peuple ! »

« Oh ! de cette heure Napoléon fut frappé à
mort !!.. l'énergie morale résistait, la nature
succomba ! le premier fil de son existence se
brisa au Kremlin, son heure fatale a sonné à

Sainte-Hélène!... de telles émotions tuent, je le sais, moi!! »

Le duc de Vicence, épuisé, cessa de parler; sur ses traits ravagés était écrit le drame des derniers temps de l'empire! Nous voulûmes rompre sur l'époque si désolante de ces souvenirs de Moscou, mais l'intérêt qui s'y rattachait était si puissant!

« Le lendemain, » reprit le duc, « l'Empereur passa la revue ordinaire de sa garde, dans le Kremlin, et nul n'aurait pu lire sur son front dégagé les dévorants soucis de la nuit précédente! C'est que Napoléon possédait au plus haut degré la vertu obligée des rois, la dissimulation. Il faut sourire, quand bien même les épines de la couronne font ruisseler le sang sur le front qui la porte. Il faut sourire, quand tous les rêves dorés s'évanouissent, quand toutes les illusions échappent. Il faut sourire, parce que de la confiance morale de chaque homme dépend le salut de tous. Oh! ce sourire, croyez-le, est une des plus dures conditions attachées aux misères du trône.

« On a osé critiquer et ridiculiser les revues passées dans Moscou incendié, les décrets datés du Kremlin, etc. : c'est là le comble de l'absurdité. A 800 lieues de la capitale, ne fallait-il pas qu'on sût que la puissante volonté de l'Empereur la dominait encore? Il fallait que son armée fût convaincue que de près ou de loin il veillait à tout et pour tous; qu'elle crût, à Moscou, être dans une province conquise, en communication avec la famille, avec le foyer domestique. Il fallait que ces pauvres soldats crussent tout cela pour supporter la faim et les revers, eux qui n'avaient encore connu que les succès ! Il fallait encore qu'ils espérassent le retour pour échapper au découragement, lèpre hideuse qui attaque les plus forts comme les plus braves.

Lorsque Napoléon, dans les rues embrasées, à travers deux murailles de feu, d'une pluie de cendres étincelantes, bravait à froid le plus éminent danger pour se porter, de sa personne, où sa présence pouvait concourir à sauver un magasin à blé ou un hôpital; cette audace, cette action, étaient encore de la haute politique. J'ai entendu des soldats, tout-à-l'heure hagards et stupéfiés, dire en le voyant défier la mort dans les rues de Moscou : « Nous som-
« mes enfoncés; mais bah! c'est égal, il nous ti-
« rera de là! » Ces quelques mots sont bien vul-

gaires, bien peuple, mais ces mots répondent victorieusement à des volumes de politique de salon. L'Empereur fut plus grand, plus immense dans ses revers, qu'alors qu'il étonnait le monde de ses prodigieux succès. Napoléon n'est pas encore connu.

« Ceux qui ont dit ou écrit que l'Empereur, en quittant Smorgony, était malade d'esprit et démoralisé, ont basé leur opinion sur leurs propres impressions, sur leur infirme nature... Pauvre humanité !

« Moi, qui l'accompagnai pendant quatorze jours et quatorze nuits, j'ai le droit d'élever la voix, et de dire que l'Empereur conservait une force d'âme, une lucidité d'esprit vraiment admirables. Je dois être cru, quand j'affirme qu'il ne m'a jamais semblé si grand qu'au milieu de nos désastres. Là, côte à côte avec moi, renfermé dans un étroit traîneau, environné des plus actuels périls; epuisé de froid, souvent de faim, car nous ne pouvions nous arrêter nulle part; laissant derrière lui les restes d'une armée débandée et exténuée, Napoléon ne posait pas; c'était une nature d'homme à nu, énervée ou vigoureuse. Et pourtant l'Empereur ne s'illusionnait point; il

sondait la profondeur de l'abîme ; son regard d'aigle dévorait l'espace : « Caulincourt, » me disait-il, « les circonstances sont graves.....
« très-graves... Mon courage ne faillira pas...
« Mon étoile a pâli..... Mais tout n'est pas
« perdu... La France est essentiellement noble
« et brave... J'organiserai des gardes natio-
« nales... Cette institution de la garde natio-
« nale est une des plus grandes conquêtes de
« la révolution... C'est un moyen dont je me
« servirai avec succès... Dans trois mois j'au-
« rai sur pied un million de citoyens armés,
« trois cent mille hommes de belles troupes
« de ligne.

« — Oui, sire, » dis-je, « comptez sur la
« France...

« — Mes alliés, » interrompit-il vivement en serrant fortement mon bras, « parade-
« ront en chiffres sur mes plans... mais ni
« moi, ni vous Caulincourt... »

« Son front se plissa ; son regard sombre reflétait une de ces terribles prévisions qui semble une révélation de l'avenir, et d'une voix brève et saccadée :

« Ces gens-là, Caulincourt, ces gens-là,
« depuis six mois, m'ont été un embarras.....

« leur coopération, une véritable dérision. »

« Il s'animait, ses gestes rapides accusaient les angoisses de son esprit; je voulus rompre ces cruelles pensées.

« Non, non, Caulincourt, je n'exagère
« rien... ces alliances n'existent plus que de
« nom... tous les traités sont engloutis sous
« les cendres de Moscou... ne vous êtes-vous
« pas convaincu que ces gens-là ne sont avec
« nous que pour échelonner la trahison...
« pour entraver mes opérations... mes ordres
« ne sont plus compris, ou ils sont mal exécu-
« tés... je ne suis pas dupe de ces malentendus
« fortuits, qui arrivent toujours à point pour
« paralyser mes mouvements. »

« Il demeura quelques instants rêveur, puis il reprit avec feu :

« Mais la France est encore redoutable... la
« France offre de grandes ressources... le
« Français est le peuple le plus spirituel de la
« terre... mon vingt-neuvième bulletin n'est
« pas un coup de tête sans portée... c'est un
« acte de haute et loyale politique. Dans une
« circonstance donnée, la meilleure des finesses
« ses c'est le droit chemin, c'est la vérité...
« l'intelligence française comprendra la posi-

« tion de la nation, les énormes sacrifices que
« cette position impose. Moi, l'Empereur, je
« ne suis qu'un homme, mais tous les Fran-
« çais savent qu'autour de cet homme gra-
« vitent les destinées du pays, les destinées de
« la famille, la sûreté du foyer... Des sots ont
« donné une ridicule interprétation à une
« grande pensée de Louis XIV : « *L'État c'est*
« *moi;* » ce mot résumait un fait; il impliquait
« une puissance de volonté sans laquelle un
« roi n'est qu'un mannequin doré... L'État...
« l'État, c'est une réunion d'hommes indisci-
« plinés, et bientôt indisciplinables, si une
« main de fer ne les étreint... Monsieur le
« Russe, » ajouta-t-il avec une inflexion cares-
sante, « n'êtes-vous pas de mon avis ?

« — Votre majesté, » répondis-je vivement, « sait combien cette épithète me blesse...

« — Ah baste ! »

« L'Empereur, » continua le duc, « ne voulait voir dans mes efforts constants depuis 1810,
pour empêcher une rupture avec son plus dévoué, avec son plus sûr allié, qu'une aveugle
prédilection de ma part pour l'empereur de
Russie. Dans ma correspondance, et plus tard
dans nos conversations, je lui développais les

hautes considérations politiques qui faisaient de l'alliance de la Russie le plus ferme appui de la France. Je devais à une noble confiance des communications d'une nature telle, qu'il n'y avait plus moyen de se faire illusion sur l'orage qui se formait autour de nous. J'avais lu, lu de mes propres yeux, pendant ma mission en Russie, des propositions qu'Alexandre recevait journellement des autres puissances, même du cabinet autrichien, pour se lever en masse contre la domination du *Corse insatiable*... Je lui ai dit cela, je lui en ai fourni les preuves. Il ne voulait rien entendre, rien comprendre, et, par un mot ironique, il rompait court. « M. le Russe, l'empereur Alexandre est un « enchanteur qui vous a brouillé la cervelle. »

« En tombant comme la foudre en Russie, avec une armée de cinq cent mille hommes, il crut prendre les puissances à l'improviste; mais il y avait quatre ans qu'elles conspiraient; il y avait une année qu'elles étaient en mesure. J'avais averti en vain! Lorsqu'en 1811 je demandai mon rappel, c'était avec l'espoir de conjurer l'orage prêt à éclater. Dans un dernier entretien avec l'empereur de Russie, il me dit mot pour mot ces paroles : « Dites à l'em-

« pereur Napoléon que je ne me séparerai de
« lui que s'il m'y force ; mon amitié pour lui
« est tellement sincère, que je ne la lui retire-
« rai qu'après qu'il l'aura foulée aux pieds ; »
et Alexandre disait vrai : il avait pour Napoléon une amitié passionnée, une admiration
exclusive.

« Sous l'influence d'une idée fixe, l'Empereur
ne dévia pas de son système. Il ne croyait pas
à l'exactitude des confidences intimes qui m'a-
vaient été faites pour lui être communiquées.
Ne comprenait-il pas cette générosité ? je ne
sais. Quoi qu'il en soit, cette préoccupation,
vraie ou simulée, eut de funestes résultats !

En France, on trouve beaucoup de jugeurs
et peu de penseurs. Tout ce qu'il y a d'énergie
en moi se soulève d'indignation en lisant les
romans ayant pour titre : *Histoire de Napoléon,
histoire, etc., etc.* Un seul écrivain a été historique et vrai : c'est *Fain*; celui-là, dans ses
attributions personnelles, a connu l'Empereur ;
les autres tremblaient devant lui, et le con-
naissaient moins que le dernier soldat de sa
vieille garde. Mais les hommes sont ainsi faits,
ils croient écrire l'histoire, en écrivant celle
de leurs propres impressions.

« La génération qui nous succède, dégagée des petites passions de notre époque, rétablira équitablement Napoléon sur son inaccessible piédestal. Son souvenir enfantera des héros, inspirera aux jeunes hommes cette noble émulation qui produit les grands citoyens. Ses exploits seront répétés dans le lointain des âges, et tout ce qui porte un cœur français inscrira sur sa bannière honneur et admiration à la mémoire de Napoléon!! »

Le duc de Vicence racontait avec une chaleur de cœur, avec un entraînement, qui faisaient de son récit un beau tableau; son âme passait dans ses yeux; en l'écoutant on s'identifiait à ses joies ou à ses peines; on sentait que cet homme avait épuisé toutes les misères morales, que toute sa vie désormais était réfugiée dans le passé. Son visage pâle et altéré, sa pose empreinte de faiblesse et de fatigue, s'harmonisaient si bien avec sa parole grave et mélancolique, qu'il semblait que ses révélations vinssent de la tombe; et quand il cessait de parler, on l'écoutait encore !

CHAPITRE V.

Nos causeries dans les promenades du matin étaient moins sérieuses, moins approfondies ; les soirs d'automne portent au recueillement et à la tristesse ; les beaux jours fuyaient. Nos matinées étaient employées à parcourir les environs de la ville ; ils sont bien boisés, bien accidentés, à chaque instant nous rencontrions de gais et bruyants promeneurs. Les cavalcades d'ânes nous rappelaient Montmorency et ses bonnes joies. Il n'y a pas de douleurs qui ne cèdent passagèrement à l'influence des objets qui égaient nos regards ; l'imagination se calme et se repose par la vue d'une gracieuse et riante nature.

Un jour, nous fûmes accostés par Thérèse la folle. Pauvre créature, qui sert de jouet à ceux qui peuvent rire et s'amuser d'un affreux malheur ! Sa monomanie était douce et inoffensive. Elle s'enquérait à tous les passants des nouvelles de l'Impératrice, et lorsqu'on lui demandait de laquelle elle voulait parler, elle répondait de l'air le plus naivement étonné : « Mais de l'Impératrice de Plombières. » Nous apprîmes qu'un des fils de cette femme ayant été atteint par la conscription, pendant un voyage de l'Impératrice à Plombières, Thérèse implora sa protection pour faire exempter ce jeune homme du service. Cette faveur outrepassait les bornes du pouvoir de l'Impératrice ; Napoléon était inexorable sur ce chapitre. La souveraine ne pouvait *exempter* du service un soldat de son royaume, mais elle pouvait acheter un remplaçant. Joséphine, bonne et généreuse femme, donna l'argent et Thérèse garda son fils. Bien des années avaient passé sur le bienfait. En perdant la raison, la pauvre mère avait conservé la mémoire du cœur.

« Cette folle me rappelle, » nous dit le duc de Vicence, » qu'en entrant à Pyrma, en 1813, nous fûmes forcés de faire évacuer l'hôpital des fous, pour y placer nos blessés. Quoique cette mesure fût indispensable, l'Empereur en

fut vivement contrarié. Il envoya savoir où l'on avait déposé ces malheureux. La ville était encombrée par nos troupes, on les mit provisoirement dans une église. Au nombre des folles, il en était une qui se croyait la mère de Dieu. En entrant dans l'église, elle s'était emparée de la chapelle de la Vierge, dont elle faisait les honneurs comme si elle eût été dans son propre salon. « Que je suis heureuse, » disait-elle, « me
« voici enfin dans la maison de mon fils : grâ-
« ces soient rendues à Bonaparte ; dites-lui,
« Monsieur (en s'adressant à un officier fran-
« çais), qu'il sera le bienvenu dans notre mai-
« son ; mon fils et moi nous attendons sa
« visite. »

« Une autre jeune fille, belle comme un ange, appartenant à une famille distinguée, était devenue folle d'amour pour Napoléon, à l'époque des guerres de 1807 ; elle ne voulait répondre qu'au nom de Napoléonide. Dans le tumulte de la translation de l'hôpital à l'église, la vue des uniformes français frappa ses yeux. Elle avait ressaisi quelque lueurs de raison, et elle voulait absolument voir *son Napoléon*. Ses longs cheveux blonds épars, les yeux en pleurs, les mains jointes, elle demandait d'une voix douce et suppliante qu'on la conduisît à Napoléon. Elle répétait cette prière avec une infatigable persévérance à chaque officier qui visitait l'église et les fous. Turenne, écuyer de l'Empereur, lui raconta l'histoire de la pauvre jeune fille devenue folle d'amour pour sa majesté, et lui demanda s'il voulait qu'elle lui fût amenée.

« Gardez-vous-en bien, Turenne, » répondit l'Empereur en riant, « j'ai bien assez de
« fous dans mon royaume, sans m'embarras-
« ser de ceux de la Bohême. »

« En 1807, je crois, j'accompagnai l'Empereur à la maison royale de Charenton. Il visita l'établissement dans ses moindres détails, se fit rendre compte des essais tentés, des chances de guérison probables, pour telle ou telle monomanie. Sa visite fut longue et minutieuse. Il recommanda surtout « qu'on traitât ces pau-
« vres gens avec douceur. »

« En revenant de Charenton, il était soucieux. « Cette visite, » me dit-il, « m'a attristé.
« La folie est une dégradation hideuse de l'hu-
« manité... Je ne deviendrai pas fou, moi...
« Ma tête est de fer... Dans une circonstance
« donnée (il employait souvent cette phrase),

« j'en finirais autrement avec le désespoir....
« j'ai là-dessus des idées très-arrêtées.... Vous
« pourrez entendre dire, Caulaincourt, que
« j'ai quitté brusquement la vie, mais jamais
« que je suis devenu fou. »

« Plus tard, » continua le duc, « en 1814,
dans l'affreuse nuit de Fontainebleau, il me
rappela ces paroles, l'infortuné! « Et, » ajoutait-il, « cette idée m'a apparu à Charenton...
« J'ai compris qu'il valait mieux mourir que
« de devenir un objet de pitié ! »

« Moscou, Châtillon, Fontainebleau et les
cent jours, » dit vivement le duc de Vicence,
« sont le cauchemar incessant de mes nuits
tourmentées ! »

Ce jour-là, le duc était si souffrant que loin
de chercher à prolonger la conversation sur
l'Empire, je voulus la rompre. J'essayai de
l'arracher à ses tristes préoccupations ; la matinée était charmante, je proposai une promenade au Val-Dajou, situé à une lieue de Plombières ; il accepta et nous partîmes.

Le Val-Dajou n'est pas même un hameau.
Quelques maisonnettes sont bâties sur les versants d'une gorge couronnée de délicieuses promenades bien boisées. Dans l'intérieur du Val,

tout y est vert, frais et riant. Les toutes petites maisons sont blanches et propres, couvertes en tuiles vernissées, qui brillent au soleil comme des pierreries chatoyantes; de belles grosses vaches, des moutons, des chèvres, paissent dans la prairie inférieure, partagée par un ruisseau d'eau vive. Çà et là on aperçoit de la fumée sortir d'une cheminée. Des groupes de joyeux enfants s'ébattent sur le gazon. Une jeune fille, une jarre pleine d'eau, placée négligemment sur la tête, gravit lestement la pente escarpée du ruisseau à l'habitation. Il y a de la vie, du mouvement, dans ce désert où quelques familles vivent et meurent, circonscrites qu'elles sont dans une espèce d'entonnoir que forme le Val-Dajou.

Le duc de Vicence, le colonel de R..., et moi, assis sur l'un des bancs de bois qui dominent ce charmant tableau, nous discutions philosophiquement sur le thème inépuisable du bonheur comparatif. Il me semblait à moi, pauvre malade, que dans ce lieu si calme, si gracieux, je recouvrerais la santé; que j'y passerais le reste de ma vie sans un regret pour nos villes si bruyantes, si absorbantes. J'oubliais que les habitants de ce joli séjour passent huit mois de l'année sous les neiges.

« Sans doute, »dit le duc de Vicence, qui était probablement moins pastoral que moi, « sans doute ces gens sont heureux ; mais nous, nous ne pourrions l'être aux mêmes conditions. C'est là un bonheur négatif et tout matériel, qui ne saurait suffire aux délicatesses de nos habitudes, aux besoins de notre intellectualité ; les jouissances sont relatives au caractère de l'individu, à ses goûts, à ses sensations, à ses passions..... »

En ce moment nous fûmes interrompus par la rencontre de M. de N...., en séjour comme nous à Plombières. Après quelques mots échangés, le colonel prit le bras de M. de N...., son ami ; ces messieurs s'éloignèrent, je restai seule avec le duc de Vicence.

Comme il arrive toujours, notre conversation, dans cette causerie à deux, prit une nuance plus intime. Chacun de nous disait de quelle manière il comprenait une vie heureuse et parée ; comment, dans les enivrements de ses jeunes années, il avait rêvé le bonheur ; comment les désenchantements étaient arrivés ;

puis les déceptions, puis le désolant positif qui s'apprend si vite, qui brise sans pitié les douces et belles chimères d'une âme ardente et généreuse.

Le ciel était calme et couvert; les arbres, qui formaient un dôme de verdure au-dessus de nos têtes, restaient immobiles; à nos pieds le prestigieux Val-Dajou, tout autour de nous une décoration magique. Nous l'avons tous éprouvé, l'état de l'atmosphère, les lieux, exercent une grande influence sur nos dispositions morales. A notre insu, la pensée se livre sans effort, soit qu'elle révèle de pures joies, soit qu'elle recèle de cuisants soucis.

Nous avions cessé de parler. Il y avait dans l'attitude du duc de Vicence une mélancolie si vraie, si pénétrante, que je n'osais jeter à travers sa méditation quelques lieux communs vulgaires; j'attendis qu'il rompît le silence.

« A une époque de ma vie, » reprit-il, « j'ai manqué de ce rude courage qui donne la force de consommer un immense sacrifice.... le sacrifice de toutes ses ambitions de jeune homme. Fort de ma conscience, j'ai bravé l'injustice et la prévention des salons à mon égard ; mais, quand les événements ont précipité celui qui m'avait haut placé, le monde impitoyable et constant dans ses vieilles rancunes, ce monde a essayé de ressusciter contre moi une odieuse accusation.... Mais vous, Madame, avez-vous cru, ou enfin, à cette heure, croyez-vous encore que je sois un infâme?.... »

Cette interrogation me fut faite d'un ton si bref, si anxieux, que j'en fus navrée. La trop fameuse mission d'Etteinheim était un sujet que je me serais bien gardée d'exhumer, bien que je ne partageasse nullement l'animosité de certaines gens contre le duc de Vicence. J'avais entendu parler diversement de cette affaire, et ma curiosité était vivement excitée d'en connaître les détails par le duc lui-même, mais il eût été cruel de ma part de le provoquer. Quelques jours avant, j'avais nommé par hasard le général Leval, avec lequel j'étais très-liée. A ce nom, le regard du duc s'assombrit, et je compris à l'instant qu'Etteinheim, Strasbourg, où le général commandait à cette époque, étaient inséparables d'un affreux souvenir. Je rompis court, et depuis lors je me tins sur mes gardes. L'interpellation actuelle du duc de Vicence me déconcerta un moment, et puis, comme toujours, je fus sincère et vraie.

« M. le duc, » lui répondis-je, « j'étais fort jeune à l'époque de la mort du duc d'Enghien; ce fut pour la première fois, en 1814, que j'en entendis parler; je ne pouvais me former une opinion exacte sur cette triste affaire; les avis étaient partagés. Vous aviez des accusateurs, mais aussi vous aviez d'honorables et zélés défenseurs. A part moi, je vous croyais incapable d'une iniquité; je vous jugeais sur vos précédents, ils étaient si beaux! je démêlai facilement que vos ennemis, en formulant cette accusation, déguisaient les véritables motifs de leur acharnement contre le grand écuyer de Napoléon. Les négociations de Châtillon; plus tard, à Fontainebleau, vos efforts désespérés pour conserver la couronne au fils de l'Empereur, voilà, je le crois, les seuls motifs réels de tant de haine et tant de fiel. Voilà aussi ce qui, de la part de vos amis, provoquait une si chaude défense. Le général Leval, auquel les dépêches dont vous étiez porteur étaient adressées, vous a hautement rendu une éclatante justice.

« — Oui, mais il n'a converti que les gens de bonne foi.

« — L'esprit de parti, » repris-je, « est sot et passionné; le temps fait justice de la malveillance de cette odieuse accusation. Mais ce qui restera un titre glorieux à la sympathie de vos concitoyens, c'est votre utile intervention dans les affaires de la France, c'est votre intrépide dévouement à Napoléon. Un jour viendra où votre nom ne sera prononcé qu'avec respect par vos amis et par vos ennemis...

« — Sur l'honneur, » dit le duc en relevant la tête avec fierté, « je n'ai rien à me reprocher; voici la vérité pour ce qui me regarde personnellement dans cette déplorable affaire.

« En l'an X, j'étais colonel du 2ᵉ de carabiniers, et je fus nommé aide-de-camp du premier consul, sans être l'objet particulier de son choix, sans faveur, à l'ancienneté du grade, comme cela se pratiquait alors. Le premier consul, le général Bonaparte, comme on voudra l'appeler, était déjà un homme à part; il n'avait que quelques années de plus que moi, et il m'imposait l'admiration la plus exclusive. Je me souviens que je lui trouvais une très-belle figure, je me serais fait rire au nez par mes camarades, si j'avais exprimé devant eux cette opinion, car il est vrai de dire qu'il n'était rien moins que beau à cette époque.

« Quoiqu'il en soit, je l'aimais de cette aveugle affection de jeune homme qui ne se calcule, ni ne se raisonne. J'aurais suivi mon général à travers le feu ou le désert ; j'aurais donné ma vie pour sauver sa vie, et il n'avait encore rien fait pour moi. Cependant il n'était ni amical, ni expansif ; sa sévérité dans tout ce qui dépendait du service était telle, que nul de nous ne se permettait la plus légère infraction à ses ordres ; et pourtant, je refusai le grade de général pour rester attaché à sa personne, en qualité de colonel aide-de-camp. Les militaires seuls peuvent comprendre la portée de ce sacrifice de la part d'un colonel de vingt-sept ans. Sous le consulat et la république, je n'avais certes pas la prévision des merveilles de l'empire : pourquoi cette pure amitié, ce dévouement pour un homme qui ne m'avait pas encore tendu la main ? On éprouve et l'on n'explique pas la puissance d'attraction !

« Le premier consul n'avait jamais paru me distinguer de mes camarades, et, dans le fait, rien n'eût motivé cette préférence. Un soir, il me fait appeler. Je le vois encore assis près d'un tout petit bureau de bois peint en noir; il le lacérait dans tous les sens avec un canif qu'il tenait à la main. Il me regarda quelques intants, puis :

« Colonel Caulincourt, » me dit-il, « vous
« partirez cette nuit pour la Bavière... Vous
« remettrez, en passant, ces dépêches au gé-
« néral Leval, commandant la division de
« Strasbourg... Asseyez-vous, écoutez avec at-
« tention... Voici une lettre pour l'électeur de
« Bavière... Vous ne vous en dessaisirez pas...
« Vous la lui présenterez en personne. Vous
« veillerez à ce que les réclamations qu'elle
« contient soient accordées dans les vingt-
« quatre heures... Dans les vingt-quatre heu-
« res, vous m'entendez, colonel ? » et ses yeux plongeaient dans les miens, comme s'il eût voulu y puiser l'assurance de ma fermeté à faire exécuter ses ordres.

« Il reprit : « Voici l'esprit des dépêches dont
« vous êtes porteur. Il y a à la petite cour
« de Bavière un certain chargé d'affaires
« anglais nommé Drake... Je connais ses in-
« trigues et ses complots contre le gouverne-
« ment français. Je sais qu'une certaine ba-

« ronne de Reich s'est faite chef du parti des
« émigrés français, et qu'aidée dudit Drake,
« on organise, sous leur protection, des con-
« spirations contre ma vie... Partout où l'on
« complote contre la France, l'Angleterre est
« là pour soudoyer et pour payer...

« J'exige de l'électeur : 1° dans les vingt-
« quatre heures de la réception de ma lettre
« le renvoi du ministre Drake; 2° l'éloigne-
« ment de Munich, de cette intrigante ma-
« dame de Reich, qui se mêle d'affaires d'état.
« J'ajoute que si mes notifications ne sont pas
« exécutées, je me verrai forcé de faire entrer,
« sur-le-champ, des troupes sur le territoire
« bavarois..... Vous comprenez maintenant,
« colonel Caulincourt, l'importance de cette
« mission... Ne souffrez pas de tergiversa-
« tions... n'acceptez aucun tempérament... Il
« faut que ces petits princes du Rhin appren-
« nent à respecter la France... La faiblesse
« enhardit les conspirateurs... Munich et au-
« tres lieux sont le foyer de basses machina-
« tions contre la France... Il faut que cela
« finisse...

« La dépêche que vous remettrez en pas-
« sant, au général Leval, a pour objet de

« mettre des troupes à votre disposition, dans
« le cas où vous seriez forcé de les requérir.
« Ordener en aura le commandement, il sera
« sur les lieux... et vous, vous viendrez me
« rendre compte sans délai. Vous m'avez bien
« compris : il faut que le ministre Drake re-
« çoive ses passeports vingt-quatre heures
« après votre arrivée à Munich. Allez, colo-
« nel Caulincourt, remplissez votre mission
« avec intelligence et célérité. »

« Et comme je sortais de son cabinet :
« Caulincourt, emportez votre uniforme de
« colonel aide-de-camp... Il faut que là-bas on
« voie de près, et qu'on apprenne à respecter
« l'uniforme français. »

« J'étais jeune, ardent, » poursuivit le duc de Vicence; « flatté de la marque de confiance que me donnait le premier consul, quatre heures après, je courais sur la route d'Allemagne, dans un léger cabriolet, attelé de deux chevaux de poste, précédé d'un courrier. Je n'avais pas pris le temps de faire mes adieux à ma famille. Au moment où je m'élançais dans mon cabriolet, un de mes amis entrait sous la porte cochère; je le fis asseoir auprès de moi; je lui dis que, chargé d'une mission par le premier consul, je partais pour l'Allemagne, qu'il en prévînt ma famille et nos amis communs. Le premier consul ne m'avait pas recommandé de garder le secret et je ne commettais pas une indiscrétion en indiquant vaguement le lieu de ma destination. Admirez l'étrangeté du sort! Ces quelques mots, dits à un ami qui arrivait à l'improviste, à l'instant de mon départ, ont eu un résultat funeste! J'appartenais à un certain monde; mon absence y fut connue. La nuit où je quittai Paris, une autre personne, porteur d'ordres expédiés du ministère de la guerre, suivait la même route que moi. Arrivés à Strasbourg, probablement en même temps, chacun de nous remit ses dépêches au général Leval. Moi, sans m'arrêter, je pris la route d'Offenbourg, et à quelques heures près, peut-être, partirent de Strasbourg, un officier supérieur, un colonel de gendarmerie et trois cents hommes de troupes, qui opérèrent à Etteinheim la fatale arrestation du duc d'Enghien.

« Amené à Strasbourg, ce malheureux prince fut dirigé sur Paris. Le général Leval m'a dit depuis qu'il prêta des vêtements et de l'argent que lui demanda le duc qui avait été arrêté la nuit sans pouvoir même faire un porte-manteau. Le secret le plus absolu était recommandé par le ministre au brave général Leval, qui expédia son prisonnier à Paris, sans se douter qu'il l'envoyait à la mort.

« Le hasard eût pu faire que ce fût moi qu'on aurait chargé des dépêches relatives au duc d'Enghien; et, comme celui qui a eu le malheur d'en être porteur, j'aurais remis ces lettres, dans la plus complète ignorance de leur gravité. Mais il est de fait que je n'en ai pas été chargé.

« Je reviens à la suite de ma mission.

« J'arrivai à Munich dans la nuit du 2 au 3 mars 1804. A huit heures du matin, j'écrivis à l'électeur pour lui demander l'honneur d'une audience, chargé que j'étais par le premier consul de lui remettre en mains propres des dépêches importantes. Quelques heures se passèrent, je ne recevais point de réponse, et je n'avais pas prévu ce cas; je réfléchissais à ce que je devais faire, lorsque je vis arriver un chambellan. « J'ai l'ordre de mon souverain, « monsieur le colonel, de vous conduire au « palais. »

« Nous montâmes dans une voiture qui

attendait à ma porte, pas un mot ne fut échangé entre le chambellan et moi, pendant le trajet. Introduit dans un petit salon de réception, mon guide me salua et me quitta. J'attendis un quart-d'heure environ. L'électeur parut, accompagné de trois personnes. Je lui présentai la lettre du premier consul. Il la prit et la lut debout, avec rapidité. Je suivais les mouvements de sa physionomie; il devint très-rouge, le papier tremblait dans ses mains; il relut la lettre, ou, au moins, il prit le temps de se remettre, puis il me dit d'une voix entrecoupée par l'émotion :

« Monsieur le colonel, ce soir vous aurez « ma réponse. »

« Je saluai et je me retirai sans proférer une seule parole. A la porte du salon, je retrouvai mon chambellan; nous remontâmes en voiture, il m'accompagna jusqu'à mon appartement et disparut.

« Rentré chez moi, je partis de rires fous. Cette raideur allemande, ce mutisme, me semblaient la plus plaisante chose du monde. Je m'abstins de sortir pour que mes courses dans la ville ne donnassent point lieu à d'absurdes interprétations, et je ne crois pas m'être autant ennuyé de ma vie que je le fus, renfermé dans ma chambre d'auberge à Munich.

« A dix heures du soir, mon chambellan vint me reprendre. Même froideur, même laconisme ; en vérité, il ne tenait qu'à moi de me croire dans l'autre monde. Je me retrouvai face à face avec l'électeur. C'était bien le type de ces phlegmatiques figures allemandes; pourtant ce prince ne manquait pas d'une certaine dignité ; je crois que dans son état habituel il devait avoir l'air bon et gracieux. Cette fois je le trouvai seul; il me dit :

« Que les *ordres* du premier consul de la république (il appuya sur ce mot) française étaient d'une nature très-fâcheuse pour lui; que le premier consul avait été mal informé ; que ni M. Drake, ni madame de Reich, ni personne autre dans ses états ne conspiraient contre la *république française ;* que le premier consul, en exigeant le renvoi immédiat du ministre Drake, plaçait la Bavière dans une très-fausse position avec une puissance amie, l'Angleterre; que lui, l'électeur, se ferait rendre compte de l'opportunité du renvoi du ministre anglais, d'après les informations qu'il ferait prendre par sa police sur les machinations contre la

France; qu'on les attribuait à tort à M. Drake; qu'enfin, s'il était prouvé qu'il eût conspiré contre la *république* française, la mesure violente, exigée par le premier consul, serait justifiée, jusqu'à *un certain point*, vis-à-vis de son alliée l'Angleterre.

« L'électeur parlait lentement, en hésitant; j'avais eu le temps de combiner ma réponse. Je lui dis qu'il ne m'appartenait pas de juger du mérite des informations qu'avait reçues le premier consul sur M. Drake, ni sur madame la baronne de Reich; que j'étais chargé d'obtenir une satisfaction complète, et que mes ordres portaient que les notifications de mon gouvernement devaient être exécutées dans les vingt-quatre heures de la remise de ma dépêche.

« Mais, enfin, » monsieur le colonel, « le
« premier consul ne peut exiger que dans un
« si court délai j'obtempère à une injonction
« aussi arbitraire, et cela au mépris du droit
« des gens...

« — J'ai l'honneur de faire observer à
« M. l'électeur que je ne puis commenter les
« ordres de mon gouvernement, et qu'il n'est

« pas en mon pouvoir de modifier les termes
« de ma mission...

« — Le premier consul sera obéi, mon-
« sieur, » me répliqua sèchement l'électeur.
Il s'inclina, et je pris congé.

« J'avais eu beaucoup de peine à garder
mon sérieux pendant cet entretien ; j'étais gai
et rieur, je servais sous les drapeaux de la
république qui serrait tellement à la gorge le
pauvre électeur, qu'en prononçant ce mot avec
son accent germanique, il faisait la plus risible
grimace du monde.

« Le lendemain, 4 mars 1804, le ministre
Drake fut congédié, madame de Reich quitta
Munich, et moi je repris la route de France.
Je ne fis que changer de chevaux à Strasbourg
et je courus sans m'arrêter jusqu'à Paris.

« J'étais heureux et léger. C'était la première mission que j'eusse encore remplie, et
puis, je commençais à être fier de ce chef qui
parlait si haut, qui savait si bien faire respecter la France. J'avais eu dans ma propre famille plus d'une répugnance à vaincre, plus
d'une lance à rompre, pour motiver mon enthousiaste attachement pour ce *petit général*

Bonaparte; que vous dirai-je? je mis de l'amour-propre à annoncer le succès de ma mission et mon retour. Il n'était que six heures du matin ; je ne pouvais me présenter aux Tuileries ; je me fis descendre chez madame de ***, vieille amie de ma mère, que je savais être très-matinale. Là, j'appris la mort du duc d'Enghien, pris à Etteinheim, fusillé à Vincennes... Un frisson horrible parcourut tout mon corps ; à l'instant, je compris quelle interprétation on pouvait donner à ma mission sur le Rhin! la coïncidence était affreuse!...

« La nuit où, en quittant Strasbourg, je suivais la route d'Offenbourg, l'officier chargé de l'arrestation du duc d'Enghien suivait celle d'Etteinheim! lui, porteur de ces dépêches, était sorti et rentré à Paris inaperçu ; moi, j'avais fait annoncer mon départ dans des salons d'où s'élevaient des cris d'horreur contre l'attentat dirigé contre l'infortuné duc d'Enghien. J'entrevis qu'un atroce soupçon pèserait sur moi ; j'éprouvai une crise de nerfs à me briser les dents, et je tombai raide sur le plancher.

« Je n'exprimerai pas mon opinion sur l'affaire d'Etteinheim. Jamais ma langue ne prononcera un anathème sur Napoléon. Lorsque je ne puis ou l'approuver, ou le louer, je me tais. Je ne suis pas de l'avis de celui qui a dit, que ce fut plus qu'un crime, que ce fut une faute. Un crime est chose plus grave qu'une faute politique. En thèse générale, l'exécution du duc d'Enghien fut un double malheur. Elle a été la cause spécieuse de la première guerre de la Russie contre la France; on la motiva sur la violation du territoire du grand duc de Bade, beau-père de l'empereur de Russie.

« Je n'ai pris aucune part à cette catastrophe, dont le retentissement a empoisonné mes plus beaux jours... Le seul reproche, le seul que j'aie à me faire, c'est de n'avoir pas courbé la tête devant la foudre tombée à mes pieds...

« En donnant ma démission d'aide-de-camp du premier consul, en témoignant hautement mon indignation sur cet événement, je me lavais d'une fausse et odieuse imputation. Mais alors je renonçais à ma carrière, à la gloire qui faisait battre si vivement mon cœur ! J'étais jeune et ambitieux, et, fort de mon honneur intact et pur, de ma conscience qui ne me reprochait rien, j'ai osé regarder en face mes accusateurs! Depuis, la haute position que j'ai acquise, les bienfaits dont m'a comblé l'Empereur, tout a corroboré les imputations de la malveillance.

« Mon véritable crime, celui que les gens de ma caste ne me pardonneront pas, c'est d'avoir, en 1814, disputé pied à pied les droits du fils de Napoléon; c'est d'avoir arraché aux puissances alliées quelques lieues de souveraineté pour le plus grand homme des temps modernes, pour celui qui avait possédé le monde et dont le seul nom ébranla sur leurs trônes toutes les vieilles monarchies de l'Europe. C'est d'avoir, en 1815, aidé et assisté mon bienfaiteur de tous les moyens qui ont été en mon pouvoir.

« Homme politique, j'ai été homme de cœur, et voilà ce que ne pardonnent pas les hommes de cour. Je ne me suis pas posé en victime; les yeux fixés sur Sainte-Hélène, je n'ai trouvé dans mon âme que du dédain pour les misérables passions du jour. Retiré dans ma terre, je m'occupe de l'éducation de mes fils. La mort de l'empereur Alexandre a détruit à jamais mes derniers rêves d'avenir...

« Lorsque je fus nommé ambassadeur en

Russie, j'écrivis à l'empereur duquel j'étais personnellement connu depuis ma première mission à Saint-Pétersbourg. Je ne savais pas quelle opinion il avait pu se former à mon égard, relativement à l'affaire d'Etteinheim, et rien n'eût pu me décider à être imposé à un homme qui aurait cessé de m'estimer. Il me répondit :

« J'ai pris toutes les informations auprès de
« mes ministres qui résidaient alors en Alle-
« magne. Je sais que vous êtes étranger à
« cette horrible affaire. Si je conservais le
« moindre doute, il n'y a pas de puissance
« *céleste* ou *terrestre* qui me fît vous rece-
« voir. A votre premier séjour près de moi,
« j'étais bien jeune, vous l'étiez aussi ; mais
« je vous ai jugé, et je me serais rendu cau-
« tion, avant d'avoir connu d'autres détails,
« que vous n'aviez pas trempé dans une infa-
« mie. »

« Je possède cette lettre entièrement écrite de la main d'Alexandre. J'avais écrit, de mon propre mouvement, à l'empereur de Russie, sans en demander l'autorisation à l'Empereur. Sa police le servait merveilleusement bien ; je n'y mis pas de mystère : le sut-il ? Il ne m'en a jamais parlé, et, s'il l'eût fait, je n'eusse pas nié cette démarche. Il était organisé pour me comprendre, et il ne m'en eût pas blâmé. Un fait très-remarquable dans les relations d'intimité qui existaient entre lui et moi, c'est que le nom du duc d'Enghien ne fut jamais prononcé entre nous. Quoi qu'on en ait dit et quoi qu'il en soit, je crois que cet événement a laissé un éternel regret dans le cœur de Napoléon. Je suis convaincu aussi que, dans les faveurs dont il m'a comblé, il entrait un sentiment d'équité. Il voulait réparer, autant qu'il était en lui, le mal affreux que m'avait causé la coïncidence de la mission de Munich avec l'affaire d'Etteinheim. Certainement, il n'avait pas combiné ces deux faits pour me compromettre ; je n'étais pas un personnage assez important pour qu'il lui fût utile de recourir à ce mauvais moyen.

« J'ai le courage de mon opinion, et, malgré les clameurs publiques, je rendrai hautement hommage au beau caractère de l'empereur de Russie, non parce qu'il m'a bien traité, mais parce que cela est une vérité que l'histoire impartiale ne contestera pas. Je dois dire qu'Alexandre, qui, lui aussi, possédait le courage de son opinion, me justifia chaleureusement auprès de Louis XVIII, sur l'affaire du duc d'Enghien, et qu'il ne lâcha prise que quand on lui eut donné l'assurance qu'on était convaincu sur ce sujet. Mais cela importait peu à Louis XVIII, très-sardonique de sa nature, et qui, impatienté de l'énumération que faisait l'empereur Alexandre de mes mérites, termina la conférence par ces mots :

« J'espère que mon frère de Russie n'a pas
« l'intention de me proposer le grand écuyer
« de M. Bonaparte, pour occuper à ma cour
« la place du prince de Lambesc ?...

Alexandre, piqué, lui répondit d'un ton dégagé :

« Oh ! pas le moins du monde ! sa ma-
« jesté le roi de France sait, comme le dernier
« des paysans de son royaume, que, pour con-
« clure un marché, il faut que deux personnes
« soient d'accord... »

« Louis XVIII sentit le trait, et ne m'en aima pas davantage, je le pense.

« J'ai su cette particularité par l'empereur Alexandre, qui me dit ensuite avec effusion :
« Mon cher Caulaincourt, venez à la cour de
« Russie, vous y trouverez un ami, et vos fils

« une position qu'ils n'auront plus en France.
« Les Bourbons sont convaincus de votre in-
« nocence, mais ils laisseront toujours planer
« le soupçon sur vous, cela va à leur politique;
« ils savent d'ailleurs que dans les conférences
« d'avril 1814, vous avez puissamment dé-
« fendu les intérêts de votre maître malheu-
« reux, et que, ma foi, il n'a tenu qu'à un
« fil, peut-être, que votre cause ne l'empor-
« tât sur la leur, plaidée par leurs amis *impro-*
« *visés*. On estime et l'on aime le dévoue-
« ment qui a rapport à soi; on en fait peu de
« cas, quand il est exercé en faveur d'un com-
« pétiteur... Ils savent encore que vous ne
« vous rapprocherez jamais d'eux; que votre
« apostasie n'ajoutera pas à l'humiliation de
« Napoléon; en un mot, vous êtes un homme
« de trop dans le royaume de France. Mon
« cher Caulaincourt, venez, vous dis-je, à la
« cour de Russie; il y a place pour vous et les
« vôtres, et vous trouverez un ami qui ne vous
« reniera jamais. »

« Je me jetai dans les bras de l'excellent homme, » dit le duc de Vicence ému; « nous fîmes de beaux projets... La mort les a enfouis dans la tombe!!

« Je vous ai dit toute la vérité sur la mission dont je fus chargé en Allemagne; j'éprouvais le besoin de vous donner ces tristes explications.... »

« — Et maintenant, » répondis-je, en tendant la main au duc, « maintenant, en tous lieux, en tous temps, la faible voix d'une femme rendra un éternel hommage à votre admirable caractère. En vous écoutant, je me réconcilie avec l'espèce humaine; je retrouve foi dans l'honneur, dans la loyauté. La mémoire des hommes est incertaine, leur reconnaissance fragile.... A ceux que j'entendrai attaquer votre vie, je redirai cette simple justification; je leur rappellerai qu'alors que Napoléon expiait sa gloire sur l'effroyable rocher de Sainte-Hélène, vous, vous la défendiez encore à vos risques et périls. La basse attaque d'un M. Coch fit cesser le silence que vous aviez dédaigné de rompre, quand il ne s'était agi que de vos œuvres. Ce M. Coch, dans son livre, accusait l'Empereur de tous nos maux, de la rupture du congrès de Châtillon, et d'avoir refusé la paix, etc., etc. Napoléon était attaqué aux yeux de toute la France; comme toujours vous vous dévouâtes à le défendre, vous livrâtes à la publicité, par la voie des journaux, une pièce officielle de votre correspondance diplomatique, qui répondait victorieusement à cette méprisable courtisanerie. Cet acte d'équité vous valut les rigueurs d'un procès; mais, croyez-le bien, monsieur le duc, avant que la cour royale eût fait justice de cette nouvelle persécution, votre cause était plaidée et votre acquittement fut prononcé par tous les cœurs français. L'histoire inscrira les services que vous avez rendus au pays; elle dira votre vie si utilement, si largement remplie; moi, je raconterai simplement les nobles souffrances de votre âme brisée....

« — Merci! merci! Votre sympathie m'a fait, dans ces derniers temps, un bien inexprimable. Que cette pensée vous soit douce dans l'avenir... Mon existence est flétrie et décolorée; comme vous le dites, ma vie est réfugiée dans le passé, et je trouve du bien-être dans ces causeries qui sont l'expression de mes rêveries de tous les instants. Ne resterez-vous pas encore quelque temps à Plombières?

« — Oh! » lui répondis-je, « vous avez un

moyen assuré de m'y retenir longtemps? tant que vous ne vous lasserez pas de m'initier à vos curieuses révélations, moi je ne me lasserai pas de vous entendre.

« — Et si j'allais vous ennuyer? » dit-il en riant.

« — Alors, j'enverrai à la poste demander des chevaux.

« — La mémorable campagne de 1813 me fournira quelques faits qui, peut-être, ne vous sont pas connus. Les scènes de Fontainebleau auront aussi pour vous un vif intérêt. Je vous dirai comment, repoussé par les avant-postes des armées alliées campées devant Paris, j'y suis entré, caché dans la voiture du grand duc Constantin; comment je suis resté pendant vingt-quatre heures dérobé à tous les regards, dans l'appartement du plus généreux des hommes (1); je vous dirai encore ma vie torturée des *cent jours,* pendant lesquels j'ai vécu cent ans! et en reportant vos yeux sur ma taille voûtée, sur mon front sillonné de rides, sur mon visage bouleversé, vous trouverez que

(1) Alexandre.

ces ravages attestent trop bien la vérité de mes récits.

« Toutefois il est bien convenu que, quand je commencerai à vous ennuyer, vous enverrez chercher des chevaux de poste. »

CHAPITRE VI.

Je rappelai au duc de Vicence la promesse qu'il m'avait faite de me continuer les événements de l'empire.

En causant, il me revint à l'esprit un épisode fort touchant sur le capitaine Ernest Auzoni, tué à la bataille d'Eylau. C'était un charmant jeune homme, dont la mort a laissé d'éternels regrets dans le cœur d'une douce et gracieuse femme de mes amies. La tombe recèle l'objet de son amour, l'unique charme de sa vie, mais nul ne doit connaître la cause de sa pâleur et de cette mélancolie sur laquelle le temps a passé en vain! Ce secret, c'est la part réservée à Dieu... A d'autres la douceur de parler d'Ernest Auzoni, de le pleurer hautement; à elle, la douleur sans consolation, silencieuse et bien cachée. Une particularité remarquable se rattachait aux derniers moments du pauvre Ernest Auzoni : l'Empereur fut témoin de sa mort.

Je questionnai le duc de Vicence à ce sujet.

« Le fait est exact, » me répondit-il ; « Auzoni, capitaine des grenadiers de la garde, était un jeune homme plein d'avenir. Brave parmi les plus braves, son nom fut cité plusieurs fois pendant l'affaire d'Eylau ; son intrépide courage attira l'attention de l'Empereur, qui remarqua que la compagnie d'Auzoni, électrisée par son jeune et vaillant capitaine, fit, dans le cours de cette journée, des exploits fabuleux.

« Je pourrais, » ajouta le duc en souriant tristement, « vous dire en quelques mots la glorieuse fin du brave Auzoni, mais voilà que mes souvenirs me reportent sur ce champ de bataille d'Eylau, où l'Empereur fut si admirable ! Comme toujours, il domine encore, dans ma pensée, cette grande scène, et je ne puis en tracer une esquisse sans le mettre sur le premier plan du tableau.

« — Oh ! dites, dites ! » m'écriai-je vivement ; « ce pauvre Ernest Auzoni m'est d'un intérêt bien secondaire en regard de la merveilleuse figure de Napoléon. Ces détails sur sa vie privée ont pour moi un charme inexprimable; l'histoire, toujours sèche et aride, me dit les faits, les dates; vous, vous me faites vivre dans son intimité, vous le ressuscitez à mes yeux; en vous écoutant, je crois le voir et l'entendre.

« — Peu de jours avant la bataille, » reprit le duc, « nous passâmes la nuit du 4 au 5 février à Schlitt, petit village situé à quelques lieues d'Eylau. L'Empereur s'était établi dans une misérable chaumière, dont l'unique cheminée se trouvait comme de raison dans la cuisine, et ce fut là qu'on installa à la hâte son quartier-général. J'ai vu rarement l'Empereur mieux disposé, plus gai, que la nuit où nous bivouaquâmes dans cette mauvaise hutte. Je me rappelle qu'il n'y avait qu'une seule table, sur laquelle on lui servit son souper, qu'il expédia en cinq minutes, et, jetant en riant sa serviette à la tête de l'excellent Constant : « Vite, vite, qu'on enlève les restes de mon festin (il se composait d'un seul plat). » Puis allant vivement vers son petit lit de fer; sur lequel l'on avait déposé ses cartes, il les prit, plaça celle de Prusse à terre, s'agenouilla,

et, penché sur sa carte : « Venez ici, mon-
« sieur le grand écuyer ! suivez-moi de Schlitt,
« jolie capitale, ma foi ! de Schlitt à Paris. »
Et marquant avec les épingles tous les lieux
que nous devions parcourir d'après son plan :
« Je les battrai là.... ici.... encore là.... et
« dans trois mois la campagne sera termi-
« née.... La Russie a besoin d'une leçon....
« La belle reine de Prusse apprendra aussi à
« ses dépens que les conseilleurs sont quel-
« quefois les payeurs... Je n'aime pas que
« les femmes sortent de leurs attributions de
« grâce et de bonté.... une femme pousser des
« hommes à s'égorger ! ah fi ! fi !... elle pour-
« rait bien perdre son royaume à ce jeu-là...
« le beau résultat ! »

« A ce moment on remit à l'Empereur des
dépêches apportées par un officier d'ordonnance. Il les parcourut rapidement : « Bravo !
« bravo ! nous les tenons... mais, ces dépêches
« sont restées longtemps en route, ce me sem-
« ble... Qu'est-ce ? » et fronçant le sourcil :
« Faites entrer l'ordonnance, je veux lui parler.

« Monsieur, » dit-il sévèrement à l'officier, à
« quelle heure vous a-t-on remis ces dépêches ?

« — A huit heures du soir, Sire. — Com-

« bien de lieues de distance? — Je ne le sais
« pas au juste, Sire. —Vous devriez le savoir, »
« Monsieur, » répliqua-t-il sèchement, les yeux
attachés sur le pauvre officier qui pâlit sous
ce regard irrité.

« Un officier d'ordonnance doit savoir cela,
« monsieur, je le sais moi... vous aviez neuf
« lieues à parcourir, vous êtes parti à huit
« heures.... tirez votre montre, monsieur ?
« quelle heure est-il ? »

« L'officier, déconcerté, restait immobile.
« — Voyons monsieur... quelle heure est-
« il, s'il vous plaît ?

« — Minuit et demi, Sire, les chemins sont
« affreux... la neige a obstrué les routes tra-
« cées...

« — Pitoyables raisons, monsieur... allez
« attendre mes ordres.... » et, comme l'officier fermait la porte : « Ce prudent per-
« sonnage avait besoin d'un stimulant ; une
« algarade, » dit-il en riant, « vaudra quel-
« ques coups d'éperons à son cheval, mais
« ma réponse arrivera en deux heures... il n'y
« a pas de temps de perdu. »

« Le général Lassalle, campé au village de
Deppen, instruisait l'Empereur qu'une co-

lonne ennemie d'une force présumée de quinze ou seize mille hommes, n'ayant pu traverser le passage grossi par les neiges, se trouvait isolée du gros de l'armée prussienne. Cette nouvelle était de la plus haute importance. L'Empereur donna l'ordre au général Lassalle d'attaquer avec sa division la colonne commandée par le général Lestocq, et d'empêcher ainsi la jonction qu'il cherchait à opérer avec l'armée russe. En même temps il enjoignait à deux régiments de dragons, postés en éclaireurs à une demi-lieue de Deppen, de se joindre à la division Lassalle, et de tomber simultanément sur les derrières de la colonne attaquée de front par les troupes de cet officier général.

« Il fit rappeler l'officier d'ordonnance :
« Partez, monsieur, les dépêches que vous
« portez sont pressées, à trois heures, » dit-il en jetant les yeux sur le petit cartel placé sur la table, « à trois heures, il faut que
« le général Lassalle ait mes ordres entre les
« mains... Vous m'entendez.

« — Sire, » répondit le pauvre jeune homme avec un accent résolu, « à deux heures et

« demie le général lira les ordres que votre
« majesté me fait l'honneur de me confier.

« — Bien, monsieur, montez à cheval... »
puis le rappelant : « Vous direz au général
« Lassalle qu'il me sera agréable que ce soit
« vous qui soyez chargé de m'annoncer le suc-
« cès de cette expédition.

« Cet officier était le fils d'un sénateur.
L'Empereur l'avait fort bien reconnu, mais il
affectait une rigueur bien plus prononcée envers les jeunes gens sortant des écoles militaires
avec le grade d'officier, qu'envers de pauvres
diables qui avaient gagné l'épaulette en passant à travers le feu et le fer pour l'obtenir. Il
est juste de dire que ces derniers s'exposaient
rarement à une réprimande, et quand cela arrivait, l'Empereur les admonestait paternellement. C'est ainsi que d'un mot, d'un regard,
il créait dans toutes les classes de l'armée des
hommes qui faisaient abnégation de leur vie
par la seule crainte d'encourir un reproche.
Mais ce qu'il y a de bien plus remarquable,
c'est qu'aucun de ceux qui se couvraient de
gloire n'y attachait aucune idée de récompense. Il semblait que la vie de tous appar-

tenait à un seul, et qu'en mourant pour sa cause on ne fît qu'accomplir un devoir sacré. La phase héroïque de l'empire imprime un beau cachet au caractère français!

« En ce temps-là, » continua le duc, « partout où nous combattions, la victoire nous était assurée. L'intrépide Lassalle, avec moins de six mille hommes, culbuta la colonne ennemie. Le général Lestocq, poursuivi l'épée dans les reins, ne dut son salut qu'à la vitesse de son cheval. Trois mille Prussiens périrent dans la lutte, deux mille cinq cents prisonniers et seize pièces de canon furent les trophées de cet engagement partiel. Les conséquences en furent immenses, car l'armée russe perdit une partie de ses communications, et attendit en vain le renfort annoncé.

« En apprenant ce résultat, l'Empereur, ivre de joie, dit à plusieurs reprises : « Brave gé-
« néral Lassalle! admirables troupes! Ils
« m'ont assuré le gain de la bataille que je
« vais livrer à Eylau... Ceci est d'un bon au-
« gure.... Marchons sur Eylau, Messieurs. »

« Le jour de la bataille le temps était affreux. Une neige fine et serrée glaçait en tombant la surface de la terre. Nos vêtements imprégnés, raidis par ce givre, nous écrasaient; les chevaux ne pouvaient tenir pied; on se battait avec acharnement depuis le matin, et, à la tombée de la nuit, rien n'était encore décidé. L'Empereur, anxieux, impatient, parcourait au galop le champ de bataille, bravant la mitraille, se portant sur tous les points menacés, car il savait bien que sa seule présence opérait des prodiges. Le feu avait cessé sur quelques points; il était évident que l'ennemi se repliait, et faisait ses dispositions pour la nuit. A huit heures, on vint avertir Napoléon que la position importante de l'église, qui avait été chèrement disputée, prise et reprise plusieurs fois dans la journée, venait de nous être enlevée de nouveau. Nos troupes, en nombre bien inférieur aux Russes, se retiraient en combattant dans le cimetière. Au moment où l'ordonnance arriva, l'Empereur avait mis pied à terre, et dirigeait de sa personne les manœuvres d'une formidable batterie pointée sur l'aile droite de l'armée russe. A l'instant il s'élance sur son cheval, franchit comme l'éclair la distance, et, tombant comme la foudre au milieu des bataillons qui commençaient à fléchir : « Qu'est-ce, » dit-il, « une poignée de Rus-

« ses feront reculer des soldats de la grande
« armée? A moi, mes braves ! que pas un
« Russe ne sorte de l'église.... qu'on fasse
« avancer l'artillerie.... il nous faut l'église,
« mes amis, il nous la faut ! — Vive l'Empe-
« reur ! en avant ; il lui faut l'église.... en
« avant. » Et tous se précipitent en se ralliant
en bon ordre. A deux pas de nous passe un
vieux grenadier; sa figure est noircie par la
poudre, sa moustache brûlée ; le sang couvre
ses vêtements ; il a le bras gauche emporté par
un éclat d'obus. Cet homme marche à son rang
et au pas accéléré. « Va te faire panser, » lui
crie l'Empereur. « — Ah, ouiche ! — Va à
l'ambulance, » te dis-je ! « — Après que vous
« r'aurez l'église. » Et nous le perdîmes de vue...
Je vis briller des larmes dans les yeux de l'Empereur, qui se détourna pour les cacher.

« A dix heures du soir, l'église était en
notre pouvoir. L'Empereur, exténué, chancelant de fatigue sur son cheval, fit cesser le
feu ; l'armée se reposa entourée des bivouacs
ennemis. Le quartier général fut établi sur le
plateau, en arrière d'Eylau, au milieu de l'in-
fanterie de la garde.

« Tout va à merveille, » me dit l'Empereur,

en rentrant dans sa tente ; « ces gens-là se bat-
« tent bien... Nous aurons encore une rude
« journée demain, mais la bataille est gagnée. »
Il se jeta tout habillé sur son lit, et s'endormit
aussitôt.

« A quatre heures du matin, l'Empereur
monta à cheval, parcourut le terrain, fit ses
dispositions, plaça l'artillerie, harangua ses
troupes, en passant devant chaque front de
régiment. A la pointe du jour, il donna l'ordre d'attaquer simultanément sur tous les
points à la fois. Vers onze heures, la neige,
qui n'avait pas cessé depuis le matin, augmenta
avec une telle violence, qu'on ne distinguait
pas à dix pas. On reconnut une colonne russe,
forte de cinq à six mille hommes, qui ayant
reçu dans la nuit l'ordre de rejoindre le gros
de son armée, s'était égarée. Les Russes marchaient en hésitant et sans s'éclairer ; ils vinrent se fourvoyer à une portée de fusil de notre camp. L'Empereur, dressé sur ses étriers,
la lunette braquée de ce côté, pressentit le
premier que ces ombres noires, qui défilaient
lentement, comme à travers le voile que formait la neige, devaient appartenir à la réserve
russe. A l'instant il dirige sur ce point deux

bataillons de grenadiers de la garde, commandés par le général Dorsenne, colonel de ce régiment. Ces vieux grenadiers s'avancent l'arme au bras, en silence. Pendant ce temps, l'escadron de service auprès de l'Empereur tourne la colonne, fond avec impétuosité sur ses derrières, en la repoussant sur nos grenadiers, qui la reçoivent la baïonnette en avant. Ce premier choc fut terrible pour les Russes. Mais bientôt, évaluant leurs forces numériques et le petit nombre d'hommes qu'ils ont à combattre, les officiers mettent l'épée à la main, rallient leurs hommes, et tous se défendent avec une grande résolution. Un moment, nos grenadiers sont ébranlés; un jeune officier sort des rangs en se portant en avant : « A « moi, les braves de la compagnie, » s'écria-t-il d'une voix retentissante, « à nous, camara- « des, le drapeau russe ! » Et il s'élance, l'épée haute, suivi de tous ses soldats, dans le centre compact des Russes. Cette brusque attaque rompit leurs rangs; nos grenadiers se précipitent résolument dans la voie ouverte par l'intrépide Auzoni; la cavalerie sabre ce qui se débande; tout est haché ou fait prisonnier. « C'est un des beaux faits d'armes de cette journée, » dit l'Empereur témoin de l'action héroïque d'Auzoni. Il le fait appeler.

« Capitaine Auzoni, vous méritez l'hon-
« neur de commander mes vieilles mousta-
« ches.... C'est bien.... très-bien.... La croix
« d'officier et une dotation de 2,000 francs
« vous sont acquises.... Vous avez été nommé
« capitaine au commencement de la campa-
« gne, faites en sorte de revenir à Paris avec
« un grade de plus. Les grades gagnés sur le
« champ de bataille placent un homme haut
« dans mon esprit.... Je donne dix croix à
« votre compagnie, » ajouta-t-il, en se tournant vers les soldats.

« Des hourras délirants se firent entendre, et ces mêmes hommes coururent de nouveau au feu, avec une ardeur, avec un enthousiasme, qui ne peuvent se décrire.

« Deux heures après, la victoire était à nous. Les armées ennemies dispersées, abîmées, effectuèrent leur retraite dans le plus grand désordre, abandonnant leurs blessés, les bagages et parcs d'artillerie.

« La journée n'était pas encore finie pour l'Empereur. Comme de coutume, il voulut parcourir le champ de bataille, pour juger des pertes de l'ennemi, pour activer, par sa présence, l'enlèvement des blessés, pour veiller à tout. C'était horrible à voir que cette immense étendue de terrain, dont le sang avait rougi la neige tombée tout le jour.

« Un maréchal-des-logis de dragons, grièvement blessé, aperçut l'Empereur qui passait à quelques pas de lui. « Par ici, notre Empe-
« reur, j'suis enfoncé, je vas aller faire con-
« naissance avec l'bon Dieu ; mais, c'est égal,
« vive l'Empereur, tout de même ! ! — Qu'on
« conduise ce brave homme à l'ambulance....
« Messieurs, relevez-le, qu'on le recommande
« à Larrey.... » De grosses larmes inondaient la figure mâle du dragon. « — Nom d'un nom ! » dit-il en joignant les mains ; « on voudrait avoir
« mille vies à jeter à la tête de cet homme-
« là. »

« Près d'une batterie abandonnée par l'ennemi, nous vîmes un de ces fantastiques tableaux que la parole est impuissante à reproduire. Cent cinquante à deux cents grenadiers français étaient entourés d'un quadruple rang de Prussiens. Les uns et les autres gisaient à terre dans une rivière de sang au milieu de canons, de munitions, d'armes brisées. On

s'était battu là avec une fureur incroyable ;
les blessures étaient hideuses et multipliées sur
chaque cadavre. Un faible cri de « Vive l'Em-
« pereur » partit de ce monceau de morts ; tous
les yeux se dirigèrent du côté d'où venait la
voix. A moitié enseveli dans un drapeau en
lambeaux, un officier décoré, criblé de blessures, cherche à se soulever ; il parvient à s'appuyer sur son coude ; sa noble figure, d'une
pâleur livide, porte l'empreinte de la mort. Il
aperçoit l'Empereur, et d'un accent que sa
voix affaiblie rend intraduisible : « Vive et
« soit béni l'Empereur !.... et maintenant....
« adieu.... adieu.... ma pauvre bonne mère....
« ma mère !.... ma mère !.... » Et il attachait
son regard suppliant sur l'Empereur ; puis,
en retombant inerte et glacé, il balbutie :
« A notre belle France...., mon dernier sou-
« pir !.... »

« Napoléon semblait cloué sur ce sol couvert
du sang généreux de tant de héros, couchés
là pour ne plus se relever ! « Braves gens ! »
dit-il lentement, « brave Auzoni !... Bon jeune
« homme, ah ! c'est affreux.... La dotation
« est acquise à sa mère.... qu'on me présente
« ce travail à la première signature.... » et,

se retournant vers Ivan qui le suivait: « Ivan,
« visitez ce brave jeune homme.... Voyez,
« s'il y a quelques ressources, conservez-moi
« ce pauvre Auzoni. C'est affreux, affreux ! ! »

« L'Empereur douloureusement préoccupé, continua sa triste tournée. Dans diverses autres occasions, je l'ai vu véritablement attendri. Cependant jamais aucune de ses paroles ne témoigna de son regret des maux inévitables qu'entraîne la guerre. Ceci est très-caractéristique. Je suis certain que son cœur fut plus d'une fois brisé, à la vue de ses plus dévoués serviteurs frappés à mort à ses côtés, mais le sentiment de sa douleur ne s'épanchait pas au dehors; soit que ce sentiment ne lui vînt pas, soit que, toujours maître de lui-même, il réprimât cet élan de l'âme qui révèle à notre insu le cri de la conscience.

« Souvent depuis qu'il a disparu, affranchi que je suis de la fascination qu'il exerçait autour de lui, j'ai cherché à analyser à froid ce caractère, cette organisation à part, qui renfermaient des nuances si disparates. Napoléon défie la science psychologique, il y a sans doute des imperfections dans cette nature, mais le beau, le sublime, la dominent, et plus je l'étudie, plus elle m'apparaît grandiose.

« Je vous ai dit, » continua le duc de Vicence, « tout ce que je sais relativement au capitaine Auzoni. J'aurai éternellement devant les yeux le champ de bataille d'Eylau, après la victoire !

« — Etiez-vous auprès de l'Empereur, » demandai-je, lorsque furent tués les ducs d'Istrie et de Frioul.

« — Oui, ce fut dans la campagne de 1813. De cette époque date une continuité de malheurs, qui n'a pas de précédent dans les annales d'aucune nation. Il sembla qu'après avoir épuisé toutes les prospérités humaines, Napoléon dût éprouver toutes les misères morales. De cette fatale année commença, à toutes les heures, presque à tous les instants, ma mission d'adoucir de cruels chagrins, de partager ces tortures muettes qu'on ne peut ni ne veut dire, que nulle langue ne saurait exprimer, qu'on craint de trahir, même dans un mot, même dans un regard, parce que l'avenir épouvante, parce qu'on tomberait mort en articulant sa pensée....

« Nous partîmes de Saint-Cloud pour Mayence le 15 avril 1813, à quatre heures du matin. Au moment où les chevaux enlevèrent la voiture, l'Empereur, qui avait les yeux fixés sur le château, se rejeta en arrière, porta la main à son front soucieux, et resta longtemps dans cette attitude méditative. Se ranimant enfin, il se met à retracer en traits de feu ses plans, ses projets, ses espérances sur la fidèle coopération de l'Autriche, etc., etc., puis, le souverain, redevenant simple et bon père de famille me parla avec émotion de ses déchirements en quittant sa *bonne Louise* et son charmant enfant.

« J'envie, » me dit-il avec bonhomie, « le « sort du dernier paysan de mon empire.... « A mon âge, il a payé sa dette à la patrie, il « peut rester chez lui entouré de sa femme « et de ses enfants, et moi, moi, c'est au « milieu des camps que me conduit l'inex- « plicable destinée.... » Il retomba dans sa rêverie. Pour l'en distraire, j'amenai la conversation sur la scène de la veille, où, à l'Élysée, l'Impératrice, en présence des princes, des grands dignitaires, des ministres, prêta le serment solennel en qualité de régente. L'archi-chancelier et le duc de Cadore furent nommés ses conseillers. C'étaient deux hommes de haute capacité.

« Ma *bonne Louise,* » me dit l'Empereur, « est douce et soumise. Je puis compter sur « elle ; *son amour et son dévouement ne me* « *manqueront jamais.* De l'ensemble des événe- « ments, il peut surgir des circonstances qui « décident du sort d'un empire, et, dans ce « cas, je l'espère, la fille des Césars s'inspire- « rait du souvenir de son aïeul, la grande Ma- « rie-Thérèse. »

« L'Empereur, » continua le duc, « s'abusait sur le caractère de l'Impératrice ; elle n'était pas douée de l'énergie qui enfante les grandes résolutions. Douce et soumise, elle pouvait, dans la casanière vie privée, donner à son mari un bonheur relatif, et c'était tout. Sous cette enveloppe de glace, on aurait vainement cherché un cœur... et, comme toutes les personnes faibles, elle était fausse, non par calcul, mais par apathie, par crainte. Toute tiède, toute méthodique, elle n'était pas susceptible de ressentir cette exaltation, cette chaleur d'âme qui, dans une circonstance donnée, produisent d'héroïques actions, inspirent de nobles dévouements. La nature l'avait ainsi faite, cette femme !

« Marie-Louise, apparaissant à travers l'auréole magnifique de Napoléon, dans un temps ordinaire, tranquillement assise sur le trône de France, eût passé inaperçue. Marie-Louise, posant en relief, pouvait imposer le respect, l'admiration jamais ! Les contemporains ont jugé l'impératrice... Forcée qu'elle est d'inscrire son nom à côté de celui du grand homme, l'histoire dira que l'archiduchesse d'Autriche ne sut être ni épouse, ni mère, ni souveraine.

« Marie-Louise fut plus qu'inhabile, elle fut au-dessous de sa position.

« L'Empereur, qui connaissait les hommes, ignorait les femmes. Il n'avait pas vécu parmi elles et ne les comprenait pas ; il dédaignait une si futile étude. Ses sensations toutes matérielles, à l'égard des femmes, n'admettaient pas, comme un moyen de séduction chez elles, l'esprit, l'intelligence et le talent ; il n'aimait pas qu'elles fussent instruites ou célèbres, ni qu'elles sortissent de leurs attributions vulgaires. Il les plaçait dans l'ordre social, terre-à-terre, sans action et sans influence sur la volonté de l'homme. Une femme, c'était à ses yeux une gracieuse création, un joli jouet, un agréable passe-temps, et rien de plus. On a cherché à romantiser ses amours d'une heure; mais la vérité est qu'il n'eut jamais de ces liaisons où le plus fort est le plus faible; où le cœur asservi, enivré, donne plus qu'on ne lui demande!... « L'amour, » me disait-il une fois, « l'amour, c'est une folle préoccu-« pation, et voilà tout, soyez-en sûr. »

« Nous avions quelquefois, l'Empereur et moi, des discussions très-plaisantes, lorsque le chapitre des femmes lui fournissait de caustiques applications. Je ne partageais nullement l'opinion de mon honoré maître à ce sujet; je le lui déclarais avec ma franchise accoutumée, et il est vrai de dire qu'il savait supporter avec une grande noblesse la contradiction sur ses idées les mieux arrêtées.

« Un jour, en travaillant avec lui, je proposais à l'avancement un des chefs de bureau de l'administration civile des écuries. C'était un employé exact et probe, ce qui au reste était de rigueur sous l'empire. J'étais sévère pour le service, mais aussi j'étais juste, et les employés sous mes ordres devaient trouver en moi un protecteur. Je parlai à l'Empereur de M..., en faisant valoir ses droits.

« Non, Caulincourt, M... est bien où il
« est, il faut l'y laisser.

« — Mais Sire, » répondis-je, » cet homme
« a des moyens, de la capacité, il est très-zélé,
« et l'avancement que je demande pour lui à
« votre majesté n'est qu'un acte de justice.

« — Mon cher Caulincourt, votre M... n'est
« qu'un sot.

« Je fis un mouvement de surprise.

« — Eh oui, vous dis-je, un sot ; un mari
« qui se laisse mener par sa femme est mal noté
« dans mon esprit.

« — Mais, » répondis-je en riant, « com-
« ment votre majesté est-elle instruite de ces
« détails, qui n'ont aucun rapport avec le ser-
« vice de ses écuries.

« — Ah ! ah ! M. le grand écuyer, je sais
« mieux ce qui se passe dans le personnel de ma
« maison que vous. » Il se frottait les mains en
me regardant d'un air narquois : « Cagliostro
« est un sorcier au petit pied, en comparaison
« de moi. »

« Nous partîmes de bons rires; mais je ne

lâchai pas prise pour mon pauvre M..., et j'obtins la place justement acquise.

« — A la bonne heure; mais dites-lui que
« j'aime qu'un homme soit maître chez lui.

« — Sire, votre majesté entend que je sur-
« veille le service des écuries, et non pas sans
« doute celui des appartements.

« — Ah! bah! je n'y regarde pas de si près,
« moi, M. le grand écuyer, je veux savoir tout
« ce qui se passe. » Et les rires recommencèrent.

« Mais, » dit le duc, « je me suis encore laissé aller à faire une halte daus nos bons jours. Ma capricieuse imagination m'a entraîné bien loin de la route de Mayence sur laquelle nous brûlions le pavé le 15 avril 1813. Nous arrivâmes dans cette ville le lendemain vers minuit; je vous dirai demain les nouvelles que nous y reçûmes. ».

CHAPITRE VII.

« En arrivant à Mayence, nous apprîmes qu'Erfurth et toute la Westphalie étaient dans les plus vives inquiétudes; on y répandait sourdement les plus absurdes nouvelles. C'était un moyen qu'on commençait à employer pour désorganiser. L'Empereur, sans se reposer, voulut repartir tout de suite. Notre vitesse était effrayante; nous franchîmes la distance de Mayence à Erfurth en huit heures. Et là, comme partout, comme toujours, l'Empereur fut un talisman qui remonta le moral de l'administration et tranquillisa les esprits. Sur notre passage, dans ce pays conquis, il ne recueillit que des vœux, que des bénédictions.

« En traversant Weimar, l'Empereur vit la grande-duchesse et me dit, à son sujet, ces paroles bien remarquables dans la bouche de Napoléon (il est vrai qu'il s'agissait d'une tête couronnée) : « Cette duchesse de Weimar est « une femme bien étonnante ! elle a vraiment « la tête d'un grand homme ! »

« Nous arrivâmes à Eckartsberg, que nous trouvâmes encombrée de troupes, de parcs d'artillerie, etc., etc. L'Empereur n'avait que deux chambres donnant sur la place, où il se faisait un bruit, un brouhaha à fendre la tête. C'était à n'y pas tenir. Assis devant une mauvaise table vermoulue, cartes étalées, un compas à la main, il paraissait aussi tranquille que dans son cabinet aux Tuileries. Absorbé dans les plans qu'il méditait, il était étranger à tout ce qui se passait autour de lui. Je n'ai jamais connu personne qui eût, comme l'Empereur, le pouvoir de s'isoler à volonté, de dormir n'importe où, de supporter le froid, le chaud, la faim, la privation du bien-être : il semblait n'éprouver aucun besoin matériel. Quelle puissance d'organisation dans cet homme !

« Le 1ᵉʳ de mai, nous étions à Lutzen, et la bataille fut livrée le lendemain. L'affaire fut prompte et glorieuse. A cinq heures du soir, l'ennemi était en pleine déroute. Le feu avait cessé partout, quelques rares boulets arrivaient de temps à autre, lancés au hasard et sans but. Le maréchal Bessières, enveloppé dans son manteau, monté sur une hauteur, suivait, une longue vue à la main, la retraite des Russes. Un éclat d'obus tue un brigadier de son escorte : « Enterrez ce brave homme, » dit-il en faisant un mouvement en avant, et il tombe lui-même frappé à mort par un autre boulet lancé à une très-grande distance ! L'Empereur aimait Bessières, qui le suivit dans toutes ses campagnes et qui assista à toutes ses batailles. Il avait passé par presque tous les grades du commandement de la garde impériale. Bessières était d'une bravoure à toute épreuve ; estimé et aimé de tous, il a été sincèrement regretté.

« L'Empereur fut très-affecté de cette mort. « C'est une grande perte, » dit-il, « une très-« grande perte... Bessières méritait de mourir « de la mort de Turenne... Messieurs, c'est « une fin digne d'envie ! » Quelques semaines plus tard, un chagrin plus poignant devait navrer l'âme de l'Empereur ; mais alors il ne trouva pas la force de prononcer une oraison funèbre. C'est que le cœur humain recèle plusieurs cases où la douleur se gradue comme les tortures de la question!!

« Nous entrâmes à Dresde le 10 mai, et le bon, le noble roi de Saxe y rejoignit l'Empereur le lendemain. Le caractère de ce prince est l'idéal des plus hautes vertus. Il n'appartenait en rien aux vices de l'humanité. L'esprit de parti a cherché à amoindrir l'admiration qu'inspire sa belle conduite envers Napoléon, en lui attribuant une médiocrité vulgaire. C'est un moyen mesquin qui ne peut trouver de créance que parmi les gens qui ne l'ont pas connu. Le roi de Saxe était instruit, spirituel; il avait surtout une grande portée d'esprit. D'une loyauté chevaleresque, il ne comprenait pas que l'intérêt l'emportât sur l'honneur, et qu'une parole donnée ne pût être que conditionnelle suivant l'occurrence. C'est à lui que j'ai entendu dire, pour la première fois, cette phrase qui peint la moralité d'un homme : « La meilleure des finesses en « politique, c'est la probité, c'est la vérité. » Depuis, l'Empereur, qui vénérait comme un père le roi de Saxe, répéta souvent ces paroles, sans y croire peut-être, mais comme un hommage rendu à une belle et noble pensée.

« Dans nos conférences avec le roi de Saxe, nous parlions à cœur ouvert de nos espérances, de nos craintes, de l'issue probable des négociations ouvertes et que j'étais chargé de suivre, soit avec M. de Budna, soit avec l'empereur Alexandre. Du côté de l'Autriche, j'espérais un peu, je l'avoue; du côté de la Russie et de la Prusse, je n'espérais rien... et c'est une horrible souffrance, croyez-le, que celle de dissimuler, sous des dehors confiants, une conviction profonde dans l'inutilité de ses efforts, de ses moyens, pour détourner la foudre...; je la voyais venir inévitable et sûre, alors que, sous la dictée de l'Empereur, j'écrivais ces pages qui resteront comme un monument de la sincérité de Napoléon dans son désir de faire la paix à des conditions raisonnables. Mais c'était un parti pris à l'avance, nos sacrifices, nos efforts devaient se briser contre les machinations de l'Angleterre; l'Angleterre, notre implacable, notre éternelle ennemie! Cinq puissances étaient coalisées contre une seule! Un contingent de deux millions d'hommes défiait leurs défaites et nos victoires! Les valeureux enfants de la France avaient beau faire des prodiges sur les champs de bataille, en les arrosant de leur sang, ils affaiblissaient les ressources de la patrie ; elle devait tôt ou tard succomber dans cette lutte inégale.

« Alors que nous venions de remporter la victoire de Lutzen, j'offris, au nom de l'Empereur, la paix à la Russie et à la Prusse ; elle fut refusée, et quelques jours après, encore inutilement vainqueurs à Bautzen, nous scellâmes notre gloire avec le sang de l'élite de l'armée française ; Bruyères, Kirgener et Duroc furent les déplorables trophées de la défaite de l'ennemi.

« Les pressentiments sont comme une communication instinctive, comme un reflet de l'avenir... quatre jours avant la bataille de Bautzen, le 1er mai au soir, pendant la longue conférence de M. de Budna, envoyé par l'empereur François à son gendre, nous nous promenions en causant, Duroc et moi, dans le salon qui précédait le cabinet de l'Empereur, où M. de Budna était entré à dix heures. La longueur extraordinaire de cette entrevue nous inquiétait. Cela était tout à fait en dehors des habitudes de Napoléon. Minuit sonnait à la grosse horloge de Dresde ; un silence profond

régnait à cette heure, dans cette ville si bruyante, si animée par la présence des troupes; les bougies qui finissaient ne jetaient plus que des lueurs incertaines sur les tentures sombres de la salle; tout était lugubre autour de nous. Nous discourions sur les événements, sur les éventualités de cette campagne. Tout à coup, Duroc, passe son bras sous le mien qu'il presse convulsivement, et, avec un accent intraduisible, laisse tomber ces mots, qui semblent être l'expression d'une révélation intime :
« Mon ami, ceci devient trop long !... nous
« y passerons tous... jusqu'au dernier, et lui !
« lui, après... une voix secrète me crie que je
« ne reverrai jamais la France... »

« Ces paroles prophétiques étaient celles d'un mourant !...

« J'appris de l'Empereur que la conférence de Budna n'avait eu aucun résultat. « Caulin-
« court, » me dit-il, « entre ces hommes *nés*
« *rois*, les liens de la nature n'ont aucune va-
« leur... l'intérêt de sa fille et de son petit-fils
« ne fera pas dévier François d'une ligne de ce
« que le cabinet autrichien décidera... oh ! ce
« n'est pas du sang qui coule dans les veines
« de ces gens-là, c'est de la politique glacée...

« l'empereur d'Autriche, en se ralliant fran-
« chement à moi, peut tout sauver... Unie à
« la France, cette puissance est formidable ;
« la Prusse et la Russie ne pourraient soutenir
« la gageure... Mais, l'Autriche est menée
« par un fourbe ambitieux... il me faut encore
« le ménager, quand je voudrais pouvoir le pul-
« vériser... Metternich, Caulincourt, nous
« fera bien du mal ! »

« Je n'ai jamais conçu, » dit le duc, « comment l'Empereur résista aux peines morales,
aux fatigues matérielles de cette campagne.
Les jours s'écoulaient en combats et en courses.
Tantôt vers l'Elbe, tantôt vers Pyrna, apparaissaient les Russes ou les Prussiens. Ces marches et contremarches exténuaient les hommes et les chevaux. Les hôpitaux regorgeaient
de blessés et de malades. L'Empereur, toujours à cheval durant le jour, passait les nuits
à travailler dans son cabinet.

« La mémorable bataille de Bautzen dura
trente-quatre heures. Pendant ce temps l'Empereur ne prit aucun repos. Le second jour,
accablé de lassitude et de sommeil, il mit pied
à terre, s'étendit sur la pente d'un ravin au
milieu des batteries du corps du maréchal Mar-

mont, et, au bruit d'une épouvantable canonade, il s'endormit... Je le réveillai une heure après en lui annonçant que la bataille était gagnée. « N'est-ce pas le cas de dire que le bien
« vient en dormant; » et il remonta à cheval, car, bien que l'affaire fut décidée entièrement, on se battit partiellement jusqu'à cinq heures du soir.

« De merveilleux faits d'armes signalèrent encore cette victoire. L'armée, formée des débris de la malheureuse expédition de Russie, de nouvelles recrues, d'enfants inhabiles au rude métier de la guerre, l'armée fit des prodiges de valeur et d'audace. Plusieurs fois, j'ai entendu l'Empereur s'écrier pendant l'action :
« Des enfants! des soldats d'hier! oh! les Fran-
« çais! les Français! »

« La tente de l'Empereur fut dressée sur le champ de bataille, auprès d'une auberge isolée, qui avait servi de quartier-général à l'empereur Alexandre pendant les deux jours précédents.

« Je vais vous raconter une scène qui place bien haut un homme que vous aimez, notre bon, notre excellent Larrey. On avait établi une immense ambulance à peu de distance du quartier-général. Dans la soirée, l'Empereur voulut la visiter pour stimuler, par sa présence, le zèle des chirurgiens dont le nombre était insuffisant pour tant de blessés. Il remarqua que beaucoup de jeunes conscrits avaient deux doigts de la main droite emportés ; il crut que ces hommes s'étaient mutilés exprès pour être dispensés du service. Larrey se récria hautement contre une telle supposition. L'Empereur, le sourcil froncé, les yeux flamboyants, insistait et disait qu'il ferait fusiller tous ceux qui se rendraient coupables de cette infâme lâcheté.

« Cette affaire était grave ; on ne pouvait transiger sur le moyen à employer pour arrêter l'effet qu'aurait produit un si funeste exemple. Larrey puisait la défense de ses blessés dans son noble cœur, mais il ne l'appuyait pas de raisons convaincantes. L'Empereur, avec sa ténacité ordinaire, continuait son investigation ; et, malheureusement, son examen corroborait son opinion que ces blessures, toutes uniformes, n'étaient pas naturelles. Larrey laissa échapper le mot : injustice ! L'Empereur pâlit, prêt à éclater ; mais il se contint. Inspiré par je ne sais quelle idée, Larrey avise quelques pauvres diables qui rôdaient autour de l'ambulance : « Approchez ici, conscrits! » leur crie-t-il de sa plus grosse voix. Je ne puis m'empêcher de rire, en me rappelant Larrey, l'air furieux, les manches relevées jusqu'au coude, tenant un bistouri à la main droite, et courant sur les soldats, qui lui répondent tout effarés : « Nous ne sommes pas blessés, « major! » Larrey les poursuit, et les prenant par le bras : « Avancez ici, grosses bêtes! armez « vos fusils, mettez-vous sur trois rangs, le pre- « mier, genou à terre, et tirez, ou je vous coupe « les oreilles. « Attention, Sire! » le coup part, et le soldat du premier rang pousse un cri affreux. Il est blessé à la main droite. « Eh bien! » dit Larrey d'un ton triomphant. Puis il court au pauvre jeune homme : « Ce n'est rien, mon « garçon! Viens, mon pauvre enfant, viens... « je vais te panser moi-même. Demain il n'y « paraîtra plus, poltron! »

« La preuve était acquise. Ces blessures uniformes venaient toutes de la précipitation et de l'inhabileté avec laquelle ces jeunes soldats, des deuxième et troisième rang, déchargeaient leurs armes; leur feu, trop incliné, atteignait souvent les mains des soldats agenouillés du premier rang.

« Larrey, » dit l'Empereur, « vous êtes un « excellent homme, un homme de bien. Je « suis fort heureux d'avoir tort contre vous; « mais c'est qu'aussi... »

« — C'est qu'aussi, Sire, » répond Larrey d'un ton bourru, « c'est qu'aussi il faut que « chacun fasse sa besogne. »

« L'Empereur se mit à rire.

« Le lendemain de cette scène, qui caractérise si fortement une époque, l'Empereur fut frappé au cœur par la perte irréparable d'un ami, d'un de ces êtres trop parfaits pour notre vieille civilisation. Duroc est un type dont l'apparition réconcilie avec l'espèce humaine. Dans les hautes fonctions où l'appela la sagacité de l'Empereur, le grand maréchal conserva toutes les qualités de l'homme privé, toutes les vertus du citoyen : l'enivrement de sa position ne put corrompre sa bonne nature. Duroc resta simple, naturel, indépendant; bon ami, généreux, juste et intègre. Je ne serai contredit par personne dans cet éloge rendu au meilleur des hommes. Sa mort répandit la consternation dans l'armée et à Paris ; l'Empereur en fut attéré. Notre dernière entrevue est encore toute palpitante dans ma mémoire. Pauvre Duroc!! »

Le duc de Vicence cessa de parler. Son visage exprimait une peine profonde. Dans cette âme impressionnable, il existait un mélange singulier de bonheur et de souffrances dans l'épanchement de ses souvenirs. Mortellement malade, si près de rejoindre ses amis, il évoquait leur ombre pour s'aider à subir leur absence. Cet homme dédaignait le terre-à-terre de cette vie sans gloire, sans poésie, que les circonstances lui avaient faite maintenant. S'isolant du présent ; il trouvait une triste douceur à retourner dans le passé, et ce passé pourtant le posait sur le lieu du désastre de toutes ses sympathies et ravivait de cruelles douleurs! Mais il faisait revivre un moment ce que la tombe avait englouti!! Nous ne nous entretenions jamais avec le duc de Vicence des choses actuelles ; son intérêt ne pouvait plus s'attacher aux événements, aux hommes vulgaires.

Il reprit : « Il faut avoir fait partie de cette désastreuse campagne de 1813, pour s'identifier parfaitement avec notre inextricable position. Chaque jour amenait un nouveau combat, une nouvelle victoire sans résultats ! L'Empereur poursuivait, l'épée dans les reins, l'arrière-garde russe qui lui échappait sans cesse. Puis les Prussiens apparaissaient; nous les chassions, et c'était toujours à recommencer. Dresde était notre quartier-général, notre magasin-général, notre hôpital-général, et les grandes routes notre séjour habituel !

« Le jour de la mort du grand maréchal, il n'avait pas quitté un instant l'Empereur. Pour la dixième fois peut-être depuis le matin, les Russes nous échappaient après nous avoir tué beaucoup de monde. Cet engagement, qui n'était pas une bataille, fut très-meurtrier par l'acharnement des deux partis. Deux ou trois boulets vinrent en ricochant labourer la terre aux pieds de l'Empereur. Il se retourna vivement vers Duroc et moi, placés à ses côtés : « Comment ! après une telle bou-
« cherie, pas de résultats ! mais ces gens-là
« renaissent de leurs cendres... quand donc
« cela finira-t-il ? » Et ses yeux exprimaient une fureur contenue. Au même moment un obus éclate, renverse trois cavaliers, vient frapper un officier de l'escorte, et le jette à

travers les jambes du cheval de l'Empereur. Il serra avec rage la bride de l'animal qui se cabra.

« Sire, » dit un aide-de-camp qui arriva au même moment, « le général Bruyères vient d'être tué.

« — Ah ! » fit l'Empereur, et plus bas : « cette journée nous sera funeste ! » Puis d'un mouvement brusque et heurté, il lance son cheval au galop sur une éminence qui dominait Makersdorf, où l'on se battait encore. Le maréchal Mortier, Duroc, Kirgener et moi nous le suivions de très-près, mais le vent poussait la poussière et la fumée avec une telle violence qu'on se voyait à peine. Un arbre auprès duquel passait l'Empereur est frappé par un boulet qui le rompt ; je pousse mon cheval, j'arrive en même temps que l'Empereur sur le plateau. « Ma lunette, ma lunette, » dit-il ; je me retourne, nous étions seuls ! Charles de Plaisance survient pâle et suffoqué, il s'approche de moi : « Le général Kirgener « est tué, le duc de Frioul est... » — « Qu'est-« ce ? » dit l'Empereur, « qu'est-ce donc ? « Monsieur. »

« — Sire, le général Kirgener et... le grand
« maréchal sont tués. »

« — Duroc! allons donc? c'est une erreur...
« cela est impossible! c'est impossible, Cau-
« lincourt?... il était à mes côtés... »

« Plusieurs aides-de-camp arrivent et con-
firment la fatale nouvelle. L'infortuné est mortellement blessé; le coup a déchiré les en-
trailles; le boulet, après avoir rompu l'arbre,
a ricoché sur le général Kirgener, puis sur le
duc de Frioul. L'Empereur entend ces détails
d'un air morne, et laisse échapper ces excla-
mations : « Duroc! Duroc! ah mon Dieu!
« mes pressentiments ne me trompent jamais...
« Quelle journée! quelle journée! » il quitta
lentement le plateau et revint au camp. Arrivé
dans sa tente, il se promena longtemps en silence. De temps en temps il s'arrêtait devant
moi : « Quand donc le sort se lassera-t-il!.....
« quand cela finira-t-il?... Caulincourt, mes
« aigles triomphent encore, mais le bonheur
« qui les accompagnait a fui... »

Et moi, perdu dans mes regrets, je ne
trouvais pas une parole pour consoler cette
âpre douleur; j'aimais Duroc comme on aime

un frère; sa mort si prompte, si foudroyante, me ramenait sur le champ de bataille de la Moskowa... c'était lui qui, après l'horrible événement, m'avait emmené, pressé sur son cœur, en pleurant avec moi mon malheureux Auguste...

« Le prince de Neufchâtel entra, il annonça qu'encore une fois les Russes avaient été repoussés.

« Il est bien temps! » dit l'Empereur avec amertume, « deux braves généraux et Duroc,
« dans une misérable escarmouche.

« — Sire, » demanda Berthier, » quels or-
« dres votre majesté a-t-elle à donner?

« — *A demain tout*... où l'a-t-on transporté?
« où est-il? comment est-il, Berthier?

« — Sire, il est dans une maison de Makers-
« dorf, Ivan et Larrey sont auprès de lui... Il
« n'y a aucun espoir....

« — Il faut que je le voie... pauvre, pauvre
« Duroc!! »

Dans la soirée, Berthier et moi nous accompagnâmes l'Empereur. Duroc, étendu sur un lit de camp, était en proie à d'atroces souffrances. Sa figure, affreusement décomposée, était méconnaissable. Quand nous entrâmes, il tourna la tête de notre côté; son regard s'attacha sur l'Empereur avec cette horrible fixité de l'œil d'un mourant. Dans ce regard il y avait une expression indéfinissable de reproche et de tendresse.... L'Empereur ne put le soutenir, et s'éloigna du lit. Je pris la main de l'agonisant, et mes larmes s'ouvrirent un passage; j'étouffais... Il articula avec peine : « Je « te l'ai dit à Dresde.... la voix secrète... ne « m'a pas trompée... ah! tout n'est pas fini!! » Une faiblesse le prit; l'Empereur se rapprocha, le serra à plusieurs reprises dans ses bras; les médecins rentrèrent : « N'y a-t-il donc au- « cun espoir? » demanda l'Empereur. « — Au- « cun » répondirent-ils. L'infortuné en reprenant sa connaissance chercha des yeux l'Empereur, et lui demanda « par pitié de l'o- « pium.... » L'Empereur s'approcha, prit la main de Duroc, la pressa, et saisissant mon bras, sortit en chancelant.

« — C'est horrible! horrible! mon bon, mon « cher Duroc! ah! quelle perte!! » Des larmes brûlantes coulaient de ses yeux et tombaient sur ses vêtements; nous revînmes silencieusement au camp.

A cinq heures du matin, Ivan entra chez

l'Empereur, qui comprit que tout était accompli! « Enfin, il ne souffre plus, » dit-il; « il « est plus heureux que moi!! »

« L'Empereur fit acheter un terrain à Makersdorf, ordonna l'érection d'un monument et écrivit de sa main ce qui suit :

« Ici le général Duroc, duc de Frioul, grand « maréchal du palais de l'Empereur Napoléon, « frappé glorieusement d'un boulet, est mort « entre les bras de l'Empereur, son ami. » Il remit ce papier à Berthier, sans prononcer un mot.

« Voilà ce qui s'est passé dans cette touchante et dernière entrevue. La scène qu'on a inventée sur les reproches que Duroc aurait adressés à l'Empereur est de la plus insigne fausseté. Ni Duroc, ni aucun de nous, dans cette fâcheuse position, n'aurait eu la lâcheté d'adresser des reproches à l'Empereur pleurant auprès du lit de mort d'un ami. Si un sentiment de désespoir et de regret se fit jour dans le noble cœur de Duroc, il en a emporté l'expression dans la tombe!!

« Mais à quoi bon, » continua le duc, « vous ramener à travers les phases sanglantes de la campagne de 1813? Les gigantesques efforts, les prodigieuses victoires des armées de Napoléon pendant cette lutte si inégale, seraient mal à l'aise dans ces causeries sans importance. D'ailleurs cette époque d'héroïsme et de trahison, de gloire et de honte, appartient à l'histoire de France... Quelle époque! bon Dieu! Quant à moi, » ajouta-t-il avec tristesse et en portant la main sur son cœur, « je sens là que le temps me manque pour dire à mon pays tout ce que je sais sur les intrigues coupables et les lâchetés insignes qui le précipitèrent du faîte de la gloire au dernier terme de l'abjection. Et cependant que d'enseignements utiles à son avenir!... » En effet la maladie et le profond chagrin avaient usé, dévoré la vie de cet homme qui pouvait écrire si magnifiquement l'histoire de l'Empire. « — Ah! » lui dis-je les mains jointes, « continuez; laissez-là les batailles, si vous voulez, mais de grâce dites-nous encore les choses de Napoléon. Qui nous les apprendrait comme vous!

« — Cela est vrai, » répondit-il en souriant, « pendant cette campagne j'ai été chargé de toutes les négociations relatives à la paix. Les hommes même les mieux intentionnés, les plus éclairés, qui écriront sur ce sujet, erreront. Les documents historiques leur donneront des faits officiels, mais les ressorts cachés, les basses menées qui rendaient la conclusion de la paix impossible, échapperont à l'investigation la plus conciencieuse.

« Ce serait par exemple une erreur grave de croire que l'Empereur s'abusa dans les derniers temps de son règne. Moi, qui ai tant souffert de ses irrésolutions, je ne crois pas qu'il se fît illusion au congrès de Châtillon. Sa résistance alors était le dernier déchirement d'une organisation puissante ; qui sait ? peut-être la dernière convulsion d'un grand désespoir. Moi-même qui le suppliais d'en finir à tout prix, je ne suis pas convaincu que nos concessions eussent atteint le but ; mais il était politique de les accorder, pour légitimer un nouvel appel au patriotisme de la nation. La levée en masse pouvait s'effectuer et sauver la France une seconde fois. Telle était mon opinion personnelle, elle ne prévalut pas !

« Je vais vous citer quelques faits isolés qui vous donneront la véritable position de l'Empereur en 1813.

« J'avais négocié et conclu l'armistice de Pleswitz avec la Prusse et la Russie ; l'Autriche grimaçait encore le rôle de conciliatrice, mais

le pacte avec la France était déchiré... Nous
le savions. Cet armistice fut un malheur,
parce que le temps était arrivé où les mesures
les plus rationnelles devenaient désastreuses
pour nous. Ceci est exact. Cette suspension
d'armes était nécessaire à la réorganisation de
l'armée et à ses approvisionnements de toute
espèce ; de plus elle donnait à l'Empereur un
peu de répit, pour examiner dans le silence du
cabinet les hautes questions de notre situation
politique. Un soir, ou plutôt une nuit, nous
discutions, l'Empereur et moi, quelques points
en litige. Une grande quantité de documents,
de papiers, étaient amoncelés sur la table où
nous travaillons; tout à coup il les repousse
pêle-mêle, et se levant brusquement : « Nous
« sommes des imbéciles, Caulaincourt, de
« grands enfants, qui jouons à la chapelle...
« Ces gens-là ne veulent pas traiter... Les rôles
« sont changés ici... Ils ont mis en oubli ma
« conduite envers eux à Tilsitt... Je pouvais
« les écraser alors, et j'ai été magnanime...
« La postérité me vengera... Ces rois par la
« grâce de Dieu et de moi paraîtront bien
« petits en regard de Napoléon, roi par la
« grâce de son épée !..... Ma clémence a été

« de la niaiserie, Caulaincourt.... Un écolier
« eût été plus habile que moi ; il aurait mieux
« profité des enseignements de l'histoire, il
« aurait su que ces races dégénérées n'ont ni
« foi ni loi.... »

« L'Empereur se rassit, sa parole brève et
hachée, ses yeux étincelants, le motif de ces
dures récriminations en présence de tant de
déceptions, tout imprimait un caractère terrible à cette explosion, à cet élan d'indignation.
Il reprit d'un ton plus calme :

« Ces gens-là sont des maladroits; l'insistance
« qu'ils mettent à m'arracher l'abandon du
« système continental dévoile leurs projets ul-
« térieurs. Je suis de votre avis, Caulain-
« court : L'Angleterre est l'âme de cette
« guerre à mort contre la France. L'Angle-
« terre les gorge d'or pour soutenir la lutte...
« Elle leur prouvera bientôt que le traité de
« Lunéville est encore trop favorable à la
« France. Le machiavélisme du cabinet bri-
« tannique joue sous jambe toutes ces poli-
« tiques étroites de l'alliance... Ils ne com-
« prennent pas que j'étais la seule digue qui
« pût arrêter les envahissements sans terme de
« la domination anglaise... (Il levait les épau-

« les). Leur plus grand ennemi, ce n'est pas
« Napoléon, c'est l'Angleterre... En consen-
« tant aussi à la restitution des provinces illy-
« riennes, je ferais un sacrifice inutile... Ce
« serait accuser nos misères et appeler d'autres
« exigences ; leur modération hypocrite cache
« une arrière-pensée méprisable ; ils deman-
« dent aujourd'hui l'abolition du système con-
« tinental et les provinces illyriennes ; demain,
« ils exigeront le partage de la Saxe, en m'as-
« signant l'Elbe pour limite. Ainsi ils donne-
« neront en même temps les étrivières au roi
« de Saxe pour le punir de sa loyauté envers
« moi ; non... Jamais je ne consentirai à cette
« indignité ; tant que j'aurai une goutte de
« sang dans les veines, je ne souffrirai pas, et
« encore moins signerai-je le partage du
« royaume de Saxe, mon plus dévoué, mon
« plus fidèle allié ! — Votre majesté, » dis-je,
« envisage la question sous son plus mauvais
« côté ; c'est pousser les choses à l'extrême.
« Mais, en admettant que vos prévisions fus-
« sent justifiées par l'ultimatum exorbitant
« des puissances, peut-être entrerait-il dans
« les combinaisons d'une politique hardie d'en
« provoquer le développement. Les circon-

« stances sont graves, et je dois la vérité à
« votre majesté. On vous accuse, Sire, de ne
« pas vouloir la paix; de sacrifier le sang de
« vos sujets à votre ambition effrénée. (Il fit
« un geste d'impatience). Sire, » repris-je,
« ces perfides insinuations ont une immense
« portée; elles égarent les esprits, elles désaf-
« fectionnent l'armée. Du mécontentement à
« la force d'inertie qui paralyse les plus sa-
« vantes opérations, il n'y a qu'un pas... Ac-
« cordez ce qui peut être accordé raisonnable-
« ment, et si de nouvelles exigences vous
« forcent à prolonger la guerre, votre posi-
« tion sera d'autant meilleure que l'opinion
« publique aura été éclairée et mise en de-
« meure de se prononcer sur la mauvaise foi
« des puissances alliées et la nécessité de notre
« résistance !

« — L'opinion publique ! l'opinion publique
« est une c...., qui se prostitue sans pudeur à
« son intérêt personnel. Ne voyez-vous pas,
« Caulaincourt, ce qui se passe ici? Les hom-
« mes que j'ai comblés veulent jouir; ils ne
« veulent plus se battre; ils ne sentent pas,
« pauvres raisonneurs, qu'il faut encore se bat-
« tre pour conquérir le repos dont ils ont soif...

« Et moi, moi donc, est-ce que je dors sur des
« roses? Est-ce que je n'ai pas aussi un palais,
« une femme, un enfant? Est-ce que je n'use
« pas mon corps dans les fatigues de tous gen-
« res? Est-ce que je ne jette pas chaque jour
« ma vie en holocauste à la patrie?..... Les
« ingrats!!... L'opinion, vous dis-je, donne
« raison au plus fort; le fait qui triomphe est
« son fait. »

« Je pensais comme lui sur la démoralisa-
tion des chefs de l'armée, » continua le duc;
« d'ailleurs cette lassitude était assez naturelle. Après de si grands et si périlleux tra-
vaux, le repos et le foyer étaient devenus un
besoin pour tous. Mais fallait-il les exiger dans
un tel moment; et le salut de la France, l'intérêt bien entendu de chacun ne comman-
daient-ils pas, au contraire, de se rallier autour d'un chef habile et encore formidable?
Ensuite, à quoi aboutissaient ces plaintes,
ces murmures? A aggraver les difficultés
de la position. Vous ne sauriez concevoir
ce qu'il y avait d'affreux, de poignant dans
ce cruel égoïsme, pour celui qui, à tout
instant, se sacrifiait au salut commun. Aussi
je cherchai, par tous les moyens, à arracher

l'Empereur à ces pensées qui lui faisaient tant de mal; mais en vain : son âme navrée y revenait toujours.

« C'est-à-dire, Caulaincourt, » reprit-il, « que parce que vous, vous n'êtes pas un in- « grat, vous ne comprenez pas l'ingratitude; « mais ouvrez donc les yeux... Il n'y a plus « que mes pauvres soldats et les officiers, qui « ne sont encore ni princes, ni ducs, ni com- « tes, qui y vont bon jeu, bon argent. C'est « affreux à dire, mais c'est la vérité... Savez- « vous, » dit-il en s'animant de plus en plus, « savez-vous ce que je devrais faire? Envoyer « tous ces grands seigneurs d'hier dormir sur « leurs lits de duvets, se pavaner dans leurs « châteaux. Je devrais me débarrasser de ces « frondeurs, recommencer la guerre avec de « jeunes et purs courages... Ceux-là, sans re- « garder ni derrière, ni devant, inscriraient « sur leur bannière, comme en 93, vaincre ou « mourir!! C'est avec cette devise dans le « cœur que j'ai couru en Egypte, que j'ai « vaincu en Italie, que j'ai élevé les aigles « françaises à une hauteur où nul n'atteindra « après moi! »

« Il se rejeta sur un siége, de larges gouttes de sueur inondaient son front ; il faisait mal à voir... Je le considérais avec une admiration mêlée de tristesse. Jamais il ne m'avait paru si grand ! Hélas ! la fortune se lassait plutôt que son génie. Quelle intuition profonde possédait cet homme ! Que de souffrances enfouies au fond de cette intelligence exquise des hommes et des choses ! Il avait apprécié, comparé l'abîme qui séparait sa toute-puissance de la première heure de ses revers... Les fronts qui jadis s'humiliaient si bas devant lui, aujourd'hui ne se détournaient plus sous le regard du maître irrité. Il sentait qu'il se survivait à lui-même ; que sa volonté de fer qui avait fait tout plier devant lui, maintenant était éludée ou méconnue ; on essayait sourdement, bassement de l'opposition, quand il n'y avait plus de péril à l'oser !... Pitié, pitié ! ! »

Il reprit : « Louis de Narbonne, notre ambassadeur à Vienne, écrivait de Prague que la déclaration de guerre de l'Autriche contre la France serait très-incessamment publiée. Ainsi, nos faibles espérances de ce côté étaient anéanties ! Napoléon, qui ne voulait pas se persuader que ce fût sans appel, m'envoya en mission de famille auprès de l'empereur Fran-

çois : « Partez, Caulaincourt, » me dit-il,
« vous êtes un homme nouveau pour le cabi-
« net autrichien, essayez de votre habileté
« auprès de Metternich..... S'il y a quelque
« chose à faire de ce côté, vous êtes en me-
« sure d'opérer le bien par vos rapports d'an-
« cienne amitié avec l'empereur de Russie... »
Et, me serrant la main avec un geste inimitable : « Mon pauvre Caulaincourt, vous
« aviez raison!!... N'importe... Ce n'est pas
« vous qui m'abandonnerez? je le sais, je le
« sais... Voyez souvent l'empereur, dites-lui
« que je ne puis croire encore qu'il veuille
« perdre sa fille et son petit-fils, abstraction
« faite de tant d'autres considérations que
« l'empereur Napoléon aurait le droit de re-
« vendiquer. » Il se redressa fièrement sous
l'inspiration d'un beau souvenir. Il pouvait in-
voquer justement la magnanimité de sa conduite avec l'Autriche. Je ne lui connais aucun
tort envers cette puissance. Plus tard, à Prague, je discutai vivement cette question avec
Metternich. L'Empereur reprit : « Dites-lui,
« ce qui est vrai, que ce n'est pas un ambas-
« sadeur que j'envoie à l'empereur d'Autriche;
« que c'est un ami qui sait mon cœur, qui

« connaît le fond de ma pensée, que j'envoie
« auprès de mon beau-père. »

« Je partis la mort dans l'âme. Je connaissais d'avance l'inutilité des efforts que j'allais tenter. Ce n'était plus là ma brillante mission de Russie, où, peu d'années auparavant, j'étais chargé de transmettre les volontés du plus puissant monarque de la terre! Que de dégoûts j'ai dévorés à Prague!

« J'avais l'honneur de voir tous les jours l'empereur François, et j'en étais traité à merveille. Il n'est pas, comme on l'a dit, sans moyens, sans esprit. Dans des temps ordinaires, c'est un de ces rois dont les peuples bénissent la mémoire. Dans les circonstances critiques où il s'est trouvé, placé dans cette conflagration générale, il n'a pas eu le courage d'assumer sur sa tête les conséquences qui pouvaient résulter pour son pays du maintien du pacte de famille qui semblait devoir le lier à la cause de Napoléon. Bon, doux, clément, timide, il n'y a dans la nature de François ni résolution, ni énergie, ni héroïsme. La grande Marie-Thérèse est à la maison d'Autriche ce que Henri IV est à la maison de France, une magnifique tradition. Mais le sang des héros ne coule plus dans les veines de leur postérité!... Il y a une dégénérescence très-remarquable dans les races souveraines. L'opinion que j'exprime sera taxée par certaines gens de boutade démocratique; mais les injures ne peuvent détruire un fait.

« L'empereur d'Autriche, qui appréciait les embarras inextricables de sa position tout exceptionnelle, ne se sentait pas la force de les dominer; d'un côté, il y avait danger évident, patent, à rester fidèle à la France; de l'autre, il y avait honte et félonie à l'abandonner. Et, comme toutes les natures faibles, François, indécis entre ses devoirs de souverain et ses affections de père, transigeait avec son cœur et sa conscience. Il se déchargeait du fardeau sur son éditeur responsable, Metternich. Aussi, n'était-ce pas l'empereur qu'il me fallait ramener, persuader : « Voyez Metternich, dites « cela à Metternich! » Voilà les seules réponses concluantes que j'obtenais à mes infatigables sollicitations.

« Dans mes conférences avec le premier ministre, il me fallait discuter pied à pied les prétentions les plus absurdes; réfuter les plus ridicules préventions, répondre avec politesse à un homme qui, sous des dehors dignes et glacés, dissimulait à peine son invariable résolution d'humilier et d'anéantir la France. Combien de fois le bon, le loyal Louis de Narbonne n'a-t-il pas calmé mon ressentiment et arrêté les effets de mon indignation! « Quels « rôles jouons-nous ici, » lui disais-je? « — Ah! « mon cher, nous jouons le rôle des vaincus « de tous les pays du monde, nous payons l'a- « mende! »

« Louis de Narbonne était parfait, spirituel, léger, ah! léger!... l'Empereur disait de lui : « Narbonne est le type de ces brillants papillons « du règne à paniers de Louis XV. » Et l'Empereur disait vrai. Narbonne était, dans sa mise soignée et coquette, dans ses belles manières, dans son langage gracieusement ironique, dans son incomparable légèreté, une tradition vivante de l'ancienne cour. Il sentait d'une lieue le vieux grand seigneur. Mes fureurs le divertissaient beaucoup. » — Mon cher, voyez- « vous, vous prenez les choses trop au tra- « gique. Metternich est un roué, personne ne « vous le conteste, et puis après?... Voulez- « vous, beau chevalier, entrer en campagne « contre tous les moulins à vent? Le bon

« temps est passé où nous criions l'hahali ; « maintenant nous sommes les chiens cou- « chants..... qu'y faire? » Pauvre Narbonne ! Il n'a pas vu nos désastres, sa gaîté n'aurait pas résisté aux malheurs de sa patrie. Il est mort à temps !

« Pour moi, à l'exception de bien courts moments, je passai de tristes jours à Prague. Les assurances personnelles d'estime et de considération dont on me rassasiait, ne compensaient pas les dégoûts de ma fausse position. Tout n'était pas rompu, et il me fallait encore quelquefois tendre la main à un ennemi irréconciliable..... C'est là, croyez-le, une des plus grandes misères attachées à la dure condition d'un homme d'État ! Souvent, en quittant le premier ministre, j'ai discuté avec moi-même, dans le silence de la nuit, si le jour qui devait suivre n'éclairerait pas les funérailles de l'un de nous deux. Metternich a d'immenses ressources dans l'esprit, une volonté ferme ; il avait les moyens de satisfaire sa haine avouée contre l'Empereur, et il était l'âme de la coalition ! Pourquoi, pensais-je, n'offrirais-je pas un loyal duel à mort à cet homme qui médite froidement les termes du cartel à ou-

trance qu'il veut jeter à mon pays? Oh! que j'ai souffert alors, mon Dieu! Et l'incorrigible Narbonne me disait : « Mon ami, mes che-
« veux blancs recouvrent une tête moins vive
« que la vôtre; croyez-en ma vieille expé-
« rience : il n'y a plus ni diplomatie, ni négo-
« ciations possibles; les puissances en ont as-
« sez de notre gloire; elles sont incrédules sur
« notre tardif amendement; elles ont sur nous
« des idées arrêtées, elles ont pris un parti
« violent qu'elles soutiendront jusqu'au bout.
« Votre mort ou celle de Metternich ne chan-
« gerait rien à nos affaires; nous sommes per-
« dus... » Et comme il n'y avait pas moyen de se fâcher contre Narbonne, bien que nous ne nous comprissions pas, il me manqua lorsqu'il partit, pour se rendre au quartier-général de l'Empereur, à Dresde, où il me devança de quelques jours.

CHAPITRE VIII.

(SUITE DU PRÉCÉDENT.)

« Il m'arriva pendant mon séjour à Prague, » poursuivit le duc, « une aventure fort piquante et comme jetée à travers mes graves préoccupations. Je vous préviens, » me dit-il en riant, « que je serai forcé à quelques réticences et que je ne puis tout dire..... Voulez-vous de mon histoire, sans commentaires ?

« — Oui ! oui ! » répondis-je, « j'accepte cette confidence telle quelle, j'écoute.

« — Un soir, dans le plus strict incognito, en tenue de bonne fortune, vêtu d'une redingote couleur de *muraille*, bien que je ne fusse pas un Richelieu, un pistolet caché sous mes vêtements, je franchis au galop, suivi de mon groom, un des faubourgs de Prague en me dirigeant vers une maison située à une demi-lieue de la ville. Arrivé près des murs d'un parc qui entourait une jolie habitation, je mis pied à terre. « Attends-moi, » dis-je à Franck ; « si je « ne suis pas ici à minuit, tu ramèneras les che- « vaux à l'hôtel » ; et, m'avançant d'un pas leste, d'après certaines indications, j'arrive à une porte qui s'ouvre aussitôt. Une petite main cherche la mienne, une voix douce murmure à mon oreille : « Ne parlez pas et laissez-vous con- « duire. » Je suis un fou, pensai-je ; n'importe. Après quelques détours, nous nous trouvâmes près d'un kiosque entièrement fermé. Avant d'y entrer, ma conductrice s'arrête, écoute, regarde de côté et d'autre, pousse vivement la porte, la referme sur nous et se jette éperdue et tremblante sur un divan. D'un geste gracieux, elle m'invite à m'asseoir ; et, appuyant son coude sur l'un des coussins, elle pose mollement sa tête dans sa main et reste silencieuse.

« Voilà un début passablement romanesque, n'est-ce pas ? Oh ! c'est tout un roman : vous allez bien voir.

« Assez étonné de ces manières singulières,

je me mis à examiner autour de moi. Une seule lumière adoucie dans un globe d'albâtre éclairait une pièce artistement arrangée en forme de tente, et ornée de toutes ces inutilités de bon goût qui révèlent l'entente d'une vie élégante et parée. Sur une table, un album, une boîte à couleurs, quelques esquisses dont l'une représente une vue de palais de Saint-Pétersbourg, prise du côté des appartements de l'Impératrice qui elle-même est penchée sur le balcon... la ressemblance est frappante. Ce dessein est exécuté avec un grand talent, mes regards s'y attachent avec un vif intérêt, c'est un souvenir du temps heureux. Ça et là des livres, des journaux, des instruments de musique. Mes yeux se reposent sur cette femme, qui semble maintenant écrasée sous la hardiesse de sa démarche. Elle est très jeune et coquettement vêtue d'une robe de mousseline transparente, dont les plis vaporeux laissent deviner de sveltes et gracieuses formes. Ses cheveux chatain-doré, négligemment relevés, sont retenus avec un simple peigne d'or ; de grosses boucles encadrent son visage et le cachent presqu'entièrement. Il y a dans sa pose de la désinvolture, de l'abandon, et comme une insouciance complète de la présence d'un homme à une heure avancée de la nuit. Elle leva enfin sur moi ses grands yeux noirs où se peignaient la fierté et la résolution ; puis, redressant la tête d'un air de dignité, qui me parut très-divertissant dans la position où l'imprudente s'était placée vis-à-vis de moi, elle m'interrogeait du regard. Je compris que je devais parler le premier.

« Madame, » lui dis-je, « je me suis rendu à
« vos ordres...

« — Vous avez mis le temps de la ré-
« flexion, M. le duc !

« — Votre premier message, Madame...

« — Ne vous faisait pas assez présager une
« bonne fortune..; (et sa physionomie exprimait une nuance d'ironie et de dédain) : les Fran-
« çais sont si présomptueux !

« — Oh ! pour le coup ! « m'écriai-je en partant de rires fous, » la mystification est
« parfaite ! Madame, » ajoutai-je d'un ton dégagé ; « ce serait en effet une présomption
« inouie d'aspirer à l'honneur d'être distingué
« par vous...je ne voudrais pas encourir un se-
« cond reproche, celui d'être indiscret en pro-
« longeant cette plaisante visite ; je suis ici par

« vos ordres, Madame... Veuillez me faire la
« grâce de me dire pourquoi j'y suis, et ce que
« vous désirez de moi ? »

Elle me regarda de la plus étrange manière ;
il y avait de la haine, de la curiosité aussi dans
ce regard-là.

« Je suis une mauvaise diplomate, moi,
« M. le duc ; je n'ai pas appris à dissimuler, à
« tromper, à séduire, à me rire des serments
« et de la foi jurée. » Elle ajouta comme, irré-
sistiblement entraînée : « Je suis une vraie Mos-
« covite, moi, je hais les Français..... Elle
« n'aurait pas dû me charger de cette commis-
« sion ! Si tu avais un cœur russe, pauvre Élise,
« jamais un Français n'eût fait couler tes lar-
« mes ! »

« Élise ! ce nom avait fait refluer tout mon
sang vers mon cœur. Ce nom ! je serais mort
avant de le redire tout haut... Le démon est
pour quelque chose dans tout ceci, pensai-je,
c'est un piège... Une trahison ! et involontairement je portai la main à mon pistolet.

« Monsieur le duc, » continua-t-elle,
« je ne sais quelle idée vous avez pu vous for-
« mer de moi, mais de toutes les conjectures
« que peut autoriser la légèreté apparente de

« ma conduite, il n'y en a pas une, sans doute,
« qui ne soit une insulte. » Je fis un signe de
dénégation.

« Ne m'interrompez pas, écoutez-moi. Je
« suis née à Moscou... Moscou! maintenant dé-
« vasté, profané par les Français!... J'avais
« douze ans lorsque je perdis ma mère. Mon
« père, qui occupe un rang distingué à la
« cour de Russie, me plaça sous la protection
« de... de *** » (je ne puis vous nommer cette
personne, me dit le duc), « dans la maison
« royale des jeunes filles nobles à St.-Péters-
« bourg. Là j'appris à vénérer, à aimer ma pro-
« tectrice et bientôt je l'aimai comme j'avais
« chéri ma mère. Je l'aimai de ce saint amour
« filial, enthousiaste, dévoué, soumis; et
« chaque jour son nom était mêlé à mes
« prières.

« Ceci vous explique, M. le duc, pourquoi
« vous êtes là, près de moi; comment j'ai
« consenti à voir, à entretenir un ennemi de
« mon pays!

« Un jour j'eus quinze ans et mon père me
« dit : « Fœdora, ce soir vous signerez, dans
« le cabinet de l'Empereur, votre contrat de
« mariage avec le comte *** et dans huit jours

« vous serez mariée. Allez présenter vos res-
« pects à votre grande maîtresse; faites vos
« adieux à vos compagnes : à l'instant vous
« quittez cette maison. » Je sautai de joie.
« Désormais tous les jours je pourrais voir ma
« bien aimée protectrice. Mon mariage ne
« m'importait pas le moins du monde; je n'a-
« vais pas osé demander à mon père l'explica-
« tion de ce mot que je ne comprenais pas. Le
« lendemain, assise sur un petit tabouret aux
« pieds de ma mère adoptive, la tête posée sur
« ses genoux, je la priais à voix basse de me
« dire ce que c'était que le mariage. « Pauvre
« enfant ! » fit-elle en passant ses doigts rosés
« dans les boucles de ma chevelure, « tu com-
« prendras trop tôt que dans ce mot est ren-
« fermé toute la destinée d'une femme ! »

« Huit jours après j'étais mariée. Je n'étais
« plus une enfant, je n'étais plus une jeune
« fille, bien que je n'eusse que quinze ans, et
« je devins l'amie, la confidente de ma protec-
« trice. Je fus initiée à cette vie brillante et
« enviée, toute bariolée de fêtes et de larmes,
« d'honneurs et d'humiliations, de souvenirs
« brûlants et d'amers regrets... Elle avait aimé,
« cette noble Elise, elle avait donné son cœur,

« tout son amour; et l'ingrat, qui possédait
« ces biens inestimables, les dédaigna un jour.
« Il l'abandonna, il la sacrifia à je ne sais
« quelle nécessité... Vous êtes ému, M. le duc,
« peut-être ne comprenez-vous pas qu'on
« puisse briser un cœur qui s'est donné à vous,
« qui a eu foi aux serments, à la religion de
« l'amour. On lui avait dit une fois à cette
« pauvre âme crédule : « Elise, demande-moi
« ma vie, mon sang, tout... Oh! mais ne me
« demande pas ce que je ne puis te donner,
« car vois-tu je mourrais de ne pouvoir te sa-
« tisfaire. » Et deux années à peine s'étaient
« écoulées, qu'Elise, prosternée aux pieds de
« cet homme, lui disait : « Ne pars pas, Ar-
« mand! vois, je suis à tes genoux, tu sais
« bien que je ne puis vivre sans toi, où tu ne
« seras plus. Fais-moi un sacrifice, un seul,
« en retour de tous ceux que je t'ai faits... Ton
« pays t'est donc plus cher que moi, que ma
« vie? Les places, les richesses, les honneurs
« te sont offerts ici; accepte, Armand, accepte,
« je t'en conjure! Des noms français illustres
« comptent parmi les habitants de la grande
« Russie; reste avec nous, ne pars pas, Ar-
« mand! Tes devoirs, dis-tu, t'entraînent à

« 800 lieues de moi ; mais tu ne m'as donc ja-
« mais aimée ? Quand tu m'offrais ta vie et ton
« sang, tu m'as donc abusée, puisqu'à cette
« heure maudite il y a quelque chose que tu
« me préfères. Réponds-moi... Ah! vous me
« dites maintenant que l'honneur est plus fort
« que l'amour, que vous pouvez mourir pour
« moi, mais non vivre déshonoré auprès de
« moi. Cette restriction est odieuse, Monsieur;
« il fallait me dire, le jour où je reposai ma tête
« sur votre sein, que l'amour que vous me
« juriez était conditionnel... Et alors, Mon-
« sieur, je me serais précipitée dans la Newa
« plutôt que de vous céder. » Elle lui a dit
« tout cela, M. le duc, et encore bien d'autres
« choses touchantes... Et il est parti, cet
« homme! »

« J'étais comme fasciné. Cette scène, toute palpitante dans ma pensée, me reportait à une bienheureuse époque... Je ne sais où je pris alors le rude courage de résister à toutes les séductions de la passion la plus enivrante; car je l'adorais, cette femme! je l'aimais avec cette exaltation qui ne permet ni de calculer ni de mesurer le danger, et il y en avait un très-grand pour elle et pour moi dans cette liaison...

Il fallut que les circonstances fussent bien impérieuses, que l'honneur parlât bien haut, pour que je me décidasse à rompre violemment ces doux liens, à renoncer à ce délirant bonheur pour lequel je jouais ma vie chaque jour... Mais une femme passionnée, qui nous donne plus que sa vie en échange de notre amour, ne comprend pas qu'il arrive une heure fatale où nous devons la sacrifier à l'inexorable devoir! Je restais perdu dans mes rêveries; la voix de Fœdora me fit tressaillir.

« M. le duc, n'avez-vous donc rien à me
« dire?...

« — Madame, vous avez prononcé un nom
« qui renferme un secret enseveli à jamais
« dans mon cœur. Ce nom que j'inventai, que
« je prononçais aux jours de mon bonheur, ne
« doit plus sortir de ma bouche. Vous a-t-
« elle chargée de quelque chose pour moi? le
« sacrifice de mon honneur excepté, elle sait
« bien que je lui suis dévoué à la vie, à la mort!

« — Ah! » fit-elle dédaigneusement, « en-
« core une restriction à votre dévouement... »
Elle s'approcha de la table, poussa un ressort qui ouvrit un tiroir ingénieusement pratiqué dans les rainures du bois, et en retira un pe-

tit portefeuille richement brodé qu'elle me présenta. «—Il renferme une lettre?—Je me char-
« gerai de la réponse, M. le duc. »

« Je saisis vivement le portefeuille et je pris congé de la comtesse ***. Elle me conduisit avec les mêmes précautions. Ce n'est pas là précisément une bonne fortune, pensais-je, en m'élançant sur mon cheval qui, en quelques minutes me ramena à mon hôtel. Toute la nuit mon imagination me retraça les circonstances de cette inconcevable entrevue. Cette femme avait reçu l'intime confidence d'un secret..... La lettre qu'elle m'avait remise ne me laissait aucun doute sur la confiance illimitée qu'on accordait à Fœdora. Étrange créature, en vérité! Si franche, si hardie dans l'expression de sa haine pour les Français; si jolie, si séduisante dans sa mutinerie sauvage.

« Je rapportai à Fœdora la réponse à la lettre du portefeuille. Je trouvai drôle d'apprivoiser la farouche Moscovite : que vous dirai-je? je la vis souvent, puis tous les jours... C'est qu'elle était réellement charmante, cette Fœdora!!

« Peu de jours avant mon départ de Prague, un matin, mon valet de chambre me remit un volumineux paquet apporté dans la nuit par un courrier. En déchirant l'enveloppe, trois lettres s'en échappèrent. Deux de ces lettres, de la même écriture que celle que j'avais précédemment reçue, portaient une date qui me prouva qu'elles ne m'avaient pas été fidèlement remises... La pauvre Fœdora ne s'était pas senti la vertu de me rappeler à l'amour d'une autre. Elle savait bien que cette passagère liaison ne pouvait effacer le sentiment profond que je conservais au fond de mon âme. A ce moment, cette infidélité me pesait presque comme un remords et, pour la millième fois, je pensai que les femmes valent mieux que nous !

J'ouvris nonchalamment la lettre de Fœdora. Étrange, étrange créature! Jugez-en :

« Quand vous lirez cette lettre, Armand, il
« y aura entre vous et Fœdora l'abîme qui sé-
« pare le repentir du crime. Oui, Armand,
« c'est un horrible crime de trahir sa bienfai-
« trice dans sa confiance, dans son amour.
« C'est une lâcheté d'oublier ses devoirs de fille
« et d'épouse pour l'ennemi de son pays, pour
« un Français !! Je ne vous fais pas de repro-
« ches, vous ne les comprendriez pas....

« Le jour de l'expiation a commencé hier.
« Vous deviez venir et vous n'êtes pas venu....

« Durant cette longue nuit où je vous ai at-
« tendu en vain, je vous ai maudit, car vous
« m'avez fait connaître la honte... Prosternée
« aux pieds de Dieu, je lui ai confessé mon infa-
« mie, et il m'a inspiré l'horreur de mon éga-
« rement. Vous personnifiez dans ma pensée
« le démon sous la forme d'un ange; votre sou-
« venir ne peut plus m'apparaître que comme
« un fantôme menaçant. Noble Élise! vous
« êtes vengée!! Adieu Armand, je vous hais! »

« Je croyais rêver, je vous le jure; mais ce n'est pas tout : la bizarrerie de mes rapports avec cette femme cache un mystère que le temps n'a pu me dévoiler. A cette lettre était jointe la note suivante :

« La cause de l'Empereur Napoléon est per-
« due, rien ne peut sauver la France de sa
« ruine, vos efforts sont vains. Abandonnez
« le tyran Corse, le magnanime Alexandre
« vous accueillera et vous pourrez, auprès de
« lui, servir utilement votre pays. L'illustre
« général Moreau a compris qu'il avait une
« mission divine à remplir ; il a traversé les
« mers pour précipiter l'oppresseur de sa pa-
« trie. Moreau est au camp des puissances al-
« liées et invincibles. »

« Je me perdais en conjectures. Qu'était cette Fœdora ? J'envoyai prendre des informations. « La dame russe est partie depuis vingt-« quatre heures » répondit le concierge de la maison. Depuis j'ai questionné des Russes, d'abord je ne connaissais pas son nom de famille, et j'avais aussi de fortes raisons pour mettre beaucoup de mesure dans mes investigations. Enfin la fière et charmante Moscovite est restée pour moi jusqu'à ce jour la fantastique Fœdora.

« J'en ai fini avec mes souvenirs heureux. Maintenant tout sera triste dans mes récits ; à mesure que le tableau s'assombrira, vous regretterez nos premières causeries. Je vous dirai, demain, mon retour auprès de l'Empereur que je rejoignis à Gorlitz ; je vous raconterai quelques détails intimes sur l'épouvantable catastrophe de Leipzig, et vous penserez avec moi, que si les contemporains ont le droit d'imputer des torts à Napoléon, l'expiation a surpassé les fautes ! »

CHAPITRE IX.

« Je rejoignis le quartier-général le 18 août à Gorlitz, et si je ne rapportais pas de la Bohême la déclaration de guerre officielle de l'Autriche, les nouvelles que j'avais apprises ne me laissaient aucun doute à ce sujet. Au moment où j'entrai chez l'empereur, le prince de Neufchâtel expédiait des ordres pour les divers corps d'armée. « Berthier, faites partir « à l'instant des ordonnances... Gardez Gour« gaud ; qu'il attende mes ordres particu« liers », et s'avançant vers moi : « Eh bien, « Caulaincourt? »

« Dans ce moment un huissier du cabinet annonça le duc d'Otrante. Mon regard dut refléter ma pensée, car l'empereur me dit: « Ah! vous en verrez bien d'autres. » La vue de Fouché me fut désagréable. Je ne comprenais pas sa présence à l'armée. J'éprouvais pour cet homme une de ces répulsions instinctives que l'évènement justifie presque toujours ; et, comme le frottement du monde n'a pu m'assouplir assez pour me faire jamais déguiser avec succès mes antipathies, Fouché savait que je ne l'aimais pas, et il me le rendait bien.

« Duc d'Otrante, » lui dit l'empereur, « en
« vous nommant au gouvernement de mes
« provinces illyriennes, je vous donne une
« grande preuve de ma confiance dans votre
« capacité. Il faut opposer aux machinations
« du baron de Stein tout votre savoir-faire.
« Surveillez les intrigants... Expulsez sans mi-
« séricorde les meneurs... Dirigez-les sur telle
« ou telle ville de France avec des notes moti-
« vées pour le préfet et le commissaire général
« du département, et donnez-en avis à la po-
« lice générale à Paris... J'ai assez de brouil-
« lons dans ma capitale sans y envoyer ceux
« de l'Allemagne. Vos pouvoirs vous donnent
« une grande latitude ; hors des cas très-gra-
« ves, agissez sans en référer à moi. Il faut de
« la fermeté et surtout de la célérité dans

« l'action de la police... Pas de concessions,
« point de transactions avec les agitateurs...
« les demi-mesures sont toujours nuisibles et
« ne ramènent pas un ennemi... On ne fait pas
« de la politique avec du sentiment, vous sa-
« vez cela?... Allez, duc d'Otrante, je comp-
« te sur votre zèle et sur votre habileté.

« — Votre majesté sait que je lui suis dé-
« voué à la vie et à la mort, et le poste où elle
« daigne m'appeler me fournira les moyens
« d'en donner de nouvelles preuves à votre
« majesté.

« — J'y compte, j'y compte... Vous m'en-
« verrez tous les jours un rapport exact des
« dispositions morales des habitants pour ou
« contre mon gouvernement... Faites patte
« de velours avec les bons, montrez les griffes
« aux méchants. Pénétrez-vous bien de cette
« vérité que l'esprit public est dans la main de
« celui qui sait en disposer... Dites et faites
« dire sur les toits que je n'abandonnerai pas
« les provinces illyriennes. Vous me compre-
« nez ?... C'est le seul moyen de prévenir les
« défections et de comprimer de coupables
« espérances... Veillez à l'approvisionnement
« des places fortes... N'omettez rien de ce qui

« est utile, et rendez-moi compte de tout ce
« qui peut m'éclairer. Dans les circonstances
« actuelles, un gouverneur-général des pro-
« vinces conquises doit être une vigilante ve-
« dette d'avant-postes. »

« Le gouverneur-général des provinces illyriennes se retira en posant la main sur son
cœur et en se courbant jusqu'à terre, mais dans
ses yeux glauques étaient écrites de hideuses
choses. Aussi, deux années plus tard, cet
homme insultait et poursuivait son maître malheureux. Cela devait être.

« L'empereur prit quelques papiers qu'il
parcourut sans mot dire. Ceci est une observa-
tion très-curieuse sur le caractère de Napoléon.
Il avait saisi toute ma pensée, et bien que nous
ne nous fussions jamais expliqués sur le compte
de Fouché, je suis assuré qu'il partageait toutes
mes appréhensions à son sujet. Cependant, son
amour-propre, et Napoléon en avait beaucoup,
ne voulait pas condescendre à une espèce de justification en faveur du duc d'Otrante justement disgracié; mais ma désapprobation silencieuse lui pesait, et il m'en boudait. Il aurait
voulu que je le provoquasse à une explication,
et moi je mettais de la coquetterie à ne pas le

faire (il en était toujours ainsi entre nous); et quoiqu'il m'appelât souvent *barre de fer*, il revenait le premier, car dans les détails de la vie intime il était parfait, excellent.

« Comme de coutume, quelques jours plus tard, il me parla des motifs qui l'avaient décidé à donner au duc d'Otrante le gouvernement de l'Illyrie. Cette nomination fut un acte de bonne politique. L'affaire de Mallet était présente à son esprit. Cette entreprise hardie donnait la mesure de ce qu'un audacieux pouvait tenter avec succès, et l'Empereur ne voulait pas laisser derrière lui, à Paris, un mécontent aussi dangereux que Fouché. Cette méfiance était fondée. Cependant il la cachait adroitement sous une raison plausible, celle d'opposer l'astucieuse police de Fouché à la police occulte, mais toute-puissante, du baron de Stein, chef avoué des sectes d'illuminés qui se formaient de toutes parts. Stein s'était érigé aussi en directeur de l'opinion populaire, et, à l'aide d'un langage quasi-démocratique, il avait soulevé les nombreuses écoles où il comptait autant de jeunes hommes prêts à prendre les armes, que d'étudiants. Les sociétés secrètes étaient alors de mode en Allemagne, et l'on retrouvait l'infatigable Stein à la tête de toutes les affiliations.

« L'Empereur, dont le regard d'aigle pénétrait les révolutions, me disait : « Il me con-
« vient de laisser accréditer que je veux oppo-
« ser Fouché au baron de Stein. Mais que
« peuvent en Illyrie Fouché et toutes les po-
« lices françaises contre la formidable influence
« des sociétés secrètes qui infestent l'Alle-
« magne? Dans ce moment, ces associations
« conviennent merveilleusement aux puissan-
« ces qui s'en servent comme d'auxiliaires actifs
« et dévoués contre moi. Elles les exploiteront
« à leur profit jusqu'au jour où elles livreront
« au bourreau ces jeunes têtes fanatisées. »

« Lui, Fouché, ne se trompa pas un instant sur les véritables motifs de sa nomination au gouvernement de l'Illyrie; il partit de Paris la rage dans le cœur, il sentait qu'il avait été deviné, mais il obéit. Il se courbait sous la main qui l'avait épargné jadis, et qui, à cette heure, le châtiait si paternellement. Le temps n'était pas encore arrivé où l'on pouvait cracher impunément à la face de son bienfaiteur... Je vous dirai à ce sujet des choses horribles, dont j'ai été témoin dans les salons de Fontainebleau et à Paris, après Waterloo... Ma vie s'est usée dans la lutte, qu'importe! le remords ne s'asseoit pas à mon lit de mort.

« Mais j'étais, je crois, dans le cabinet de l'Empereur, attendant qu'il m'adressât la parole : « Les nouvelles de Prague sont donc « bien mauvaises, » me dit-il vivement, « que « vous soyez si peu empressé de me les don- « ner ?

« — J'attendais que Votre Majesté m'inter- « rogeât.

« — Parlez!... L'Autriche s'est-elle décla- « rée officiellement contre moi ?

« — Je crois, Sire, que l'Autriche fera cause « commune avec la Prusse et la Russie.

« — C'est là votre opinion, » me répondit-il très-brièvement; « mais ce n'est pas un fait.

« — C'est un fait, Sire, et Votre Majesté « doit savoir qu'en matière si grave mon opi- « nion ne se forme pas sur de simples conjec- « tures.

« — Sur quoi la fondez-vous ?

« — L'avant-veille du jour fixé pour la rup- « ture de l'armistice, Blücher, à la tête de « cent mille hommes, est entré en Silésie, et « il s'est emparé de Breslau.

« — Ceci est grave en effet... En êtes-vous
« sûr, Caulaincourt ?

« — J'ai eu, Sire, une vive altercation à ce
« sujet avec Metternich, la veille de mon dé-
« part de Prague.

« — Continuez... » Et ses yeux dardaient
dans les miens comme pour y chercher son
arrêt.

« — Le même jour de la prise de Breslau,
« le général Jomini a déserté l'état-major du
« maréchal Ney ; il est dans ce moment au-
« près de l'empereur Alexandre.

« — Jomini !!... couvert de mes bienfaits...
« le misérable !... Abandonner son poste la
« veille d'une bataille, ah !... Passer à l'ennemi
« avec l'état de nos forces, de nos ressources...
« Quel lâche !... » Sa figure exprimait l'horreur d'une infâme déception, une inquiétude toujours croissante se peignait sur tous
ses traits... Je ne trouvais plus le courage
de continuer.

« Est-ce là tout, » me dit-il en me tendant
la main ; « parlez, Caulaincourt, il faut que
« je sache tout, il le faut...

« — Sire, la coalition est formée de longue
« main ; la Suède marche aussi contre nous...

« — Allons donc ! » interrompit-il avec impétuosité, « Bernadotte ! Bernadotte marche
« contre la France... C'est le coup de pied de
« l'âne !...

« — Bernadotte, » repris-je, « non content
« de tourner ses armes contre son pays, a
« recruté parmi nos alliés, comme pour ne
« pas supporter seul les malédictions de ses
« frères.

« — Que voulez-vous dire ?

« — Le général Moreau est arrivé au camp
« des alliés...

« — Moreau avec les alliés ! cela n'est pas
« possible, Caulaincourt ; je ne le crois pas.
« Bernadotte, *roi de Suède*, peut colorer d'un
« prétexte spécieux sa félonie, sa détestable
« action ; mais Moreau... Moreau se venger
« de moi sur ses compatriotes, sur sa patrie ;
« oh !! Moreau est faible, sans énergie, sans
« noblesse dans son ambition ; cependant de
« lui à un Jomini... un renégat, un transfuge,
« il y a loin... Je ne crois pas à cette nouvelle...
« De qui la tenez-vous ? »

« Je ne répondis pas catégoriquement à cette
demande, et vous savez pourquoi, » dit le duc
en souriant ; « il y avait trop de tristesse dans

ce compte-rendu de Prague pour que je pensasse à amuser l'Empereur avec l'épisode de l'étrange Fœdora.

« L'occupation de Breslau, » reprit l'Empereur, « est bien autrement importante. Ceci
« est un fait accompli et qui est gros d'incal-
« culables conséquences... Il faut recommen-
« cer à combattre, et il faut vaincre, sous
« peine d'être rejetés au-delà du Rhin... Mais
« enfin, que prétend donc l'empereur d'Au-
« triche? Les traités n'ont-ils pas été librement
« consentis? les ai-je violés? De quelle raison
« le cabinet de Vienne masque-t-il sa conduite
« envers moi? »

Je gardais le silence. Il savait par ma correspondance que j'avais épuisé sur cette question les arguments les plus serrés sans obtenir satisfaction. Je l'ai dit, c'était un parti pris par les puissances d'anéantir la France.

« Eh bien! » s'écria-t-il, « le sort en est
« jeté. J'ai trois cent mille fantassins, quarante
« mille chevaux, une artillerie formidable. La
« Saxe m'est et me demeurera fidèle; elle sera
« le théâtre de mes opérations... Je les force-
« rai bien à faire la paix... Tout n'est pas
« perdu, Caulaincourt! Il y a encore là, » dit-il

en se frottant le front, « de la résolution et
« des moyens d'exécution ; je ne me laisse pas
« abattre, moi !... J'ai conçu un projet hardi ;
« c'est une de ces inspirations qui commandent
« à la fortune ; mais pour tenter cette auda-
« cieuse manœuvre, il faut savoir brûler ses
« vaisseaux... Approchez, Caulaincourt ! » Il
s'était penché sur une carte de Prusse. « De
« Düben je puis marcher droit sur Berlin et
« m'en emparer sans coup férir ; j'écraserai
« Bernadotte et Blücher dont l'imprévoyance
« a laissé Berlin à découvert... Blücher est un
« bon sabreur, mais un mauvais général. Ar-
« rivé dans le cœur de la Prusse, je dégage
« mes places fortes.... » Il remarqua ma
surprise. « Oh! je sais bien que cette idée
« est hardie ; mais c'est en quittant les sen-
« tiers battus qu'on déconcerte un plan de
« campagne longtemps médité par l'ennemi.
« En profitant du premier moment de stu-
« peur, je puis, par un coup désespéré, chan-
« ger la face des choses. Voyez, voyez, Cau-
« laincourt ; suivez-moi avec attention. Düben
« est un point de jonction qui couvre mes
« projets ; l'ennemi croira que je fais mes dispo-
» sitions pour m'appuyer sur Leipsig, tandis

« qu'avec toutes mes forces réunies, je mar-
« cherai droit sur Berlin... Cette manœuvre
« est immense ; mais si je suis compris et se-
« condé, j'ai la conviction qu'elle réussira et
« qu'elle décidera du sort de la campagne. »

« Oui, ce plan était admirable, » continua avec feu le duc de Vicence, « ce fut une des plus hautes conceptions de ce prodigieux génie qui place Napoléon au-dessus d'Alexandre.

« Son projet d'enlever Berlin était grandiose; nous le discutâmes en l'envisageant sous toutes ses faces; je partageais l'opinion de l'Empereur, que le succès en était au moins très-probable ; et d'ailleurs, dans les circonstances désespérées où nous nous trouvions, la témérité pouvait mieux nous servir que la prudence. Au reste, l'événement a prouvé que, dans toutes les hypothèses possibles, la combinaison de marcher sur Berlin ne pouvait pas être plus désastreuse que notre mouvement rétrograde sur Leipsig. Mais, comme il l'avait dit, il fallait pour cela trouver des hommes disposés à brûler résolument leurs vaisseaux. Je reviendrai plus tard sur la triste scène dont je fus témoin, lorsqu'à Luben, au moment de recevoir leur exécution, les plans de l'Empereur furent connus. Il ne faut pas qu'il soit le bouc émissaire chargé seul de la responsabilité des malheurs de la France. A chacun ses œuvres...

« La nuit s'écoulait; mais ni lui ni moi ne pensions au repos. La tête remplie de mille idées, il parcourait son cabinet à grands pas. Tout à coup il s'arrête devant moi, et sans aucune transition : « Murat est arrivé. » Après quelque hésitation : « Je lui ai donné le com« mandement de ma garde... »

« Je ne pus retenir un mouvement.

« — Ah parbleu, je le sais bien!... je l'ai
« d'abord mal reçu, et puis j'ai cédé à ses
« instances. Celui-là au moins ne me trahira
« pas les armes à la main; il se bat bien, il est
« brave comme son épée... Que voulez-vous,
« Caulaincourt, il est certaines prévisions
« dont il faut se défendre. Tant que je serai
« heureux, Murat suivra ma fortune... Lais« sons cela... j'ai assez d'affaires sur les bras
« sans aller fouiller dans l'avenir. »

« L'Empereur dut s'imposer une grande violence pour revoir Murat. A Smorghoni, où il reçut le commandement en chef des restes mutilés de notre malheureuse armée, le roi de Naples l'avait abandonnée... Depuis, sa conduite vis-à-vis de Napoléon avait été au moins équivoque. Dernièrement encore, il avait offert à l'Autriche de servir de médiateur entre la France et la coalition. Ce n'est pas croyable, et cela est vrai. Non seulement cette proposition était absurde, car il savait fort bien qu'il ne disposait pas de la volonté de l'Empereur; mais il y avait une arrière-pensée coupable dans cette flagornerie. Elle s'est développée plus tard... Nous connaissions aussi ses intrigues avec lord Benting; une entrevue avec cet Anglais avait eu lieu dans l'île de Pouza. En apprenant ces démarches, l'Empereur était entré dans une terrible colère et m'avait dit: « Murat est un traître ou un fou... il mérite « d'être fusillé ou envoyé à Charenton, il n'y « a pas de milieu. » Mais les événements marchaient avec une rapidité dévorante; l'Empereur en était arrivé à mettre chaque jour en pratique ce vieil adage: nécessité fait loi, et c'était en vérité une dure nécessité que celle qui le forçait à dissimuler l'expression de son mépris pour tant d'ingratitude. Je m'arrête... la tombe recouvre l'ingrat et ses erreurs!...

« Pendant mon séjour en Bohême, l'Empereur avait vu l'Impératrice à Mayence. Il me parla de ce rendez-vous donné à sa Louise avec un entraînement de jeune homme ; alors il faisait trêve aux soucis, et sa physionomie radieuse n'offrait aucune trace des émotions douloureuses du commencement de notre entretien. Il sortit de la poche de son gilet une petite miniature du roi de Rome peint par Isabey, et c'était bien réellement alors un charmant enfant. Pauvre jeune homme !... Dans son nouveau ménage, Napoléon était un bon bourgeois chérissant sa femme et son fils. Ses manières brusques et souvent peu convenables en public vis-à-vis des femmes, étaient un contre-sens avec ses habitudes affectueuses et polies dans son intérieur.

« Il faut avoir vécu dans l'intimité de Napoléon pour parler de lui avec équité. Moi-même, qui le sais par cœur, à mesure que le temps nous sépare il m'apparaît comme un beau rêve. Et le croirez-vous ? ce qui l'idéalise dans mes souvenirs, c'est bien moins le héros remplissant le monde de sa gigantesque renommée, que l'homme pris dans les détails de la vie intime ; c'est là un de ces contrastes dont l'étude est pleine de charmes.

« Dans ses jours de bonne humeur, il avait

une verve de gaîté, des joies d'enfant inimaginables. Quand il voulait en prendre la peine, il était moqueur de bon goût ; et malheur alors à celui ou à celle qui tombait sous le coup de ses plaisanteries. Il singeait avec un talent d'imitation parfait Cambacérès et Kourakin, et comme il *savait tout*, ainsi qu'il le disait lui-même, il était fort au courant de leurs peccadilles et autres détails très-drôles, je vous le jure...

« — Dites-nous donc, je vous en prie quelques uns de ces détails très-drôles?

« — Cela n'est pas si facile que vous le croyez, » répondit le duc en riant, « et je suis sûr que tout à l'heure vous me prierez de me taire.

« — Du tout, du tout ; je suis folle des histoires, arrangez-m'en une pour moi.

« — Eh bien ! Je vais vous raconter une malice que fit l'Empereur à son excellence le prince Kourakin, ambassadeur de toutes les Russies.

« En janvier 1812, il y eut spectacle à la Cour. Vous connaissez la disposition de la salle. L'Impératrice était placée dans une grande loge au milieu avec ses dames ; de chaque côté, les femmes des hauts dignitaires, toutes nominativement invitées par leurs majestés, occupaient le premier rang. A l'extrémité de droite, la loge de l'Empereur était immédiatement avant celle du corps diplomatique.

« Ce pauvre Kourakin, le plus laid des hommes certainement, avait la manie de se barder de diamants de la tête aux pieds. L'Empereur disait que le lustre pâlissait devant l'éclat de Kourakin et qu'il conseillerait à Duroc de faire l'économie de cent bougies quand l'ambassadeur de Russie assistait au spectacle. Ce soir là, on représentait un acte de la Jérusalem délivrée. La délicieuse Grassini, qui ne chantait qu'au théâtre de la cour; Crivelli, Porto, faisaient merveille; Tacchinardi conduisait les chœurs : c'était un ensemble admirable et tous les regards s'attachaient sur la scène. Kourakin, brillant comme un soleil, se pavanait sur le devant de sa loge, avec une complaisance charmante; insensible aux délices de la musique, il n'y prêtait aucune attention; un seul objet captivait, sinon ses oreilles, au moins ses yeux. L'étiquette ne lui permettant pas de présenter le dos à l'Empereur, au risque de se donner un torticolis il avait la tête constamment tournée vers la comtesse L***, placée sur le second rang à droite, et à laquelle il faisait en tapinois les plus plaisantes mines du monde. Tantôt il battait la mesure sur le bord de sa loge avec ses gros doigts surchargés de bagues chatoyantes, tantôt il jouait avec ses aiguillettes enrichies des plus beaux diamants qu'on pût voir. Plusieurs fois Duroc et moi, placés derrière l'Empereur, nous avions échangé quelques remarques sur les agaceries que ce grotesque Kourakin semblait adresser à la jeune et jolie comtesse L***, passablement coquette d'ailleurs, rusée personne s'il en fut; mais le moyen de penser à mal?...

« Après le spectacle, l'Empereur conduisit l'Impératrice dans ses appartements. Je me rappelle qu'elle avait au côté gauche un bouquet en pierreries de toutes couleurs, imitant des fleurs détachées. C'était magnifique, et voilà l'Empereur s'extasiant tout haut sur ces diamants qu'il connaissait fort bien; puis apostrophant Kourakin, il entre dans une grande dissertation sur la beauté et la valeur des brillants dont l'ambassadeur était littéralement farci. « En vérité, prince, vous portez sur vous les « mines de Golconde. »

« Kourakin de saluer.

« — Vous êtes éblouissant... »

Nouveau salut renforcé.

« — Vous êtes réellement irrésistible....

« — Ah, sire! »

« Et le gros Kourakin de faire la roue, de se rengorger comme un paon, non sans jeter de langoureux regards sur la vaporeuse comtesse L***, qui paraissait assez embarrassée de sa contenance.

« Une heure après, l'empereur, rentré chez lui de la meilleure humeur du monde, en déshabillé, la porte close, nous mit au courant, Duroc et moi, de la petite pièce qui avait fait suite à la Jérusalem délivrée.

« Kourakin, » nous dit-il, « s'est persuadé
« qu'il est amoureux de madame L***; après
« avoir roucoulé quelques jours sans succès,
« il a risqué une déclaration brûlante. La ma-
« licieuse femme a écrit au bas du poulet qu'elle
« a dignement renvoyé : « Votre excellence
« s'est trompée ; c'est à Mademoiselle Bigotini
« que cette déclaration est adressée. » Autre
« message ; pas de réponse. Changement de
« batterie : Kourakin se regarde dans la gla-
« ce, et comprend sans doute qu'il doit se

« cacher sous des monceaux de merveilles de
« toutes sortes. Chaque matin, arrive à l'hôtel
« de la cruelle un colossal bouquet, escorté
« d'une corbeille remplie de magnifiques ba-
« gatelles de chez Sike, dont le mémoire, pour
« les préliminaires, passe déjà 20,000 francs;
« et notez que, dans son innocence, madame
« L*** assure de la meilleure foi du monde
« qu'elle reconnaît bien là la galanterie du gé-
« néral (son mari), qui pendant ses longues
« absences, veut se rappeler à son souvenir par
« les plus jolies surprises. »

« Nous nous mîmes à rire; nous connaissions le général L***, qui de sa vie n'eut à se reprocher une prodigalité....

« Attendez, attendez, » reprit l'Empereur. « Hier au soir madame L*** est allée à l'opéra,
« et ensuite au bal, à Neuilly, chez Pauline.
« De retour chez elle, à trois heures du matin,
« son domestique retire de la voiture la pe-
« lisse et une boîte en cuir de Russie.

« — Qu'est-ce que cela, Jean?

« — J'ai trouvé cette boîte sur le coussin de
« la voiture, auprès de la pelisse de madame
« la comtesse.

« — Je l'avais oubliée.... c'est bien, Jean.

« — Et quand elle fut seule, par désœuvre-
« ment, je pense, elle ouvrit la boîte; c'était
« éblouissant. « Mon Dieu ! que cette parure
« est belle!.... mais il est si laid !!! » ajouta-t-
« elle en soupirant profondément. » Et l'Empereur minaudait et imitait si bien les gentilles
manières de madame L***, que nous nous en
tenions les côtés.

« — La fin, sire, la fin...

« — Ah, pardieu ! vous êtes bien curieux.
« La fin, la fin tourne court. J'ai fait donner
« ce matin à madame L*** le conseil de ren-
« voyer à qui de droit la boîte de cuir de Rus-
« sie, si mieux elle n'aimait aller réfléchir aux
« dangers de la coquetterie dans son vieux
« castel en Auvergne. Je ne veux pas que les
« femmes qui ont l'honneur d'être admises à
« faire leur cour à l'Impératrice, essaient de
« ces petites espiègleries, dignes des grandes
« dames de la cour du régent. Kourakin en
« sera quitte pour les mémoires de madame
« Bernard et de Sike. Il faut qu'il reçoive une
« leçon ; mais il gardera ses diamants. »

Les rires recommencèrent et l'Empereur
se frottait les mains en répétant d'un air triom-

phant : « Je sais tout, moi, ha ! ha !... Voulez-
« vous parier, M. le grand écuyer, que je con-
« nais toutes vos fredaines!

« — Je prie votre majesté de m'en garder le
« secret avec la même discrétion dont j'use à
« son égard.

« — Ah, baste.... c'est de l'ancien testa-
« ment cela, Caulaincourt; demandez à Duroc
« ce qu'il me passe pour mes menus-plaisirs...
« Maintenant, je suis un bon bourgeois de la
« rue Saint-Denis, rangé comme une fille....
« Et bonsoir, en voilà assez de mes réminis-
« cences de sous-lieutenant. »

« Mais, » dit le duc de Vicence, « je me suis
étrangement éloigné de mon récit. Des Tuileries, en janvier 1812, à Gorlitz, au mois d'août
1813, il y a une incommensurable distance!....
En 1812, tout était prospère, beau, délirant autour de nous, et l'avenir plein de magnifiques
promesses; en 1813, la mort avait tout fauché
dans nos rangs....; tout était grave, sombre,
menaçant; le présent dévorait l'avenir.... Quel
avenir, bon Dieu!!

« Peu de jours après mon arrivée à Gorlitz,
la déclaration de guerre de l'Autriche contre la

France fut notifiée officiellement. De toutes parts arrivaient de désastreuses nouvelles; la trahison s'échelonnait partout; il ne fallait plus compter sur la Bavière; chaque heure marquait une lâche défection, une nouvelle angoisse. On lira froidement dans l'histoire cette phase inouïe qui a emporté notre vie, à nous, spectateurs des dernières convulsions de l'Empire.

« Le prince de Schwartzemberg commandait l'armée autrichienne, forte de 130,000 hommes, et 80,000 Russes marchaient sur Dresde. L'Empereur envoya Murat avec une partie de la garde, pour protéger Dresde et rassurer l'excellent roi de Saxe qui avait déclaré ne pas vouloir séparer sa cause de celle de Napoléon. Deux jours après le départ du roi de Naples, un courrier expédié en toute hâte apporta la nouvelle que l'ennemi était aux portes de la ville. « Plus un jour de repos !... » dit l'Empereur avec un accent pénétré, et il fit appeler Gourgaud, brave et intelligent officier d'ordonnance qu'il affectionnait beaucoup.

« Partez à l'instant même pour Dresde,
« Gourgaud, courez ventre-à-terre, il faut
« que vous y soyez cette nuit. A quelque heure

« que vous arriviez, faites-vous introduire
« auprès du roi de Saxe; dites-lui de ma part
« que demain je me porterai de ma personne
« sur la route de Pyrna. Dites au roi de Naples,
« au maréchal Saint-Cyr, au duc de Bassano,
« à Durosnel, qu'ils ne se laissent pas intimi-
« der par un coup de main que l'ennemi
« pourrait tenter sur Dresde; qu'ils tiennent
« seulement vingt-quatre heures... J'amène
« quarante mille hommes et je suis en mesure
« de rassembler toute l'armée en trente-six
« heures sous les murs de Dresde... Allez chez
« le commandant du génie, visitez avec lui les
« redoutes et l'enceinte de la ville. Quand vous
« aurez bien vu, prenez des notes et revenez
« vite me retrouver à Stolpen; j'y serai cette
« nuit. Partez, Gourgaud, de la célérité. »

Et le lendemain, à onze heures du soir, l'infatigable Gourgaud était de retour au quartier-général. Cette mission, remplie avec la sagacité qui distinguait cet officier, était très-importante. Le compte qu'il rendit fut si alarmant, que l'Empereur ne voulait pas y croire. Dresde courait les plus grands dangers, l'armée russe s'avançait à marches forcées; Platow et ses hordes, avant-garde satanique, signalaient leur présence par l'incendie et la destruction; les Cosaques s'étaient déjà emparés d'un village situé à une demi-lieue des grands jardins et y avaient mis le feu; Saint-Cyr se disposait à évacuer cette position, n'ayant pas des forces suffisantes pour la défendre.

« Mais enfin, » dit vivement l'Empereur, « quel est donc l'avis du duc de Bassano ?

« — Sire, il ne pense pas qu'on puisse tenir « encore vingt-quatre heures.

« — Cela est impossible !.... Et vous Gour-« gaud ?

« — Moi, sire, je pense que la ville sera « prise demain, si votre majesté n'est pas là...

« — Gourgaud, n'avancez rien dont vous ne « soyez sûr...

« — Sire, j'ai tout vu, tout examiné. « J'affirme sur ma tête à votre majesté que « sa présence seule peut sauver Dresde. »

« Cette réponse hardie décida l'Empereur; il réfléchit quelques instants, fit appeler le général Haxo et, le doigt sur la carte, il improvisa avec une rapidité et une clarté qui nous frappèrent de surprise, les mouvements des différents corps épars qu'il rassemblait comme avec une baguette de fée, pour voler, c'est le mot, à la défense de Dresde. Il analyse savamment le plan de l'ennemi en lui opposant ses propres combinaisons. Un moment lui avait suffi pour embrasser d'un coup-d'œil l'ensemble de toutes les opérations.

« Partez, Haxo, faites partout exécuter mes
« ordres... Je vous rends responsable de leur
« exécution immédiate... Dites à Vandamme
« que, retranché comme il l'est dans les défilés
« inexpugnables de Peteswalde, il attende le
« résultat de ce qui va se passer à Dresde...
« C'est à lui que je réservé l'honneur de ra-
« masser l'épée des vaincus... Il faut du sang-
« froid, et Vandamme est ardent ; expliquez-
« lui bien ce que j'attends de lui. Partez à
« l'instant, général Haxo. »

Puis, se retournant vers Gourgaud : « il faut
« prendre un cheval frais, mon pauvre Gour-
« gaud, et retourner à Dresde en toute hâte.
« Annoncez hautement que je commanderai
« en personne... Ma vieille garde me devan-
« cera... Dites au roi de Naples qu'il soutienne
« l'honneur de nos armes jusqu'à mon arri-
« vée... Que chacun centuple son activité et
« soit à son poste... Je ne puis être partout,
« moi !... Annoncez aussi à mes troupes que

» demain au soir je serai au milieu d'elles.
« Allez, Gourgaud, de la célérité surtout;
« crevez dix chevaux, mais arrivez : le sort de
« Dresde dépend de votre ponctualité. »

En même temps des ordonnances s'élançaient de tous les côtés. La vieille garde rassemblée à la hâte défilait sous nos fenêtres au pas redoublé et au cri de « vive l'Empereur, en avant sur Dresde! » Toute la ville était en mouvement, chacun courait à son poste avec une ardeur incroyable. La volonté d'un seul électrisait la volonté de tous. Nous sommes encore trop près de ces merveilles, pour apprécier l'époque que je raconte. Un jour viendra où elle paraîtra fabuleuse ; mais ce qu'il est juste de mentionner aussi, c'est la part qui revient à chacun dans les gloires de Napoléon. Il faut dire que jamais chef ne rencontra plus de dévouement, une obéissance plus intelligente dans ses subordonnés. C'était avec la rapidité d'une flèche qu'on transmettait ses ordres d'un lieu à un autre, sans calculer ni les difficultés ni les distances; sans songer aux fatigues ni aux besoins matériels. L'honneur d'occuper les postes les plus dangereux, de remplir les missions les plus difficiles, était brigué comme une récompense. On plaçait le devoir bien au-dessus de la vie. Il faudrait nommer tous les officiers de l'armée pour rendre à chacun personnellement la justice qui lui est due.

« Je n'entrerai pas, » dit le duc de Vicence, « dans les détails de cette terrible bataille de Dresde, qui dura trois jours; vous les avez lus partout. Je vous raconterai seulement, » ajouta-t-il en riant, « ce que vous appelez *les choses de Napoléon*.

« — Merci, » dis-je en lui tendant la main, « bien que vous me jugiez indigne d'une bataille, je n'en suis pas moins un auditeur attentif, croyez-le... et je n'oublierai jamais ni votre inépuisable complaisance, ni *les choses de Napoléon*. Elles resteront dans ma tête et dans mon cœur. »

CHAPITRE X.

« Le 26 août au matin, nous entrâmes dans Dresde. Des hourras impossibles à décrire éclatèrent, lorsque les troupes aperçurent l'Empereur à l'entrée du pont. La jeune et la vieille garde se précipitèrent au devant de lui. En un moment le pont fut tellement encombré, que nos chevaux, pressés les uns contre les autres, ne pouvaient faire un pas.

« Rien ne peut retracer cette bruyante joie, ce délire. « Le voilà ! le voilà ! — C'est lui ! » Et les cris de « vive l'Empereur ! » retentissaient sur toute la rive. La voix des officiers était impuissante pour rappeler les soldats. « Laissez, laissez-les.... « s'écrie Napoléon. « Il faudra bien qu'ils finissent par me faire « place pour aller avec eux battre l'ennemi. »

Les paroles de l'Empereur volent de bouche en bouche, et aussitôt ces hommes se resserrent, s'étouffent pour nous livrer passage.

« Son entrée à Dresde fut une entrée triomphale ; aucun de ceux qui y ont assisté ne l'oubliera. Toutes les mains battirent à son approche, toutes les bouches le saluèrent de leurs cris d'enthousiasme. Des hommes, des femmes, des enfants, mêlés aux soldats, nous escortèrent jusqu'au palais d'où le roi de Saxe descendit, pour recevoir Napoléon et le presser dans ses bras devant tout le monde.

« A la consternation la plus profonde succéda une joie délirante, une confiance sans bornes ; et il était temps, car les lignes ennemies couronnaient déjà les collines qui entourent la ville. Ce fut un beau, un rassurant spectacle, que le défilé de cette imposante garde impériale et de ces fiers cuirassiers de Latour-Maubourg, marchant la tête levée et jetant un regard de défi sur les hauteurs où se massaient d'innombrables ennemis.

« Les troupes défilèrent jusqu'au soir pour aller occuper les positions qui leur étaient indiquées. L'Empereur se portait sur tous les points, préparant une attaque générale. Les

Russes et les Autrichiens faisaient aussi leurs dispositions. Les colonnes prussiennes se plaçaient dans le Gross-Garten. Tout était en mouvement dans les deux camps, et il y avait dans cette attente d'un grand événement quelque chose de sombre et de solennel. On se pressait la main en silence. Nous ne courions plus à ces brillantes conquêtes, qui, à chaque campagne, étendaient la domination du pays. A cette heure, chacun, à part soi, pensait que nous combattions pour défendre nos foyers... Oh! croyez-le, il y avait une douleur bien poignante au fond de cette pensée.

« A trois heures l'affaire s'engagea. On se battit avec un acharnement sans exemple jusqu'à neuf heures du soir. Nous rentrâmes au palais vers minuit. L'Empereur n'avait pris aucun repos depuis trente-six heures, et cependant il passa toute la nuit debout à dicter des ordres. Il fallait avoir un corps de fer pour résister à la vie que nous menions depuis cinq mois. Il m'est arrivé souvent de m'endormir complètement, à cheval, au bruit du canon; mais, qui aurait songé à soi, quand l'Empereur faisait si bon marché de sa personne? A quatre heures il se jeta sur son lit de camp;

mais, vingt minutes après, s'éveillant en sursaut : « Caulaincourt, êtes-vous là? Courez au
« camp; prenez le travail que j'ai tracé avec
« Dalbe; les corps de Marmont et de Victor
« sont arrivés cette nuit; vérifiez leurs forces
« et voyez si elles sont en rapport avec les
« positions que je leur ai assignées sur le ter-
« rain..... Ceci est essentiel, Caulaincourt,
« examinez avec vos propres yeux, ne vous en
« rapportez qu'à vous-même. »

« La pluie tombait par torrents; le camp présentait l'image de la désolation. Nos hommes, arrivés à marches forcées et exténués de fatigue, bivouaquaient dans la boue. Les feux s'éteignaient dans ce déluge; je pris mes notes, et je donnai quelques ordres pour le service de l'escorte du jour. Je rejoignis l'Empereur, que je trouvai debout près d'une croisée, interrogeant d'un regard soucieux l'état du ciel. Le jour commençait à poindre, « Quel horrible
« temps, » dit-il avec humeur, « c'est un
« mauvais présage.

« Napoléon était superstitieux, et il n'aimait pas qu'on se dît esprit fort; il disait qu'il n'y avait que les sots qui défiassent l'inconnu.

« A six heures du matin, l'Empereur monta

à cheval, et nous sortîmes par la porte de Freiberg, pour nous rendre au camp. Le feu, un épouvantable feu recommença ; c'est dans cette seconde journée que Moreau fut mortellement blessé. Le roi de Naples fit des prodiges de valeur ; il eut deux chevaux tués sous lui. Murat était vraiment bien beau sur le champ de bataille ; sa haute taille, sa figure fortement caractérisée, ses yeux étincelants, son costume théâtral, tout lui donnait une apparence fantastique; et lorsque, le premier en tête, sa témérité lui faisait exécuter les charges les plus audacieuses, il commandait l'admiration générale.

« Du côté de Corbitz, il y eut un engagement terrible avec les Autrichiens. Nous perdions beaucoup de monde, sans pouvoir parvenir à enfoncer leur centre. L'Empereur fit appeler Murat : « Portez-vous là, » lui dit-il en désignant Corbitz avec sa lunette ; « prenez « les cuirassiers Latour-Maubourg... décidez « la victoire. » Et le roi de Naples, à la tête de sa cavalerie, s'élança intrépidement, exécuta d'admirables charges, et décida de cet avantage partiel. Les trois brigades de Metzko furent culbutées, dix mille hommes se rendirent prisonniers. Ce fut un magnifique fait d'armes.

« Ils débutent par une rude leçon ! » dit l'Empereur, en voyant passer la colonne des prisonniers autrichiens qu'on faisait filer sur Pyrna. Je le vis sourire aux propos d'un dragon blessé qui suivait la colonne, en se rendant à l'ambulance. La douleur que devait lui causer sa blessure disparaissait devant le plaisir de narguer les Autrichiens, contre lesquels nos soldats se battaient avec furie. Il y a dans les masses un instinct admirable pour discerner le juste de l'injuste. Et le dragon, d'un ton goguenard, disait aux prisonniers : « Dites « donc, parpaillots d'Autrichiens, les dragées « de France sont sucrées, n'est-ce pas ? Vous « êtes des dénaturés de vous battre contre votre « sang, entendez-vous ? » Il semblait, en vérité, que chaque soldat prît fait et cause dans la querelle de famille qui se vidait sur le champ de bataille entre Napoléon et l'Autriche.

« Pendant l'action, l'Empereur commanda en personne une effroyable canonnade, dirigée sur les hauteurs de Roeknitz, où les masses énormes des alliés ne permettaient pas de tenter une attaque. A ses mouvements vifs et heurtés, à l'impatience nerveuse de son commandement, on comprenait les déchirements de cette âme fougueuse en présence de l'armée autrichienne... Une fois il se retourna vers moi et me dit : « Les misérables conseillers de « l'empereur François devraient être tenaillés... « C'est une guerre inique, impie... Comment « cela finira-t-il? »

« Je vais encore vous citer un trait de cette admirable vieille garde si dédaignée, si maltraitée après la chute de Napoléon. Moi, qui l'ai suivie de près, je serai son éternel panégyriste. C'est que, voyez-vous, l'humble habit de chaque soldat recouvrait un héros aux formes rudes, au noble cœur, à la fidélité chevaleresque. Les phalanges romaines pâlissent devant la physionomie de la garde impériale. Fontainebleau, Waterloo, l'inscriront en lettres d'or dans l'histoire. C'est une des traditions les plus étonnantes de l'empire.

« N'est-ce pas un fait digne d'attention que les rapports d'attachement, de confiance, de familiarité intime qui s'étaient établis entre de pauvres soldats et le souverain le plus absolu qui eût jamais existé. Quel est celui d'entre nous, si haut placé qu'il fût, à qui il serait tombé à l'esprit d'essayer cette espèce de camaraderie qui existait réellement entre l'Empereur et ses vieilles moustaches? Et ces hommes eussent-ils jamais osé parler au dernier de leur sous-lieutenant comme ils parlaient au chef redouté de l'armée. C'est que pour ces hommes simples et grossiers, vieillis à côté de lui dans les camps, Napoléon était un être à part de tout; il résumait pour eux Dieu, patrie, famille; il leur avait inspiré une langue qu'ils ne parlaient qu'avec lui seul, des mots qu'ils ne trouvaient qu'en sa présence. Rien ne divertissait Napoléon comme ces boutades auxquelles il répondait toujours avec une bonté paternelle.

« Vers le milieu de la journée, la pluie redoubla de violence. L'Empereur, constamment à cheval depuis l'aube, était dans un état déplorable; une lassitude extrême se peignait sur son visage et dans ses mouvements.

« A gauche, du côté de Gross-Garten, un bataillon de grenadiers de la vieille garde, groupé autour d'une batterie, avait soutenu depuis le commencement de l'action dix assauts contre la cavalerie de Beningsen. La conservation de cette batterie était fort importante. Le feu sembla s'y ralentir un moment;

l'Empereur s'en aperçut, piqua des deux et fondit, au milieu d'un engagement très-vif, entre la cavalerie ennemie et nos artilleurs, qui se dégagèrent encore une fois. Le terrain était jonché de cadavres. « Cette position nous « coûte cher, » dit-il avec humeur ; puis, radoucissant sa voix et son regard : « Je savais « bien que ma garde ne la céderait pas aux « Russes. »

« Qu'ils y reviennent donc, les tappe dur » fait avec un geste menaçant un artilleur dont la tête, fendue d'un coup de sabre, est bandée avec un mauvais mouchoir imprégné de sang ; et, se tournant vers l'Empereur : « Vot' place « n'est pas ici, à vous ? vous êtes plus malade « que d'aucun... suffit... Faut aller vous re-« poser.

« — Quand nous aurons gagné la bataille, » répondit l'Empereur,

« — Quant à ce qui est de çà, je leur envoie « de fameuses croquignolles aux Russes et aux « Autrichiens accouplés comme des plats qu'ils « sont, sacredié !

« — Nous les mangerons tous, » ajouta un grenadier, « mais le camarade a raison ; vous, « sire, qu'êtes trempé comme une soupe, faut

« aller vous rechanger, notre empereur ; je
« vous dis ça, moi ; » et le brave homme donnait à sa voix le ton de la prière qu'un fils adres-
serait à son père chéri.

« — J'irai me reposer avec vous tous, mes
« enfants.

« — C'est-y c'te batterie qui vous tient au
« cœur?... Dites donc, les grenadiers, pas
« vrai que les Russes n'en tâteront pas. » Des
cris d'approbation lui répondirent. « — Vous
« voyez bien?... puisqu'on vous dit qu'on vous
« en répond de la batterie, allez vous reposer.

« — Bien, mes amis, bien... Je compte sur
« vous ; » et, remettant son cheval au galop,
il s'éloigna en souriant.

Jamais l'Empereur n'exécuta de plus belles
manœuvres, ne déploya une présence d'esprit
et une activité plus étonnantes : il se portait
sur tous les points menacés, bravant la mitraille comme le dernier des soldats ; il semblait
grandir avec le malheur.

« Vers le soir, nous étions vainqueurs sur
tous les points. Trente mille hommes hors de
combat, deux cents pièces ou caissons d'artillerie et une quantité énorme de fourgons
furent les trophées de ces deux journées.

Dresde en était littéralement encombrée. Nos troupes avaient fait des prodiges pendant l'action; les chefs ne pouvaient contenir l'ardeur des soldats qui n'attendaient pas l'ordre du commandement, qui se précipitaient tête baissée sur l'ennemi. A plusieurs reprises l'Empereur enthousiasmé s'écria : « Quelles troupes ! et ce sont « là de nouvelles recrues?... C'est incroyable ! » Nous n'avions guère que cent mille hommes en ligne, l'ennemi était trois fois plus nombreux; ses troupes fraîches entraient en campagne; les nôtres, au contraire, n'avaient pas pris un seul jour de repos depuis trois mois; elles manquaient le plus souvent du strict nécessaire; harassées de fatigue par les marches forcées de ces derniers jours, elles arrachèrent cependant la victoire à force de sang et d'intrépidité. Oh! quels que soient nos désastres, et l'humiliante attitude de la France depuis 1814, c'est un beau titre de gloire que le nom de Français. »

Le duc de Vicence cessa de parler. Chaque fois que sa pensée se reportait vers les scènes glorieuses de l'empire, sa physionomie s'éclaircissait dans le feu d'une noble inspiration. Alors sa haute taille affaissée semblait se redresser fière et menaçante, et sur ce front cruellement labouré, on retrouvait la confiance et l'audace; c'était encore le grand écuyer du grand Napoléon ! Et puis un amer découragement, une tristesse profonde succédaient à ces éclats de vie; son regard exprimait alors une mélancolie si vraie, si pénétrante, qu'on ne pouvait soutenir sa vue sans éprouver un sentiment pénible. Quel douloureux contraste, en effet, entre la position de cet homme à la vie naguère si brillante et si hasardeuse, et celle du pauvre malade, assis là, à Plombières, dans une modeste chambre d'auberge, racontant simplement Napoléon et ses merveilles, en s'effaçant toujours, lui qui avait joué un rôle si actif dans la grande histoire !!

« Nous ne rentrâmes au palais qu'à onze heures, » reprit le duc, « les vêtements de l'empereur étaient si mouillés que l'eau en ruisselait; la nuit il eut un accès de fièvre; cependant lorsque j'entrai chez lui à quatre heures du matin, je le trouvai debout, prêt à monter à cheval. « Tout n'est pas fini, » dit-il;
« il faut harceler l'ennemi dans sa retraite et
« dégager Dresde et ses environs... Le roi de

« Naples et Victor les poursuivront sur la rou-
« te de Sayda; Marmont, sur Altemberg;
« Saint-Cyr, sur Dohna, et Mortier, avec la
« jeune garde, par la chaussée de Pyrna. C'est
« toujours à recommencer... » ajouta-il en
soupirant : « allons au camp, Messieurs. »

« Nous descendîmes. Le jour pointait à peine. En apercevant l'escadron de service rangé en bataille dans la cour du palais, l'empereur ne put retenir une exclamation de surprise. C'étaient les mêmes grenadiers à cheval de la vieille garde qui la veille lui avaient servi d'escorte et qui étaient rentrés avec nous le soir à Dresde, crottés et mouillés jusqu'aux os. A les voir, dès cinq heures du matin, en tenue magnifique, présentant leurs armes aussi brillantes qu'à une parade des Tuileries, on eût dit quelque chose de magique : c'était de la féerie. « Braves gens!... vous avez donc
« passé la nuit à vous faire beaux, au lieu de
« dormir, » leur dit l'empereur avec un accent de reproche et de bonté parfaite.

« — Dormir? il n'en retourne pas souvent
« de cet ingrédient-là... mais c'est égal... Et
« vous donc, qu'a été mouillé hier que ça fai-
« sait pitié !

« — C'est mon métier, mes enfants.

« — Tu as servi en Égypte, toi? » dit-il à un maréchal-des-logis à la mine rébarbative.

« — Je m'en flatte, » répondit-il en se redressant fièrement. « Vous ressouvenez-« vous d'Aboukir ; il faisait rudement chaud « aussi là..

« — Tu n'es pas décoré?

« — Ça viendra... » dit-il d'un ton bourru.

« — C'est venu... je te donne la croix. »

« Le pauvre diable, stupéfait de bonheur, attache sur l'empereur un regard dont on ne peut peindre l'expression ; des larmes coulent sur sa noire figure balafrée. « Je me ferai tuer « aujourd'hui pour lui, c'est sûr », balbutie-il et, dans son ivresse, il saisit un pan de la fameuse redingotte grise, en déchire avec les dents un morceau qu'il passe à sa boutonnière.

« — En attendant la rouge, notre empereur? »

« L'empereur ému lança son cheval au galop, et toute l'escorte nous suivit en poussant des cris de joie. Le roi de Saxe, présent à cette scène, fit remettre le soir vingt-cinq beaux napoléons d'or tout neufs au nouveau décoré « pour acheter un ruban rouge », lui fit-il dire.

« Vous me comprendrez, n'est-ce pas, » me dit le duc, « lorsque je vous dirai qu'à treize années de distance mon cœur se gonfle encore en rappelant ces traits.

« — Je le crois bien, » répondis-je ; « si j'osais, je pleurerais.

« — En ce temps-là, c'était chose si commune, que nous ne nous arrêtions pas sur ce qu'avait de prodigieux cette adoration du soldat pour Napoléon. J'en ai conservé un pieux souvenir à opposer aux viles apostasies dont j'ai été témoin.

« Depuis cette époque, j'ai par-ci par-là retrouvé encore quelques bonnes heures. L'année dernière, par exemple, je me rendais à ma terre. Entre Alençon et V***, petit village, nous rencontrâmes un relai de retour. Mon postillon me demanda la permission de faire l'échange d'usage. Tout en attelant, le nouveau venu me regardait avec une attention marquée ; je ne m'expliquais pas cette curiosité. Enfin, il enfourche son cheval, fait claquer son fouet à me rendre sourd, et nous lance

ventre-à-terre. A ce train là nous courions grand risque de nous briser. J'étais déjà bien souffrant, et cette vitesse m'incommodait. Je lui crie d'aller plus doucement ; mon homme arrête court, se retourne, fait un salut militaire ; et me dit d'un ton joyeux : « Mon général, c'est
« que je vous ai reconnu.

« — Et c'est pour cela que tu veux me rom-
« pre le cou ?

« — Bien au contraire, mon général, c'est
« pour vous faire honneur en mémoire de....
« vous savez bien ? enfin, c'est vous qu'étiez
« son plus grand ami, qu'étiez toujours côte-
« à-côte avec lui, quoi !

« — Que veux-tu dire, mon garçon ? je ne
« te comprends pas.

« — Oh que si ! de... l'Empereur, donc ! ça
« ne vous écorchera pas les oreilles à vous, ce
« nom-là. J'étais dans les guides, moi ! mille
« tonnerres ! le bon temps, mon général, le
« bon temps ! »

« Arrivé au relai, je ne pus jamais faire accepter un pour-boire à ce brave homme. Rien n'était plaisant comme de lui voir tourner son chapeau ciré dans ses mains, en me faisant des mines gracieuses ; puis enfin, « Tenez, mon

« général, il faut que je vous présente une pe-
« tite requête... vous pouvez me rendre bien
« riche?... venez seulement vous rafraîchir un
« quart-d'heure chez nous. Ils chantent qu'il
« est mort; c'est impossible à vérifier, ça;
« mais c'est égal; je bois tous les jours que
« Dieu fasse, à sa santé. »

« Je ne sais pas résister à ces manières-là, »
dit le duc avec une charmante simplicité;
« je sautai à bas de ma calèche, et je suivis
l'ancien guide impérial dans sa pauvre demeure. Je bus un demi-verre de vin bien aigre,
qui ne me fit pas trop de mal. J'admirai une sé-
rie d'effroyables enluminures, représentant les
faits et gestes de Napoléon à pied, à cheval, et
une espèce de caricature du roi de Rome, vêtu
en grenadier de la garde (on avait charbonné
en bas: *il grandira...*) et puis encore des aigles,
une croix d'argent à l'effigie de Napoléon; tout
cela précieusement caché dans une mauvaise
huche avec de vieux habits d'uniforme décou-
sus et roulés avec soin; et le soldat me disait en
tremblant d'émotion: « Je ne donnerais pas
« mes reliques pour mille tonnerres! c'te reli-
« gion-là en vaut bien une autre, mon géné-
« ral? c'est mon Dieu, ma dévotion à moi;

« chacun la sienne, pas vrai? j'ai mieux aimé
« prendre le fichu métier de trotte - menu
« (postillon) que de manger, comme un ca-
« pon, le pain des *autres*. C'est mon idée com-
« me ça. »

« Gardez-moi le secret de mon équipée, »
me dit le duc en riant.

« — N'y comptez pas trop, » répondis-je;
« c'est chose touchante pour les gens de cœur,
que cette équipée de l'écuyer de l'Empereur,
sous l'humble toit du pauvre guide.

« — Vous le voyez, » reprit-il, je ne
puis perdre la mauvaise habitude de vous
dire, sans ordre ni suite, tout ce qui me passe
par la tête. Nous étions, je crois, à Dresde,
et sur ce terrain ensanglanté, je glane pour
vous quelques faits isolés, se rattachant à une
des plus mémorables batailles de l'empire.

« Vainqueurs encore une fois, il sembla que
cette victoire dût être le dernier rayon de
l'astre qui éclairait la fortune de Napoléon. Le
reste de la campagne ne fut qu'une suite de
malheurs aggravés par de lâches trahisons.
On mit de la forfanterie à fouler aux pieds tout
ce qui jusqu'ici était resté sacré parmi les hommes. On afficha un luxe de cynisme à se jouer

des capitulations militaires, des traités d'alliance librement consentis. La force matérielle remplaça le droit des gens. Tout fut permis envers l'Empereur et les Français, tout, jusqu'au mépris du jugement que portera l'histoire sur de tels actes. Les insensés! ils n'ont pas compris qu'en démoralisant leurs peuples, ils soulevaient dans le lointain d'incessantes tourmentes. Les rois ne donnent pas impunément de mauvais exemples.

« Ce n'était pas assez de nous abandonner vilainement, de rester neutres, on attendait d'être sur le champ de bataille pour déserter nos rangs. C'est ainsi qu'on vit les Saxons, à Leipzig, tourner leurs armes contre ces Français dont, quelques minutes auparavant, ils avaient l'honneur de partager la gloire et les dangers. Honte! honte éternelle aux fauteurs de cet opprobre. Quand l'esprit de parti aura fait place à la justice, les historiens ne trouveront pas de paroles assez sévères pour qualifier ces monstruosités. Les anathèmes lancés par tant de victimes restées sur le champ de bataille de Leipzig trouveront des échos terribles dans la postérité...

CHAPITRE XI.

Nous quittâmes Dresde le 7 octobre. Déjà nous avions appris la défection d'un régiment westphalien passé à l'ennemi avec armes et bagages, et aussi l'échauffourée du général Vandamme qui, emporté par sa fougue naturelle, avait transgressé les ordres que l'Empereur lui avait transmis par le général Haxo. Vandamme était prisonnier, et, enveloppés de toutes parts, accablés par le nombre, ses dix mille soldats avaient été taillés en pièces, au moment où nous venions d'arracher si laborieusement la victoire de Dresde!

« En apprenant cette nouvelle, l'Empereur demeura un instant consterné : « La fatalité « s'en mêle, » me dit-il, « c'est un événement « déplorable qui nous enlève une précieuse

« ressource; la désobéissance de Vandamme
« est sans excuse. Mes ordres étaient pré-
« cis... Il devrait savoir qu'à un ennemi qui
« fuit, il faut faire un pont d'or ou opposer un
« mur d'acier. »

« Le maréchal Saint-Cyr resta dans Dresde avec trente mille hommes. Le bon roi de Saxe voulut accompagner l'Empereur. Il monta en voiture avec la reine et la princesse Augusta, sous l'escorte du grand quartier-général. A Eilenbourg, sur les bords de la Mulda, les troupes saxonnes rejoignirent l'armée française. L'Empereur, accompagné du roi de Saxe, les passa en revue. Là eut lieu une scène fort touchante, après que j'eus traduit et répété aux soldats saxons la proclamation que leur adressait l'Empereur. Voici à peu près la substance de ce document. Napoléon exhortait les Saxons à seconder les efforts qu'il faisait pour soutenir l'indépendance de leur pays, à se rappeler l'exemple de fidélité que leur donnait leur souverain, son digne et cher allié; il leur montrait la Prusse menaçant la Saxe et convoitant ses plus belles provinces. Puis, enfin, leur parlant au nom de l'honneur militaire, il les adjurait de se montrer les émules des vaillants soldats de la grande armée, avec lesquels les Saxons faisaient cause commune, et près desquels ils allaient combattre.

« Des cris d'enthousiasme partirent de tous les rangs. Tous jurèrent de rester fidèles jusqu'à la mort; quelques officiers s'avancèrent en brandissant leur épée, et, entourant les deux souverains, ils crièrent : « Vive notre roi ! Vive
« l'empereur Napoléon, l'ami des Saxons ! »

Nos soldats, dont le cœur était ulcéré par tant de défections successives, se sentirent renaître à la confiance. Sur cette terre étrangère, ils avaient donc conservé des amis ; ils pouvaient donc encore tendre la main à des compagnons d'armes et ils la tendirent en effet. On s'embrassa, on marcha bras dessus, bras dessous ; on partagea sa gourde et ses vivres ; l'effusion française fondit la glace de la réserve allemande. Une heure après la revue, tous ces hommes semblaient être les enfants d'une même famille. Un mois plus tard, cette noble confraternité avait disparu dans des flots de sang français.

« Nous laissâmes à Eilenbourg le roi de Saxe, sa famille et le duc de Bassano, investi des pouvoirs les plus étendus. Jamais la confiance de l'Empereur ne fut mieux placée. Le duc de Bassano joint à une haute capacité toutes les qualités d'un homme de bien. C'est une des plus honorables illustrations de l'empire. Maret, après la chute de son bienfaiteur, est resté noble et digne.

« Eilenbourg devint le dépôt du grand parc d'artillerie et de tous les équipages. Nous nous dirigeâmes sur Düben. Alors les plans que l'Empereur n'avait pas cessé de mûrir furent connus. On apprit enfin que c'était sur Berlin et non sur Leipzig qu'il voulait marcher.

« Quand on sut l'intention de l'Empereur, ce fut une explosion presque générale de murmures. La rébellion avait soudainement fait place à l'obéissance la plus aveugle. « Faut-il
« donc, » disait-on, « recommencer une nou-
« velle levée de boucliers en Prusse ? Aller en-
« fouir les restes de l'armée à Berlin ? N'en a-
« t-on pas assez tué ? Cela ne finira-t-il donc
« jamais ? Il est trop tard pour entreprendre
« cette hasardeuse campagne. En nous repla-
« çant sur le Rhin, nous garderons nos quar-
« tiers d'hiver, et au printemps, s'il le faut,
« nous reprendrons l'offensive. »

« Et ces plaintes, ces récriminations se proféraient publiquement. Quand l'Empereur parlait de ses projets, quand il expliquait les chances de succès qui nous étaient offertes par l'imprévoyance de Blücher, il ne trouvait plus autour de lui que des visages glacés, et pas un mot d'approbation ne venait encourager sa généreuse audace. Ce fut au milieu de ces dispositions douteuses des hauts dignitaires de de l'armée, que l'on apprit la défection de la Bavière. Oh! alors le mécontentement ne connut plus de bornes, et, pour la première fois, l'Empereur eut à subir des remontrances....

« Il y avait quelque chose de bien affligeant dans cette insurrection née d'un malheur immérité. N'était-il pas toujours le premier entre tous? N'est-ce pas encore ce chef habile qui tant de fois nous avait conduits glorieusement aux combats? Hier encore sa volonté n'était-elle pas la loi de tous? Un seul cri cependant, un cri frénétique accueillit les conceptions de ce hardi génie. « Nous en avons « assez de combats, nous voulons revoir la « France. » Les événements ultérieurs ont hélas! fait une terrible justice de cette indigne lassitude.

« J'étais dans le salon de l'Empereur lorsque l'état-major en corps vint le supplier d'abandonner ses plans sur Berlin et de marcher sur Leipzig. Il faut avoir vu cette déplorable scène pour s'en faire une idée; il faut avoir connu l'Empereur comme je le connaissais pour concevoir ce qu'il dut souffrir en ce moment. Celui qui prit l'initiative fut un maréchal de France. Je ne le nommerai pas..... De cuisants regrets ont dû empoisonner sa vie! Après la sienne d'autres voix s'élevèrent, et puis toutes à la fois; et, comme il arrive toujours dans les réclamations collectives, celui qui parle le plus fort, fût-ce à tort ou à raison, celui-là entraîne les autres et range les dissidents à son avis. Peut-être avait-on formulé à froid de bonnes raisons ; peut-être avait-on préparé en phrases à effet des remontrances sévères; mais en face de celui dont on ne bravait pas aisément le regard, on ne trouva pas le courage d'articuler un mot de ce programme secrètement arrêté, et, à défaut de bonnes raisons, on en donna de pitoyables, qui justifiaient mal la hardiesse de cette levée de boucliers.

« Alors que la fièvre de l'indignation faisait

bouillonner son sang, alors que ses yeux lançaient des éclairs, l'Empereur puisa dans son amour-propre irrité la force de contenir l'expression de son ressentiment. En présence de l'insulte, il resta digne et froid; seulement une légère émotion accentuait sa voix lorsqu'il répondit : « Mon plan a été réfléchi mûrement.
« J'ai admis dans les éventualités contraires à
« nos intérêts la défection de la Bavière... J'ai la
« conviction que la combinaison de marcher
« sur Berlin est bonne...... Un mouvement
« rétrograde, dans les circonstances où nous
« nous trouvons placés, est une mesure désas-
« treuse, et les improbateurs de mon plan as-
« sument sur leur tête une grande responsabi-
« lité...... Je réfléchirai, messieurs. » Et il rentra dans son cabinet.

« Plusieurs fois dans la journée je me présentai à la porte de l'Empereur; il était renfermé seul, livré à ses méditations et ne s'occupant de rien. Inquiet de le savoir dans cet état qui contrastait si fort avec ses habitudes actives, je me fis annoncer dans la soirée. Il ne répondit pas. J'attendis ses ordres dans le salon qui précédait son cabinet. Le temps était sombre et froid; le vent soufflant avec violence, s'engouffrait en rugissant dans les vastes pièces de ce triste château de Düben, et faisait trembler ses antiques vitraux enchassés de plomb. Tout, dans cette lamentable résidence, portait à une impression profonde. La solitude régnait autour du grand homme. Chacun, à part soi, s'était relevé du serment d'obéissance... Le maître avait dit: « Je réfléchirai, » et la rébellion; à l'attitude fière et dédaigneuse, après avoir donné son ultimatum, ne prenait pas la peine de dissimuler son indifférence sur le véto que devait y apposer le souverain.

« Alors le drame marchait avec une rapidité qui mettait en défaut mes prévisions les plus tristes. Son dénouement, d'abord obscur dans ma pensée, à cette heure se déroulait effrayant à mes yeux.

« Hélas! pensai-je, nous marquerons par une longue trace de sang le chemin qui nous reste à parcourir, et l'abîme qui doit nous engloutir tous sera notre dernière halte...

« La soirée s'avançait. Même silence dans le cabinet de l'Empereur. J'arrachai un feuillet de mes tablettes, et j'écrivis au crayon. « Je suis là, voulez-vous de moi? » J'appelai un

huissier et lui donnai l'ordre positif d'entrer chez l'Empereur et de lui remettre ce papier. Je m'approchai de la porte, laissée entr'ouverte. Il lut. Un faible sourire éclaira sa physionomie horriblement altérée : « Entrez, Cau-
« laincourt. »

« Il était couché sur un canapé. Auprès de lui était un guéridon couvert de cartes et de papiers qu'il ne regardait pas; ses yeux fixes et ternes ne se posaient nulle part; l'expression sardonique de sa bouche accusait l'amertume de ses réflexions. Ses mains, convulsivement agitées, prenaient et rejetaient au hasard ce qui se trouvait à sa portée. Toute son attitude révélait une de ces douleurs intenses où viennent se fondre les mille douleurs qui ont torturé l'âme et troublé longtemps le repos des nuits, et qui, en usant peu à peu la résignation et le courage, nous trouvent un jour sans force et sans vouloir pour supporter la dernière déception.

« Je m'approchai du patient. « Sire, lui dis-
« je, cette inaction vous tue. »

« Un geste impatient traduisit sa pensée : qu'importe? voulait-il dire.

« Sire, les représentations qui vous ont été
« faites sont soumises à l'approbation de Votre
« Majesté. »

« Il fixa son regard sur moi. « —Vous ne le
« croyez pas? non, non, Caulaincourt, ici le
« fond emporte les formes... Il faudrait être
« absurde pour ne pas voir les résultats fu-
« nestes de l'insubordination qui se manifeste
« chaque jour... Elle doit avoir des consé-
« quences incalculables ; quand les bayonnettes
« délibèrent, le pouvoir échappe aux mains
« des gouvernants... Il s'établit autour de moi
« une force d'inertie bien autrement dange-
« reuse que la révolte matérielle. Cent chefs,
« ouvertement révoltés, ne m'embarrasse-
« raient pas..... Mes soldats feraient justice
« d'une rébellion flagrante. Eux ne raisonnent
« pas ; ils m'obéissent ; ils me suivraient au
« bout du monde.... Mais, dans les circon-
« stances critiques où nous nous trouvons,
« l'accord entre les chefs de l'armée et moi est
« une question de vie ou de mort pour le pays...
« La méfiance, l'hésitation nous perdent plus
« sûrement que le fer et la mitraille des coa-
« lisés. »

« Il se leva et parcourut son cabinet à pas

lents, et comme s'il répondait à une voix intérieure : « Tout est perdu... Je lutterai en vain « contre le sort... Les Français ne savent pas « supporter les revers... » Il retomba dans sa rêverie. Toutes mes tentatives furent vaines pour l'en arracher. Ses facultés semblaient être suspendues en face de l'inepte résistance qu'on lui opposait. Il fallait entrer résolument dans la seule voie de salut qui nous restait. Je comprenais bien que le dégoût s'emparait de cette organisation aux sensations ardentes et énergiques. Que pouvaient son génie, la puissance de ses moyens, en présence du découragement de ses lieutenants? Ces pitoyables démonstrations de proche en proche démoralisaient l'armée et éteignaient ce feu sacré du patriotisme qui produit des miracles. Et il fallait un miracle pour sauver la patrie de l'invasion de cinq puissances réunies contre elle.

« La journée suivante fut encore pleine d'angoisses et d'indécision. Il semblait qu'en faisant le sacrifice de sa conviction personnelle, Napoléon brisât d'un seul coup tout son avenir. Ses pressentiments n'ont été que trop justifiés! Vers le soir son parti fut pris, et comme il arrivait toujours, lorsqu'une chose était arrê-

tée dans sa tête, il redevint calme en apparence. Je n'oublierai jamais ses paroles prophétiques : « Le destin marque la chute des
« nations.

« — La volonté de tout un peuple, » dis-je vivement, « peut contrebalancer l'arrêt du des-
« tin ? »

« Il appuya fortement sa main sur mon bras :
« —Oui... Mais ils n'ont pas voulu!! Rappelez-
« le un jour, Caulincourt ; il ne faut pas que
« les Français maudissent ma mémoire. »

« L'Empereur annonça la détermination de marcher sur Leipzig. « Puissent, » ajouta-t-il, « ceux qui ont exigé ce mouvement ne jamais « s'en repentir ! » Les ordres du départ furent immédiatement donnés ; et, comme si la victoire remportée sur la volonté de l'Empereur eût satisfait à toutes les exigences de notre mauvaise fortune, on se livra avec une incroyable légèreté à des joies immodérées. C'était un spectacle navrant pour ceux qui ne partageaient pas l'allégresse générale, je dis générale, parce que l'impulsion était donnée... l'Empereur, en cédant, avait obéi à une de ces nécessités contre lesquelles vient se briser la plus énergique résistance.

Augereau arriva au quartier-général, ramenant les vingt mille hommes de sa division. Augereau, avec son gros bon sens, fut frappé de noirs pressentiments sur les suites de ce mouvement rétrograde. Il me dit : « Tout le « monde ici perd la tête; tous les yeux sont « fixés sur un point : la France. On ne peut « pas leur faire comprendre que la défection a « échelonné sur la route des ennemis d'autant « plus redoutables qu'ils étaient hier nos alliés « et qu'ils connaissent le fort et le faible de « nos ressources. L'Empereur a eu tort de « céder à ces criailleries; je le lui ai dit, il y a « une heure. Il fallait mettre à la porte les ba- « vards et les gens pressés de rentrer chez « eux, et marcher en avant avec les hommes « de bonne volonté. En 93, nous en avons vu « bien d'autres, et nous en sommes venus à « bout. On ne bavardait pas alors, chacun por- « tait sa fortune au bout de son fusil et ne re- « gardait pas derrière soi. A la place de l'Em- « pereur, j'aurais fait maison nette et renvoyé « les paresseux planter leurs choux. »

« Le maréchal, dans sa vieille probité de soldat, ne comprenait pas encore qu'on transigeât avec son devoir, mais il ne voyait qu'un côté de nos misères. Le malheur était arrivé escorté de toutes les mauvaises passions. La France, à la fin de 1813, n'était plus un lieu où l'on pût avec sécurité renvoyer les mécontents. Tandis que ses héroïques enfants versaient leur sang sur les champs de bataille, pour la défense du pays, la trahison s'organisait dans l'ombre, et de lâches conspirateurs forgeaient les chaînes qui devaient, au retour, meurtrir les membres mutilés de ces nobles débris. Malheur! malheur à ceux qui ont récompensé tant d'héroïsme par tant d'ingratitude!

« Le 15 octobre, l'Empereur partit de grand matin de Düben et arriva de bonne heure à Leipzig. Il employa toute la journée à étudier le terrain et à tracer ses plans. Sa parole brève, son commandement impatient, témoignaient de ses inquiétudes. Nos forces numériques étaient dans une disproportion effrayante avec celles de l'ennemi, et cette bataille était décisive! En me faisant suivre sur la carte avec le doigt son tracé de bataille, l'Empereur me dit : « Il n'y a pas de savantes dispositions qui
« compensent à ce point le vide des cadres.
« Nous succomberons sous le nombre... Cent

« vingt-cinq mille hommes contre trois cent
« cinquante mille, et en bataille rangée !... ils
« l'ont voulu !... » Dans cette phrase qu'il répétait pour la seconde fois avec l'accent du désespoir, je crus ouir une sentence de mort.

« Le cœur me manque pour aborder cette épouvantable lutte qui fut le tombeau de l'élite de l'armée. À Leipzig comme partout, comme toujours, officiers et soldats se couvrirent de gloire. J'étais auprès de l'Empereur lorsqu'on lui amena le général autrichien Meerfeld, culbuté et défait avec toute sa division à Dœlitz, par les polonais et la vieille garde. Meerfeld, actuellement notre prisonnier, était un des négociateurs de Campo-Formio ; à Austerlitz, il avait porté les premières paroles d'un armistice. L'Empereur qui, contre toute évidence, plaçait encore de l'espoir dans de nouvelles ouvertures à tenter envers l'Autriche, chargea Meerfeld de faire goûter à l'empereur François les considérations qui devaient faire fléchir sa politique devant la perte imminente de sa fille et de son petit-fils. Il demandait un armistice à des conditions raisonnables. « Allez, » dit-il au général Meerfeld, « votre mission de pacifica-
« teur est belle. Si vos efforts sont couronnés

« du succès, elle vous assurera l'amour et la
« reconnaissance d'un grand peuple... La na-
« tion française et moi, nous désirons sincère-
« ment la paix. Si on nous la refuse, nous sau-
« rons défendre l'inviolabilité de notre terri-
« toire jusqu'au dernier soupir... Les Français
« ont montré une fois comment ils savent dé-
« fendre leurs foyers en présence de l'étran-
« ger. » Meerfeld partit du camp français et ne
reparut plus...

« Je n'ai jamais pu concilier cette obsession
d'une idée fixe avec l'esprit si supérieur de Napoléon. Jusqu'au dernier moment il s'abusa à
l'égard de l'Autriche.

« Dans la nuit du 17 au 18, l'Empereur, en
proie à une agitation extraordinaire, attendait
toujours le général Meerfeld qui ne devait pas
revenir. Chaque mouvement dans le camp at-
tirait son attention; son anxiété redoublait
d'instants en instants; son visage était con-
tracté et d'une pâleur livide; exténué de fatigue, il se laissa aller sur un pliant adossé
dans le fond de sa tente : « Je me sens mal, »
me dit-il, en appuyant la main sur son estomac, « ma tête résiste, mon corps suc-
« combe...

« — Je vais appeler Ivan, » m'écriai-je, en me précipitant vers la porte.

« — Je vous le défends, Caulaincourt, la « tente d'un souverain a la transparence du « verre... Il faut que je sois debout pour que « chacun demeure à son poste... l'ennemi est « là...

« — Sire, » lui dis-je, en prenant ses mains brûlantes, « au nom du salut de tous, cou- « chez-vous, prenez quelque repos, de grâce, « Sire..,

« — Mais cela ne se peut pas... c'est impos- « sible... il faut que je meure debout, moi !...

« — Sire, permettez-moi d'appeler Ivan?

« — Non, vous dis-je... à un soldat malade « je fais délivrer un billet d'hôpital... qui me « délivrera, à moi, le billet du pauvre sol- « dat?... » Un gémissement sortit de sa poitrine haletante et sa tête retomba inclinée.

« Oh! jamais cette scène ne s'effacera de ma mémoire ! » dit le duc avec une expression douloureuse; « il s'y rattache un souvenir où je puisai des forces, alors que tout était perdu ! dans ces moments où l'énergie est tuée, où la volonté est impuissante contre le découragement qui naît en face d'une position désespérée ; dans ces cruels moments, je me rappelais Napoléon la nuit du 17 au 18 et je me demandais si je pouvais m'appitoyer sur moi-même en présence des souffrances de cette grande et noble victime.

« Je me rapprochai de l'Empereur, il prit ma main qu'il serra faiblement : « Ce ne sera « rien..... veillez surtout à ce que personne « n'entre. »

« J'étais fou d'inquiétude. Un horrible frisson faisait claquer mes dents; tout mon sang refluait vers mon cœur qui battait à se rompre; lui malade ! lui ! et l'ennemi nous atteignait de toutes parts; le sort de tant d'hommes qui veillaient sur ce champ de bataille était lié à son sort. Lui de moins, et le jour qui allait paraître, éclairerait les funérailles de tous. J'envoyais au ciel une de ces prières qui ne se traduisent en aucune langue ; des larmes brûlantes s'échappaient de mes yeux, tout tournoyait autour de moi, il me semblait sentir la terre manquer sous mes pas.

« Je me sens mieux... » dit-il en respirant avec effort ; « je suis mieux, mon pauvre Cau- « laincourt. » Il prit mon bras, fit quelques tours lentement; sa figure reprit de l'animation. Une demi-heure après cette crise, entouré de son état-major, il donnait des ordres et expédiait des ordonnances à tous les chefs de corps d'armée. Il envoyait le prince de Neufchâtel vers Randnitz où plus tard les réserves de sa garde devaient soutenir Ney. Le jour commençait et le carnage aussi allait recommencer. Mon Dieu, que ces souvenirs de Leipzig sont affreux !

« Ce jour, » dit l'Empereur en montant à cheval, « ce jour va résoudre une grande ques« tion. Les destinées de la France se décide« ront sur le champ de bataille de Leipzig... « Si nous sommes vainqueurs, tout peut en« core se réparer, si nous sommes vaincus, il « est impossible de prévoir où s'arrêteront les « conséquences d'une défaite. » Toute l'escorte put entendre ces paroles.

« Vers midi nous étions attaqués sur tous les points par toutes les forces réunies des alliés. L'armée, réduite à moins de cent mille hommes, avait devant elle trois cent cinquante mille combattants serrés en masse dans un demi-cercle de trois à quatre lieues, avec douze cents pièces de canon. Des réserves fraîches remplaçaient à mesure les trouées faites par notre mitraille.

« Dans cette fatale journée, chaque heure marqua pour nous un malheur, une nouvelle perte. On annonça successivement la mort des généraux Vial et Rochambeau. Le brouillard, la fumée, le tumulte de la mêlée permettaient à peine de se reconnaître. Il nous était fort difficile de suivre l'Empereur; à chaque instant nous le perdions de vue; il était partout, bravant les plus grands dangers et dédaignant la vie sans la victoire.

« Jusqu'ici on combattait avec des chances diverses. Un aide-de-camp de Regnier arrive; il annonce que l'armée saxonne et la cavalerie wurtembergeoise du général Normann, c'est-à-dire douze mille hommes et quarante pièces de canon, ont passé du côté de Bernadotte... D'après l'ordre de ce dernier, le commandant de l'artillerie saxonne a tourné ses canons, et tiré au moment même sur les Français. L'Empereur, immobile sur son cheval, lève les yeux au ciel comme pour en appeler à la justice de Dieu. « Infamie! » s'écrie-t-il d'une voix tonnante. Mille voix couvrent la sienne; des imprécations, des rugissements de rage retentissent de toutes parts. Quelques officiers saxons restés fidèles brisent leur épée en versant des larmes de honte, et se retirent sur nos derrières. Un dragon de l'escorte pousse son cheval auprès de l'Empereur; « Nous nous « passerons d'eux, les lâches! vos Français « sont là... » et il part comme un trait au milieu de la mêlée. Des cris délirants de « Vive « l'Empereur, mort aux Saxons, » volent de bouche en bouche; toute l'escorte rejoint le dragon, les officiers seuls demeurent à leur poste auprès de Napoléon.

« Quelques minutes après, un jeune officier de hussards sortant de l'école de Saint-Germain (son nom m'échappe), s'élance tête baissée dans les rangs ennemis. Dans une charge, un des misérables transfuges a enlevé une de nos aigles; le noble jeune homme la lui arrache en échange de sa vie, et vient la jeter aux pieds de l'Empereur, où il tombe sanglant et mortellement blessé. L'Empereur ému, dit : « Qu'il y a de ressources dans notre France, « avec de tels hommes. » Et sa physionomie sombre et glacée s'éclaircit un moment.

« Tant d'admirable valeur, tant de bravoure,

ne peuvent vaincre la destinée. Nos munitions sont épuisées avant le reste de notre sang. Pour la première fois nous quittons le champ de bataille sans avoir vaincu, et nous commençons cette fatale retraite où les malheureux échappés à une mort glorieuse trouveront une mort sans gloire dans les eaux de l'Elster. Là périra aussi Poniatowski, l'idole et le drapeau des braves et dévoués Polonais.

« Le 19, au matin, l'Empereur se rendit au palais du roi de Saxe. Les adieux furent déchirants. Le roi ne pouvait pas se consoler de la conduite des Saxons. La rougeur de la honte couvrait son front d'honnête homme. La reine, la princesse Augusta, furent parfaites pour l'Empereur. Ces pauvres femmes, effrayées des dangers qu'il courait, les yeux pleins de larmes, les mains jointes, le suppliaient de s'éloigner. Le roi de Saxe se jeta dans ses bras en le bénissant, en l'appelant son fils, son ami, et l'Empereur s'arracha aux embrassements de cette excellente famille. Consolant exemple à citer au milieu de tant de royales turpitudes !

« Murat quitta l'Empereur à Erfurth, sous prétexte que sa présence était indispensable à

Naples, pour défendre son royaume. Aux avant-postes, le 22 octobre, il avait stipulé des conventions avec l'Autriche et l'Angleterre..... Je n'ajouterai pas un mot à ce fait. Murat a expié son crime par une mort terrible : je respecte son malheur.

« Chaque jour de notre retraite était marqué par un nouveau combat. Nous ne devions revoir la France qu'en marchant sur les corps sanglants de nos frères..... A Hanau, la garde impériale, précieux débris de cette vaillante grande armée, remporta la victoire contre toutes les forces des Bavarois commandés par le général de Wrède, qui avait gagné son illustration, l'ingrat, en combattant pendant dix années sous les drapeaux français. L'Empereur avait comblé ce de Wrède.

« Le 2 novembre nous entrâmes à Mayence, où toutes nos troupes passèrent le Rhin. L'Empereur se détermina alors à partir pour Saint-Cloud. Oh! que le voyage fut triste. Six mois seulement s'étaient écoulés depuis que nous avions quitté cette résidence, et dans ce court espace de temps nous avions tout perdu ; tout! jusqu'à l'espérance. »

CHAPITRE XII.

Quelques jours s'étaient écoulés sans que nous eussions pu reprendre nos causeries; la santé du duc de Vicence s'altérait de plus en plus; il était forcé de garder la chambre. Nous le visitâmes avec assiduité, mais le calmant dont j'avais essayé une fois avec succès n'était plus à ma disposition : les riants souvenirs de Russie étaient épuisés, et je m'abstenais de provoquer le pauvre malade à fatiguer sa tête par de tristes réminiscences.

Je n'ai jamais connu personne qui possédât comme le duc de Vicence cette science du cœur, ce tact exquis, qui rendent si bonnes les heures de l'intimité ; aussi avait-il deviné les motifs de ma réserve : il m'avait comprise.

« Vos questions ont cessé, et cependant votre curiosité n'est pas satisfaite, » dit-il en me tendant la main avec affection; « vous ne me questionnez plus, parce que vous êtes compâtissante, et que vous ne voulez pas me ramener à un temps où je ne puis retourner sans souffrances? Mais, est-ce que je puis, moi, m'en séparer un moment? Est-ce que mes veilles ne sont pas employées à dicter mes Mémoires? Ne ménagez donc pas, à vos dépens, l'étincelle de vie qui m'anime encore.

« — Oh! » m'écriai-je, « je n'ai pas de si lugubres prévisions. Plus tard, à Paris, où je vais retourner, vous viendrez me visiter. Alors vous serez mieux, et je mettrai de nouveau à contribution votre parfaite bonté.

« — Ici ou jamais, » ajouta-t-il tristement; « ne voyez-vous pas que ma vie s'en va... que pour moi l'avenir n'a plus de promesses... Accordez-moi encore quelques jours, et nous reprendrons notre sujet favori.

« — Eh bien! » répondis-je en retenant mes larmes, « nous resterons à Plombières autant que vous y resterez vous-même. Si vous êtes malade, nous vous soignerons, si vous êtes mieux, nous profiterons ensemble de ces derniers beaux jours pour nous promener et causer. »

Dans le pays des montagnes l'automne est court. Plombières si animé, si plein à mon arrivée, voyait fuir chaque jour les oiseaux de passage qui étaient venus y chercher ou la santé, ou les plaisirs. La saison des eaux était passée et nous étions à peu près les seuls voyageurs qui restassent à Plombières ; mais j'y aurais, je crois, passé tout l'hiver à entendre raconter l'Empire par le duc de Vicence. Je voulais savoir encore bien des choses sur Napoléon. Les derniers actes du grand drame étaient récents, et, comme le commun des martyrs, je n'en savais que la surface. Depuis six semaines le duc m'avait fait parcourir les champs de bataille, et entrer avec lui sous la tente de l'Empereur; il m'avait initiée à ses communications intimes où se dessinent en larges traits le caractère de Napoléon ; et je ne pouvais me décider à retomber dans ces vulgarités tronquées que répètent niaisement les écouteurs aux portes.

J'avais surtout soif de connaître les détails de cette période brûlante de la fin de 1813; où, sous les yeux même de l'Empereur, dans le sein de la capitale, s'agitait l'intrigue et s'ourdissait la trahison. Qui, mieux que le ministre des relations extérieures, pouvait me donner la clé des odieuses machinations qui ont puissamment aidé à renverser le gouvernement impérial ?

Je voulais aussi pénétrer avec le fidèle écuyer de Napoléon dans cette chambre ardente de Fontainebleau, où si peu de gens eurent accès. Je voulais le suivre dans ce palais des Tuileries, où, pendant les cent jours, s'évanouirent comme un rêve les magnifiques espérances que l'enthousiasme de la nation avait données à l'intrépide déserteur de l'île d'Elbe. Je voulais assister aux scènes dramatiques de la Malmaison, lieu jadis témoin de tant de bonheur, d'enivrement et de magnificence ; séjour enchanteur, transformé, au mois de mai 1815, en une espèce de geôle aux lambris dorés, aux jardins parfumés, où le condamné dut entendre sa sentence, d'où le héros partit pour marcher à la mort, en passant par l'Angleterre... Horreur ! ! !

Je voulais posséder ces trésors de souvenirs,

bien que pour les acquérir il me fallût briser mon cœur.

La santé du duc s'améliora un peu, et nous reprîmes nos promenades du matin, nos causeries du soir.

« Vous rappelez-vous où j'en étais resté, » me demanda-t-il?

« — Parfaitement. Vous aviez ramené l'Empereur de Mayence à Saint-Cloud.

« — Je l'y laissai, et je revins à Paris. Six mois seulement s'étaient écoulés, et dans ce court espace de temps des faits prodigieux m'écrasaient sous le poids de tout ce qui peut frapper le cœur et l'imagination. J'éprouvai le besoin de me replier sur moi-même, de me recueillir, de me livrer dans le silence à l'analyse des événements qui nous débordaient de toutes parts. La vie des camps, tout excentrique, à côté de beaucoup de misères, comporte aussi de grandes distractions. La pensée d'hier n'est plus celle d'aujourd'hui; elle changera encore demain avec les lieux, avec le tourbillon dans lequel on vit, et qui emporte avec soi les impressions les plus profondes. Chaque jour suffit à peine aux émotions, aux scènes qui se succèdent ; l'inquiétude, la douleur, s'éparpillent sur la route avec une facilité qui ne peut être comprise que par ceux qui l'ont éprouvée.

« Arrivé chez moi, je fus saisi d'une joie d'enfant en entrant dans ma chambre à coucher. Il me sembla ressentir une lassitude telle que le bonheur d'habiter un appartement à soi, de dormir dans un lit à soi, résumait pour moi toutes les jouissances et m'apparaissait comme le but de toutes les ambitions. Je ne puis m'empêcher de rire en me rappelant les délices de la nuit de mon arrivée. Etendu sur mon lit où je ne dormais pas, à la lueur d'un excellent feu, je contemplais, c'est le mot, l'intérieur de ma chambre qui, par comparaison avec les huttes et les chaumières où j'avais presque continuellement couché depuis six mois, me faisait l'effet du plus magnifique lieu du monde. Je voyais dans les meubles qui la garnissaient les superfluités d'un luxe inouï. Cette élégance, ces mille charmantes inutilités, ce confortable qui m'avaient toujours environné, je ne les avais considérés jusqu'ici que comme choses très-ordinaires ; à ce moment je comprenais cet ardent désir de repos qu'éprouvaient certaines gens ; j'excusais presque leur égoïsme.

« Pourquoi ce changement dans mes idées ? Pourquoi cette folle joie du retour ? Depuis quinze années n'avais-je pas assisté à toutes les batailles ? N'avais-je pas couché au bivouac, enduré, comme toute l'armée, les privations du bien-être matériel ? Mais alors chacun de nous, l'esprit léger, le cœur joyeux, oubliait ses fatigues dans la gloire des conquêtes, dans l'orgueil de la victoire.

« Dans cette dernière campagne, au contraire, tout avait été triste, navrant ; aucune compensation n'avait adouci les maux inévitables qu'entraîne la guerre. Pour la première fois je comprenais le bonheur dans l'absence des tortures de l'âme, que l'Empereur avait si bien définies par ce cri échappé à sa détresse morale : *Plus un jour de repos !* Que n'aurais-je pas donné actuellement pour être libre d'aller passer l'hiver à cinquante lieues de Paris, dans ma terre, afin d'échapper aux tourments de toutes sortes que j'entrevoyais comme une conséquence rigoureuse de ma position politique !

« Ma première visite, en arrivant à Paris,

fut pour cette vieille amie dont je vous ai parlé en vous racontant une des circonstances les plus affreuses de ma vie, mon retour de Munich...

« Madame de***, la meilleure des femmes, avait tout l'entêtement de son opinion, invariablement acquise aux Bourbons. A travers quelques ridicules, elle joignait à beaucoup d'esprit cette antique loyauté qui ne capitule pas devant les circonstances. L'Empereur, dans toute sa gloire, n'avait jamais été aux yeux de madame de *** qu'un aventurier heureux auquel, à son grand regret, elle me voyait attaché de cœur et d'âme. Combien de fois dans nos querelles à ce sujet n'avait-elle pas excité mes rires par son éternel refrain : « C'est bon, « c'est bon, je vous attends à la fin, pauvre « fou! » A cette heure, le commencement de cette fin tant prédite était arrivé...

« C'était ordinairement dans la matinée que j'allais chez madame de*** ; elle faisait une exception en ma faveur, en me recevant à ce qu'elle appelait son petit lever. Sa société, toute composée de frondeurs hostiles à l'empire, me déplaisait, et j'évitais de me trouver aux prises avec d'absurdes raisonneurs.

« Elle fit un cri de joie en m'apercevant.

« Ah! mon cher Armand, quel bonheur de
« vous revoir! Comment donc avez-vous
« échappé à toutes ces horreurs? On m'a as-
« suré qu'il n'en était pas revenu un seul.
« Quelles nouvelles apportez-vous?

« — Aucune, » répondis-je en riant, « comme
« vous n'êtes pas madame de Malborough et
« que vos beaux yeux n'en pleureraient pas,
« je ne vous dirai pas mes nouvelles.

« — C'est le secret de la comédie, mon cher
« enfant. Votre enchanteur a perdu sa ba-
« guette, et les risibles métamorphoses qu'elle
« opérait sont à vau-l'eau. De tous ces rois
« improvisés il ne reste plus que l'ombre d'un
« empereur, et je sais quelqu'un qui a juré de
« nous débarrasser de cette ombre.

« — Ne parlez pas ainsi, « m'écriai-je,
« vous savez bien que vous me faites de la
« peine.

« — Ha ça! mon cher Armand, êtes-vous
« donc toujours ensorcelé? n'en avez-vous pas
« encore assez de ces fanferluches impériales?
« parlons sérieusement, mon cher duc, vous
« ne savez donc pas ce qui se passe?

« — Non, » dis-je vivement, « je suis ar-
« rivé hier au soir de l'armée.

« — Alors, vous ignorez que l'empire, comme
« vous l'appelez, croûle de toutes parts, que
« toutes les puissances de l'Europe ont fait en-
« tre elles un pacte pour...

« — Pour ?... » interrompis-je.

« — Pour ne poser les armes qu'après avoir
« rayé de la liste des rois ce grand écornifleur
« de royaumes, qui, depuis quatorze ans, joue
« aux échecs avec tous les trônes de l'Europe.
« Un rusé personnage (que je n'ai pas besoin
« de vous nommer) dont l'esprit fin et délié ne
« se laisse pas prendre au dépourvu, a pris
« l'initiative vis-à-vis des puissances et s'est ar-
« rangé avec elles pour toutes les éventualités
« possibles. Si je ne craignais d'être taxée de
« médisance, j'ajouterais qu'on assure qu'il a
« vendu la peau de l'ours à bons deniers
« comptants. Beaucoup d'autres ont suivi son
« exemple, des négociations actives sont en-
« tamées pour faire sa paix avec qui de droit;
« la révolution est imminente. Encore un
« peu de temps, et il n'y aura plus qu'un
« homme de moins en France, et la tran-

« quillité sera rétablie en Europe. Est-ce clair
« cela?

« — Mais, » répondis-je, « croyez-vous que
« parce que quelques misérables complotent
« la ruine de l'Empereur, elle soit assurée.
« L'armée, toute dévouée à son chef, est in-
« corruptible; il existe dans les masses une
« vive sympathie pour Napoléon; et dans les
« classes élevées tant de gens sont compromis
« dans sa cause, tant d'autres ont leur exis-
« tence attachée à sa fortune, que leurs inté-
« rêts sont confondus avec les siens. Les uns
« par honneur, les autres par affection, je
« l'espère, soutiendront celui qui les a tirés
« du néant, et leurs efforts neutraliseront les
« lâches menées qui n'auraient pour résultat
« que de livrer la France à l'étranger.

« — Mais d'où venez-vous donc, mon cher
« enfant? Vous êtes réellement d'une candeur
« et d'une probité à faire pouffer de rire la moi-
« tié de Paris. Il s'agit bien vraiment de sympa-
« thie, de fidélité et autres bonnes traditions à
« l'usage de nos pères. La révolution de 92,
« voyez-vous, a fait table rase de ces loyales
« billevesées. Autrefois, on plaçait l'honneur
« dans la religion du serment, dans l'accom-

« plissement du plus saint des devoirs, dans
« le dévouement envers son souverain. Plus il
« était malheureux, plus il avait de droits aux
« sacrifices, aux respects. Les bons temps
« des mauvais jours de Henri IV sont passés
« pour ne plus revenir. Qui se soucie mainte-
« nant d'un roi malheureux? A force d'être
« progressifs, nous finissons par devenir ou-
« trageusement méprisables.

« Aujourd'hui, mon cher Armand, on place
« l'honneur à conserver sa position, sa for-
« tune, n'importe par quels moyens, et quand
« même, pour arriver à ce but, il faudrait
« passer sur le corps de celui de qui l'on tient
« tous ces biens. Entre nous, le monde est
« une abominable chose. »

« Il y avait dans ces paroles d'une horrible
vérité toute une révélation des malheurs de
l'avenir... Je restai silencieux, abîmé dans de
noires réflexions.

« En un mot, mon cher duc, » continua madame de ***, « votre héros est descendu de
« son piédestal; il a été vaincu, et c'est là un
« crime que le monde ne pardonne pas. Vous
« visiterez vingt salons, et sur tous les visages
« vous lirez l'arrêt; par toutes les bouches vous

« entendrez prononcer la condamnation de Na-
« poléon. Ceux d'entre nous qui ont sollicité les
« faveurs impériales se font remarquer par
« l'aigreur de leurs récriminations, par la
« violence de leurs discours. Pitié! on dirait
« vraiment que ce pauvre empereur est res-
« ponsable des bassesses qu'ils ont faites pour
« entrer à son service. Viennent aussi les nou-
« veaux anoblis de sa façon, les sénateurs à
« cent mille francs de dotation, les duchesses,
« comtesses, baronnes, que sais-je? sottes fem-
« mes, qui s'imaginaient être à perpétuité de
« hautes et puissantes dames; elles ne peu-
« vent supporter l'idée de redevenir Janneton
« comme devant; la possibilité de cette se-
« conde métamorphose les fait tomber en syn-
« cope. Que vous dirai-je d'une tourbe de gens
« qui tiennent tout de votre Napoléon et qui
« jettent les hauts cris après cet ambitieux, qui
« a joué à la bataille leurs places et leurs
« dignités?

« Je vous assure que tous ces vilains ingrats
« me donnent des nausées. Il me semble en-
« tendre nos valets se gaudir dans l'anticham-
« bre sur le compte de leurs maîtres; et quoi
« qu'il arrive pour vous, pauvre cher, que

« j'aime de tout mon cœur, je préfère vous
« ranger dans la classe des dupes que dans
« celle des infâmes. »

« Je sortis le cœur serré de chez madame
de ***, qui, elle au moins, l'excellente femme,
comprenait qu'on plaçât l'honneur dans la fidélité au malheur. Je sondais avec effroi l'abîme entr'ouvert autour de nous; nous manœuvrions sur un volcan; l'opinion publique
s'élevait de proche en proche contre l'Empereur. L'esprit actuel des salons me rappela la
résistance de Dubben..... Devant cette formidable puissance, devaient échouer les plus
sages combinaisons. La ruine du pays était évidente dans ce seul fait.

« Le soir, je fis quelques visites obligées
chez des gens attachés à la cour. Je n'étais pas
un homme devant lequel on eût osé mal parler de l'Empereur, mais je distinguais à travers
les formes polies et réservées dont on se servait en discourant sur les événements politiques, que la malveillance et l'esprit d'opposition étaient au fond de toutes les pensées.
Mme de *** ne m'avait pas trompé! je puisai
de tristes enseignements dans la physionomie
morale des salons à la fin de 1813.

« Je rentrai chez moi fatigué et dégoûté de l'impudeur des gens de bonne compagnie, et je regrettais presque la dure vie des bivouacs. Là, du moins, l'âme contristée recevait quelques consolations de tant de traits d'héroïsme prodigués avec un si noble désintéressement. Là, battaient de généreux cœurs, toujours prêts à donner leur vie pour celui de qui ils n'avaient reçu ni titres, ni richesses. A cette époque j'éprouvai des heures d'un découragement inexprimable; ma santé s'altéra. Les circonstances ne me permettaient pas de vivre dans la solitude; cependant je restreignis mon cercle habituel et, à l'exception de quelques amis avec lesquels je pensais tout haut, je ne fus plus dans le monde.

« La nouvelle de la mort de Louis de Narbonne vint me surprendre comme un coup de foudre. Il était à Torgau; après son ambassade de Vienne, l'Empereur l'avait nommé gouverneur de cette place; où il mourut d'une chute de cheval, le 17 novembre. Je n'ai pas su les raisons de l'étrange nomination de Narbonne au commandement d'une forteresse. L'Empereur ne s'expliqua pas, mais très-certainement il y avait dans sa pensée une prévention injuste à laquelle il obéissait sans vouloir l'avouer. Dans les derniers temps de son séjour à Vienne, Narbonne se trouvait placé dans la plus fausse position du monde. L'Empereur disait : Narbonne est né ambassadeur, et cela était vrai ; mais que pouvaient la finesse, l'habileté, contre un parti pris et arrêté de n'accéder à aucune des propositions faites par la France ? Le malheur rend injuste et l'Empereur le fut dans cette circonstance. A part lui, il en voulait à son ambassadeur de n'avoir pas été écouté. Ce qui m'a fait soupçonner les idées de l'Empereur à ce sujet, c'est la réception aigre-douce qu'il me fit à mon retour de Prague, où, ainsi que Narbonne, j'avais échoué.

« Pauvre Narbonne ! il eut un vif chagrin de cette espèce de disgrace dont il était à cent lieues de deviner le vrai motif. Il m'avait prié de sonder l'Empereur à ce sujet. Je le fis, mais Napoléon ne s'expliqua pas, et Narbonne partit pour Torgau.

« Je repassais dans mon esprit nos derniers entretiens à Vienne et à Prague. Narbonne possédait un de ces caractères heureux qui ne prennent jamais la vie au sérieux. Il savait toujours saisir le côté plaisant des événements les plus graves.

Malgré ses soixante ans et ses cheveux blancs, sa parfaite élégance de manières et de langage, son esprit vif et léger, un certain savoir-faire (qui avait aussi séduit l'Empereur), tous ces avantages lui assurèrent de brillants succès dans les cercles de Vienne. Vous allez rire lorsque je vous affirmerai que je sais plus d'une jeune et jolie personne qui ne fut pas insensible aux soins de notre vieux jeune homme. Un jour, que je le complimentais à Prague sur ses bonnes fortunes : « Mon cher, » me dit-il, « à vingt
« ans, on adore les femmes pour elles-mêmes,
« on chargerait sur son dos les tours de Notre-
« Dame pour les déposer à leurs pieds : à
« vingt ans, on est stupide. A quarante ans,
« on aime les femmes pour soi : à quarante
« ans, on est égoïste. A soixante ans, on ne
« les aime presque plus, on ne s'en soucie guère
« qu'en raison de l'utilité dont elles vous sont :
« à soixante ans, on est calculateur et rien de
« plus.

« — Vous êtes un infâme mécréant, » dis-je en faisant des rires fous.

« — Mais pas du tout, mon cher, j'ai soixante
« ans et je ne suis plus amoureux. La vérité
« est qu'en papillonnant auprès des belles, je
« fais bel et bien mon métier d'ambassadeur...
« Et par ma foi ! je ne m'en fais pas scrupule.
« Tous les moyens sont bons contre l'ennemi.
« Je suis piqué au vif contre ces Autrichiens
« qui usent à notre égard de procédés tout-à-
« fait sauvages. Ces gens-là ne savent pas vivre.
« Après nous avoir donné leur fille, ils nous
« traitent de haut en bas comme des parve-
« nus... Ce sont assurément des manières de
« fort mauvaise compagnie.

« Et c'était ainsi que ce léger, ce spirituel Narbonne traitait les affaires les moins plaisantes du monde. Il faisait de la diplomatie à sa manière, et il la faisait très habilement, je vous le jure.

« Je me rappellerai toujours son arrivée à l'armée; c'était je crois en 1812. L'Empereur avait écrit à Narbonne de venir pour recevoir ses instructions. Alors nous n'avions d'autres gîtes que les champs de bataille, et rien n'était drôle comme de voir Narbonne se désolant sous sa tente, où il manquait de ce confortable qui ne lui avait jamais manqué. Sérieusement, il ne

comprenait pas, « qu'on pût ni dormir ni vivre
« dans cette maison de toile ouverte à tous les
« vents et à tous venants, où il était même
« impossible de changer de chemise avec
« quelque sécurité; » c'est que pour Narbonne l'affaire de sa toilette était chose très-importante, et d'abord, coiffé à l'oiseau royal, poudré à frimas, il employait au moins deux heures par jour aux soins de sa personne. Au moment où il s'habillait, l'intérieur de sa tente eût fourni le sujet à un charmant tableau de genre.

A défaut de tapis, dont il ne lui venait pas à l'esprit qu'on pût se passer, même sur un champ de bataille, il faisait étendre à terre toutes les couvertures que son valet de chambre, en quête continuelle de ce confort, parvenait à se procurer. Puis, sur l'unique table qu'il eût à son service, était étalé tout un arsenal de petits pots, de flacons, de brosses; c'était à mourir de rire. Lui, en robe de chambre volante, en élégantes pantoufles, allait et venait de l'air le plus affairé du monde, pestant sur les inconvénients de ce cabinet de toilette improvisé: « Les Achilles vont aussi
« bien sous les tentes, » disait-il, « que les

« ambassadeurs y sont dépaysés; c'est là une
« singulière lubie de Sa Majesté; » et quand
enfin il se trouvait habillé, pomponné à peu
près, « vaille que vaille » faisait-il en haussant
les épaules, et, en jetant un dernier regard pi-
teux sur la petite glace de son nécessaire, il
prenait son chapeau et ses gants des mains de
son valet de chambre, qui depuis vingt minutes
attendait que son maître se décidât à en finir.
Alors Narbonne le nez au vent, le jarret tendu,
se rendait chez *Sa Majesté*, mais d'autres tribu-
lations le suivaient chemin faisant. C'était plaisir que de le voir enjamber par dessus les sacs,
les marmites et toutes sortes d'empêchements.
A travers ces noires figures, ces uniformes sévères, ce tumulte d'un bivouac, cet homme
en tenue de Cour était d'un incroyable effet.
On se le montrait du geste, comme une curiosité, on se retournait pour suivre des yeux cette
fantastique apparition. Narbonne était le seul
pékin (en style de soldat) qui se trouvât à l'armée. Cette exception eût été déjà remarquable,
quand bien même sa mise, sa toilette re-
cherchée de l'autre siècle, ne l'eussent pas
rendu extraordinaire dans un pareil lieu. Et
Narbonne me demandait d'un ton inimitable,

« est-ce que je n'ai pas l'air d'un chie-en-lit
« au milieu de tous ces sacripans? » Je l'assurais en riant que c'était à s'y méprendre.
« Et mais cela est très-gracieux ! mon cher ; » puis il en revenait a son geste familier, il haussait les épaules, et gromelait entre ses dents :
« Quand *Sa Majesté* me donnera mon au-
« dience de congé, je serai fort empressé de
« lui tirer ma révérence. »

« Il faut l'avoir connu pour se faire une idée de toute la délicieuse pantomime qui accompagnait ses discours. Il fallait voir ses airs de tête, ses gestes dégagés, ses manières aisées et entendre ses inflexions ironiques. Rien de plus divertissant.

« La nouvelle de sa mort se répandit très-rapidement; je l'appris de la bouche de l'Empereur aux Tuileries. Il m'avait fait demander dans la soirée. Lorsque j'arrivai il finissait de lire une dépêche. Son front était soucieux, et posant la lettre sur son bureau : « Narbonne est mort, » me dit-il brièvement.

« — Narbonne est mort ! » m'écriai-je consterné.

« — J'en suis fâché, très-fâché..... C'était
« un homme de bien, à la probité antique.....

« un de ces gentilshommes de la vieille
« France..... C'est une perte.... »

« Peut-être le souvenir de son injustice envers l'excellent homme lui pesait-il au cœur? Il se promenait à grands pas les mains croisées derrière le dos.

« Depuis deux ans le sort me poursuit avec
« une ténacité remarquable.... La mort a im-
« pitoyablement fauché autour de moi... Du-
« roc, Bessières, et tant d'autres.... Peu à peu
« disparaissent mes serviteurs les plus dévoués,
« les plus utiles.... Où cela s'arrêtera-t-il? »

Mais il n'était pas dans l'organisation vive et rapide de Napoléon de s'appesantir sur un événement ordinaire. L'esprit plein de graves préoccupations, il passait d'un sujet à un autre avec une incroyable facilité.

« Caulaincourt, » me dit-il sans aucune transition, « vous allez prendre le portefeuille des relations extérieures.

« — Comment ! sire.

« — Un nouveau congrès va s'ouvrir à Man-
« heim. Vous vous y rendrez comme mon plé-
« nipotentiaire ; vous êtes l'homme des puis-
« sances. »

« Je fis un geste d'impatience.

« — Ah! parbleu! c'est bien le cas d'épilo-
« guer sur les mots.... Sans doute, vous êtes
« le négociateur qui réussira le mieux.... Vous
« irez à Manheim, faites vos préparatifs de
« départ.

« — Mais, sire, pourquoi cette connexité
« entre la mission que je vais remplir à Man-
« heim et ma nomination au département des
« relations extérieures? Le duc de Bassano....

« — C'est une question de commérages que
« je résous en vous donnant le portefeuille des
« relations extérieures. On accuse bêtement
« Maret de m'avoir déconseillé la paix, tandis
« que vous la négociez à Prague.... C'est une
« absurdité.... Pour ôter tout prétexte aux
« gobe-mouches et mettre les alliés au pied
« du mur, vous êtes ministre et plénipoten-
« tiaire.... Cela leur conviendra, je pense?

« — Votre Majesté sait que je suis à ses or-
« dres....

« — Que voulez-vous, Caulaincourt, » interrompit-il, « si le fardeau est lourd pour
« vous, il n'est pas léger pour moi, je crois....
« Il ne faut pas compter avec ses forces.... Il
« faut mourir à la peine, ou déserter son
« poste. »

« Ma nomination, » continua le duc, « était envoyée au *Moniteur* avant que j'en fusse instruit ; elle y parut le matin, et je n'avais quitté les Tuileries qu'à deux heures après minuit. En ce temps-là, cela se passait ainsi. Il n'eût pas tombé dans l'esprit de l'Empereur qu'on hésitât à faire à son service le sacrifice de toutes les convenances personnelles.

« Mes préparatifs furent terminés dans la journée. A dix heures du soir, je me rendis au château. Notre conférence fut longue et animée ; je me résumai en le suppliant de me dire si son intention était bien d'adhérer aux dernières bases posées par les puissances et qui avaient été communiquées par le prince de Metternich. J'insistai pour qu'il me donnât son ultimatum sincère, afin que je fusse en mesure de terminer invariablement avec les plénipotentiaires alliés, qui, eux, avaient reçu certainement des instructions positives. Il me faut être vrai, car ceci est devenu de l'histoire, l'Empereur ne répondit jamais catégoriquement à cette demande. Il éludait avec une merveilleuse adresse de livrer le secret de sa pensée intime : cette manière est un des traits saillants de son genre d'esprit. Dans une conversation frivole, son interlocuteur se trouvait à l'aise avec lui, il supportait la discussion avec grâce et bonhomie, c'était un de ses moyens de séduction. Dans la conversation sérieuse l'Empereur était entier, dissimulé; toujours maître de lui-même, il imprimait une certaine gêne; il abusait de sa position pour vous dominer, et de gré ou de force vous ranger à son avis.

« N'allez pas croire qu'il en avait été toujours ainsi. A l'époque dont je parle, l'Empereur était sous le coup d'atroces circonstances. En disant le mal il faut aussi dire loyalement le bien. A Schœnbrunn, à Tilsitt, partout, lorsque, vainqueur, il pouvait user rigoureusement du droit du plus fort, Napoléon fut magnanime et clément; il se montra un grand souverain, à la hauteur de son immense position; il se livra à de nobles et généreuses inspirations; il pouvait tout, et il n'abusa pas de la victoire contre les vaincus. Alors il dédaignait les ruses et la dissimulation, ressources des faibles! Il était fort, il fut vrai et généreux.

« On a vilement oublié les bienfaits de Napoléon, la France doit les enregistrer comme un des titres de gloire de son héros.

« Je me suis encore éloigné de mon récit, » dit le duc en souriant, « et mes impressions personnelles vous intéressent bien moins que Napoléon; j'y reviens.

« Il termina ses dernières instructions par ces paroles remarquables : « Je veux la paix,
« je la veux, et cela sans arrière-pensée, Cau-
« laincourt.... mais je n'accepterai pas de con-
« ditions honteuses.... On veut que la paix soit
« basée sur l'indépendance de toutes les na-
« tions, soit... c'est là une de ces utopies à l'u-
« sage des niais, dont l'expérience fait jus-
« tice.... Ma politique est plus large que
« celle de ces hommes nés rois (cette expres-
sion, d'une haute signification dans la bouche du *soldat heureux*, lui revenait souvent dans les jours d'irritation), qui ne sont jamais
« sortis de leurs cages dorées, qui n'ont lu
« l'histoire qu'avec leurs précepteurs.... Ces
« pauvres sires à vue courte ne voient pas
« qu'un peu plutôt, un peu plus tard, l'Angle-
« terre atteindra son but, qui est de rendre
« toutes les nations tributaires de son com-

« merce..... L'Angleterre est un peuple de
« marchands, sans grandeur, sans noblesse
« dans ses vues.... Tant que sa prépondérance
« maritime appuiera ses prétentions au mono-
« pole universel, l'équilibre ne peut être rétabli
« en Europe.... Dans ce moment le cabinet
« anglais caresse les puissances et s'allie à elles
« avec des apparences de modération, dans
« le seul but de me renverser.... Je suis
« son seul ennemi redoutable..... l'Angle-
« terre poursuit en moi l'homme qui l'a
« devinée, qui l'a mise à deux doigts de sa
« perte... Encore dix années de mon blocus
« continental et la domination de l'Angle-
« terre était anéantie à jamais.... J'ai été mal
« compris!... »

« Il demeura quelques minutes pensif, puis
il reprit avec vivacité :

« Dites-leur, répétez avec l'autorité du bon
« droit, que la paix ne peut être durable qu'au-
« tant qu'elle sera raisonnable pour tous. En
« me demandant des concessions absurdes,
« en m'imposant des conditions inacceptables
« par rapport à l'importance de la France,
« c'est lui déclarer une guerre à mort.... car
« je ne consentirai pas à faire la France

« plus petite que je l'ai prise... La nation
« en masse aurait le droit de me demander
« compte de ma gestion.... Partez, Caulain-
« court, vous avez dans la tête toutes les dif-
« ficultés de ma position, vous connaissez par-
« faitement les hommes et les choses, Dieu
« veuille que vous réussissiez ! »

« Et comme je prenais congé : « N'épargnez
« pas les courriers, tenez-moi informé heure
« par heure; vous devez comprendre que je
« serai ici sur des charbons ardents. »

« Que vous raconterais-je, » continua le duc de Vicence, « de ces négociations de Manheim? rien que de déplorable. Je dois le dire, parce que cela est vrai, parce qu'il faut avoir le courage de son opinion contre des préventions injustes, contre des clameurs insensées; je dois dire que j'ai trouvé assistance dans l'Empereur de Russie. Ce prince avait l'esprit juste et élevé; il voulait mettre la France hors d'état de lui nuire, mais non pas l'écraser. Le fait que j'avance est corroboré par sa conduite en 1814. Je n'en dirai pas autant du bon-vouloir de ses agents diplomatiques au congrès; mais Alexandre était le maître chez lui, et, en accordant satisfaction à l'esprit public de la Russie trèsirritée contre la France, il pouvait encore consentir à une paix honorable pour Napoléon.

« Nos véritables ennemis, ceux-là qui avaient juré notre perte, c'étaient l'Angleterre, l'Autriche et la Suède.... Toutes les négociations venaient échouer contre le parti arrêté d'exterminer Napoléon. Ceci est un fait incontestable, chaque jour on voyait naître un nouveau conflit. A mesure que nous acceptions ce qu'on offrait, une nouvelle prétention s'élevait à la suite d'une difficulté vaincue. Je ne sais en vérité où je pris alors le courage de rester calme en présence de tant d'outrages.

« Les bases proposées par la correspondance de l'Autriche étaient à peu près acceptables. Bien que l'Empereur, ainsi que je vous l'ai dit, hésitât encore, néanmoins je partis des Tuileries avec les pouvoirs de traiter sur ce pied, sauf quelques restrictions. Lorsque j'arrivai au congrès, sous le prétexte que l'Empereur n'avait pas donné assez promptement sa sanction, Metternich retira ses propositions, et les nouvelles conditions qui me furent présentées étaient dérisoires. Je demandai qu'on rétablît les choses d'après le premier projet de traité ; du côté de la Russie je l'aurais emporté, mais toutes mes négociations échouèrent vis-à-vis des autres coalisés. Les avis du comité organisé à Paris pour renverser le gouvernement impérial, réagissaient comme une puissance dirigeante dans les délibérations des alliés. Les destinées de la France étaient entre les mains d'une coterie habile, malheureusement secondée par les dernières défaites qui avaient épuisé nos forces. La France résistait avec les débris de son admirable armée, seule contre toute l'Europe; et la trahison organisée dans le sein de la capitale livrait à l'ennemi le secret de ses derniers moyens de défense, lui donnait le chiffre exact des vides de nos cadres, et indiquait avec une atroce précision le terme de la résistance possible...

« — Oh! » m'écriai-je indignée, « il n'y a pas dans ce monde ni dans l'autre de châtiments assez cruels pour expier un tel crime envers son pays.

« — Le châtiment n'est pas encore arrivé.... » murmura le duc, avec un accent dont l'expression est intraduisible.

« Convaincu de l'inutilité de mes efforts et ne pouvant plus conserver aucun doute sur l'arrière-pensée machiavélique qui prolongeait sans résultat des discussions oiseuses, j'écrivis à l'Empereur que ces conférences, pompeusement décorées du nom de congrès, n'étaient, en définitive, qu'un leurre qui masquait le plan irrévocablement arrêté de ne pas traiter avec la France; que le temps qu'on nous faisait perdre ainsi était employé par les puissances à rassembler toutes leurs forces, pour nous envahir sur tous les points à la fois; qu'en temporisant davantage, nous augmentions sans aucune utilité les mauvaises chances de notre position.

« Alors fut définitivement arrêtée la levée extraordinaire de trois cent mille hommes. Aussitôt la fameuse déclaration de Francfort parut. Le motif du sénatus-consulte renfermait, dirent les alliés, dans leur proclamation incendiaire, une nouvelle provocation de l'Empereur Napoléon aux puissances coalisées dans le but d'obtenir la paix universelle.

« Tout fut encore une fois rompu, et bien que je n'eusse personnellement reçu au congrès que des témoignages d'estime et de considération, ces rapports, où la duplicité et l'ironie perçaient de toutes parts, m'étaient tellement odieux, que j'échappai avec joie au supplice de grimacer la politesse ayant la rage dans le cœur.

« Je ne crois pas qu'un seul diplomate se soit jamais trouvé dans une position aussi épouvantable que la mienne à Prague, à Francfort et à Châtillon. Deux années nous séparaient à peine de l'époque où la France imposait sa loi, et maintenant il lui fallait la recevoir dure et arrogante de ceux-là même qu'elle avait épargnés.

« Arrivé à Paris à deux heures du matin, je descendis aux Tuileries. L'Empereur avait donné des ordres pour que je fusse introduit auprès de lui, n'importe à quelle heure. Lorsque j'entrai dans son cabinet, il dictait à ses secrétaires. Il les congédia aussitôt ; son regard perçant arrêté sur moi, ses paroles heurtées témoignaient de toutes ses angoisses.

« Eh bien ! » me dit-il, « vous n'avez pu
« triompher de leur mauvais vouloir..... on
« me regarde comme un homme perdu dont
« on peut se jouer sans pudeur.... » Ses lèvres contractées donnaient à sa physionomie une expression terrible.

« — Sire, » répondis-je, « la déclaration de

« Francfort est tellement explicite, qu'il n'est
« plus permis de se faire aucune illusion sur
« les intentions qui l'ont dictée. Il y a une in-
« fernale combinaison dans les assurances
« trompeuses qu'on donne à la nation. Le but
« des puissances est de séparer la cause de la
« France de celle de Votre Majesté.

« — Mais, » interrompit-il vivement, « le bon
« sens public ne se laissera pas prendre à cette
« grossière amorce? En m'abandonnant, les
« Français se couvriraient de honte..... Les
« intérêts du pays périraient dans l'abîme où
« mes sujets m'auraient précipité.

« — Sire, en présence des circonstances où
« nous sommes placés, je ne vois qu'un moyen.

« — Lequel? » Et sans attendre ma réponse : « Qui donc oserait s'asseoir après moi
« sur le trône de France? Qui prétendrait
« gouverner un peuple auquel vingt années
« de conquêtes ont donné le sentiment de sa
« valeur et de sa puissance? Quel est l'auda-
« cieux qui, escomptant l'avenir, imaginerait
« asservir ceux qu'on ne dompte qu'à force
« de gloire et de véritable grandeur? Depuis
« le 21 janvier, de sanglante mémoire, qu'est-
« ce qu'un roi en France, s'il ne gouverne

« pas avec l'autorité de ses propres actions,
« s'il ne sait pas régner glorieusement? c'est
« un ilote, pis encore, c'est un homme de
« trop.... L'élan est donné, les enfants s'ins-
« pireront des souvenirs de leurs pères... La
« phase héroïque de l'empire sera pour les
« Français le palladium contre lequel viendra
« se briser toute médiocrité vulgaire imposée
« par la domination étrangère... Il n'y a d'au-
« tre esprit national en France que l'amour
« de la gloire et la haine de l'étranger. »

L'Empereur était accoudé contre la cheminée, une de ses jambes relevée sur l'autre; les candélabres éclairaient de haut en bas, et les effets de lumière en frappant sur son visage permettaient de saisir tout le jeu de sa physionomie si mobile, si expressive. Le feu de l'inspiration jaillissait de ses yeux ; sa pose pleine de fierté, son geste animé et rapide, la hauteur de son langage prophétique, ces riches salons où il posait si grand, tout donnait à sa personne une apparence surnaturelle. Il semblait que cet homme fût né pour commander au ciel et à la terre. La pensée s'arrêtait sur lui, invinciblement frappée d'admiration et de tristesse.... A l'apogée de sa gloire, le héros voyait crouler de toutes parts l'édifice élevé par son génie; sa puissante nature se consumait dans l'activité dévorante de son esprit, et, se grandissant avec le malheur, il le regardait en face sans pâlir.

« Ces souvenirs-là sont ineffaçables, » ajouta le duc avec un accent pénétré. « En rappelant cette scène, il est devant mes yeux; le timbre, les inflexions de sa voix vibrent encore à mon oreille...

« L'Empereur demeura quelques minutes silencieux, et sortant comme d'un songe :
« Que me disiez-vous, Caulaincourt? Quelles
« sont vos idées? Quel moyen vouliez-vous me
« proposer?

« — Sire, je crois qu'au point où en sont ar-
« rivées les affaires du pays, Votre Majesté
« doit à la nation française une loyale et com-
« plète communication des documents qui ont
« été la base première des conférences de
« Manheim; il ne faut pas dissimuler la mau-
« vaise foi des puissances, ni aucune des
« causes qui rendent, du côté de Votre Ma-
« jesté, la conclusion de la paix impossible.

« — Mauvais moyen... A quoi bon jeter l'a-
« larme et le découragement? N'est-on pas

« déjà assez enclin à exagérer les difficultés de
« ma position?

« — Malheureusement, Sire, l'exagération
« ne peut aller au-delà de la vérité.

« Il fit un geste d'impatience; je repris :
« Notre position est désespérée si, par un
« grand acte de la puissance nationale, tous les
« Français de bonne volonté ne concourent à
« la défense du territoire. Il faut que le peuple
« français sache que les alliés ne veulent pas
« traiter avec la France. Il faut que cette
« franche déclaration de Votre Majesté ins-
« truise la nation de ses dangers, des ressour-
« ces qui lui restent et des chances de succès
« qui lui sont assurées, si elle se lève tout en-
« tière pour la défense de ses frontières.

« — Ah! baste... vous mettez de la cheva-
« lerie partout, Caulaincourt... Un appel au
« patriotisme de la nation? Réfléchissez-vous
« aux conséquences? Sans aucun doute, un
« appel aux armes électriserait tous les hom-
« mes de cœur; mais la plèbe, qui devient
« partie obligée dans ces mesures révolution-
« naires et qui les rend si dangereuses... Le
« lendemain d'une victoire du peuple, le trône
« est à lui... il est au premier audacieux qui...

« — C'est cependant avec la levée en masse, » dis-je vivement, « que les puissances nous ont « expulsés en quelques mois de leurs places « fortes, de leur territoire ; c'est avec leurs « milices improvisées qu'elles cernent nos « frontières.

« — Si vous voulez rester dans le vrai, ne « comparez jamais les Français à aucun autre « peuple. Ce qui a réussi là, me perdrait ici... « et, dans toute hypothèse, comme dernier « moyen, je puis toujours en venir à cette ex- « trémité... Elle est inopportune aujourd'hui.

« — Aujourd'hui, » m'écriai-je, irrité de l'inconcevable aveuglement de l'Empereur, « aujourd'hui, Sire, nous sommes arrivés à « cette extrémité dont parle Votre Majesté.

« — Je ne suis pas de votre opinion, » interrompit-il avec humeur.

« — Votre Majesté a-t-elle des ordres à me « donner, » dis-je, saisissant mon chapeau placé sur un pliant?

« Il me regarda fixement, et s'approchant de moi : « — Votre imagination va trop vite, « Caulaincourt... il faut opposer du sang-froid « au malheur pour n'en être pas terrassé.....

« Vous êtes fatigué ; allez prendre quelque re-
« pos... Venez ce matin de bonne heure, nous
« causerons avant le conseil. »

CHAPITRE XIII.

« Six heures sonnaient à l'horloge du château au moment où je terminais avec l'Empereur l'entretien que je vous ai rapporté hier. Depuis Francfort, j'avais couru jour et nuit, et je n'étais descendu de voiture qu'aux Tuileries. Je me jetai sur mon lit pour prendre quelques heures de repos, et, dans la matinée, je revins chez l'Empereur dont la mauvaise humeur avait disparu.

« Napoléon avait des boutades terribles. Lorsqu'il manquait d'une bonne raison à opposer à ses contradicteurs, c'était avec une réponse sèche qu'il leur témoignait sa désapprobation; et s'il arrivait qu'on lui résistât, alors il s'emportait souvent presque jusqu'à l'impolitesse. Aussi, pour éviter ces extrémités qu'il n'était pas dans mon caractère de supporter patiemment, aussitôt que la conversation prenait cette tournure, je coupais court en prenant gravement congé. Cette manière de faire le contrariait horriblement, et cependant jamais il ne me laissait partir sans avoir adouci par quelque parole pleine de bonté ce que sa vivacité avait eu de désobligeant; et, sans autre explication, la paix se trouvait ainsi rétablie entre nous. Quelquefois il m'appelait en riant *M. de Tufier*, mais il avait trop de tact et d'élévation dans l'esprit, pour m'en vouloir de n'être pas le courtisan de ses défauts.

« Dans la campagne de Moscou, à la suite d'une discussion très-vive, je quittai le quartier-général et me retirai dans une espèce de galetas qu'un officier voulut bien me céder avec sa paille en guise de lit, ce qui était du luxe dans ce moment. Berthier vint me chercher de la part de l'Empereur; je résistai, décidé que j'étais à cesser mes fonctions auprès de sa personne. Je lui écrivis même pour lui demander un commandement en Espagne; il me renvoya ma lettre, au bas de laquelle était écrit de sa main : « Je n'ai pas envie de vous en-
« voyer vous faire tuer en Espagne, venez me

« voir, je vous attends. » En m'apercevant, l'Empereur se mit à rire, et, me tendant la main : « Vous savez bien, » dit-il, « que nous « sommes deux amoureux qui ne peuvent se « passer l'un de l'autre. »

« Notre brouille avait duré trois jours; c'était bien long, mais depuis cette époque, les boutades furent beaucoup moins sérieuses.

« A la fin de 1813, contre son habitude, l'Empereur se montra souvent en public, accompagné de l'impératrice. Un soir, il assistait à une représentation de *Cléopâtre*, donnée au bénéfice de madame Grassini. La salle était comble, et LL. MM. furent très-applaudies en entrant. Pendant un entr'acte, l'Empereur retiré dans le salon qui précédait sa loge, me dit sans aucun à-propos : « Le fau« bourg Saint-Germain s'agite... ces gens-là « sont incorrigibles. »

« Comme je savais à quoi m'en tenir, je gardais le silence.

« — On y dit beaucoup de mal de moi. En « êtes-vous informé?

« — Ce n'est pas devant moi, » répondis-je, « qu'on se permettrait d'attaquer Votre Ma« jesté.

« — On complote, sourdement, niaise-
« ment; ces petits *maniganceurs* ne sont pas
« dangereux;... mais je suis outré de l'ingra-
« titude des gens que, pour la plupart, j'ai
« tirés de la misère; je leur ai rendu leurs
« biens séquestrés; de plus, sur leurs instan-
« ces les plus obséquieuses, les plus basses,
« je leur ai donné des places à ma cour, et les
« voilà, comme des valets, disant pis que pen-
« dre du maître qui les a nourris; cela est dé-
« testable... J'ai beaucoup trop fait pour ce
« faubourg St-Germain... Je mettrai ordre à
« toutes ces intrigues, plus tard. »

« Il ne me convenait pas, » ajouta le duc de
Vicence, « d'entretenir l'Empereur de toutes
ces pauvretés. Il est bien certain que s'il eût
suivi les conseils qui lui furent donnés alors,
d'envoyer certain personnage à Vincennes,
c'eût été bonne justice..... Ce traître était
l'âme de toutes les intrigues, de tous les complots, et, par ses anciennes relations avec presque tous les membres de la diplomatie étrangère, il avait une influence réelle. Les autres
avaient du mauvais vouloir, mais ils n'avaient
par eux-mêmes aucune consistance. L'Empereur fut dédaigneux de si peu et il eut tort.

« A quelques jours de là, à l'issue du conseil, Savary, ministre de la police générale, remit à l'Empereur une liasse renfermant des imprimés, des papiers, des lettres et un portefeuille.

« Qu'est-ce que tout cela? » demanda Napoléon.

« — Sire, ce sont des preuves à l'appui des
« faits sur lesquels j'ai souvent appelé en vain
« l'attention de Votre Majesté.

« L'Empereur fronça le sourcil en parcourant une des lettres saisies, et Savary donna les détails suivants :

« Madame La *** (je ne vous la nommerai pas par respect pour son honorable famille) avait été signalée à la police comme un des agens les plus actifs de la coterie du faubourg St-Germain. Hardie et entreprenante, elle fut choisie par le comité-directeur pour porter à l'étranger des renseignements utiles à la cause pour laquelle on intriguait. Il faut convenir que le choix du messager avait été fait avec un discernement admirable. Encore jeune, très-jolie, pleine d'esprit et de finesse, madame La*** possédait beaucoup de moyens de séductions... et l'exaltation de sa tête permettait de supposer qu'elle ne reculerait devant aucune des nécessités de sa mission.

« Je ne sais plus de quel prétexte elle se servit pour motiver son départ; toujours est-il que, munie d'un passeport fort en règle pour Mayence, l'ambassadeur féminin quitta Paris, le 3 ou 4 décembre, dans une élégante calèche surchargée de malles, boîtes à robes et à chapeaux; c'était là son bagage diplomatique à elle. Mais, en voyant une jeune femme entourée de ses colifichets, qui eût osé penser à mal? Rien n'avait l'air plus innocent que ce voyage.

« Accompagnée d'un domestique de confiance, madame La*** cheminait en toute sécurité sur la route de Mayence, bercée de rêves de plaisir, de fêtes, de richesses, d'ambitieuses conquêtes..... Ces têtes du nord sont si inflammables!... Hélas! les heureux songes durèrent peu et l'intrigante tomba du ciel dans l'enfer. Elle se réveille entourée d'ignobles gendarmes; des alguazils de police ouvrent brusquement la portière de sa voiture, et intiment à madame La*** l'ordre d'en descendre. Les cris et les pleurs ne sont pas écoutés; il faut obéir et céder la place aux agents qui explorent minutieusement l'intérieur de la calèche. La visite fut longue ; il devait s'y trouver quelque chose, et l'on ne trouvait rien. La dame, à pied, au beau milieu de la route, par un froid abominable, en voyant l'inutilité des recherches, commençait à se rassurer et à faire entendre des menaces. Elle se plaindrait hautement d'une semblable violation de la liberté individuelle ; son passeport était en règle ; le temps de la terreur était-il donc revenu, qu'on pût exercer impunément de telles violences à l'égard d'une pauvre femme inoffensive?... et bien d'autres lamentations encore, qui ne cessèrent qu'au moment où l'on découvrit la cachette fort habilement pratiquée dans le fond de la voiture. Elle renfermait la correspondance, un portefeuille garni de lettres de crédit sur Francfort et autres places, et enfin quinze mille francs en or.

« Aux injures succédèrent tout à coup les pleurs, les supplications, les offres de l'or aux *bons* gendarmes. C'était un désespoir à attendrir des rochers ; mais les gens de police, à ce qu'on dit, sont incorruptibles et surtout insensibles aux douceurs. Force fut donc de se résigner à prendre la route de Paris en compagnie de trois sbires qui prirent cavalièrement place aux côtés de la belle voyageuse. La voiture, bien escortée, arriva au petit jour dans la cour du ministère de la police. Le coffre fut retiré de la cachette, vérifié devant la dame qui, après avoir subi un long interrogatoire, fut, ainsi que son domestique, envoyée en lieu sûr.

« Le contenu de ces papiers était fort intéressant et prouvait que, quelle que fût la vigilance de la police, elle était facilement mise en défaut. Nous lûmes plusieurs proclamations imprimées à Sceaux avec une presse clandestine, établie dans les caves d'un château appartenant à un M. Lamy. Des renseignements étaient rédigés avec beaucoup de méthode et parfaitement conformes à l'état réel de notre position; on rendait compte de l'impression que produisait dans le peuple la levée des trois cent mille hommes; on parlait de la misère des ouvriers, de la détresse des campagnes et de la stagnation du commerce qui soulevait un mécontentement général dans la bourgeoisie; on appuyait fortement sur la déconsidération où était tombé l'Empereur par suite de ses revers et de la désaffection qu'on ne dissimulait plus pour sa personne. La conclusion était que tous les Français attendaient les alliés comme des libérateurs, et qu'ils les appelaient de tous leurs vœux.

« Une quantité de petits billets ambrés, aux cachets armoriés, étaient adressés au comte de Saint-Priest. On invoquait d'anciennes relations de parenté ou d'amitié; on le suppliait d'employer son crédit auprès de S. M. l'empereur de Russie. Tout était disposé pour seconder les alliés dans leur généreuse entreprise; des intelligences établies dans toutes les grandes villes du royaume devaient en faciliter l'accès aux ennemis de la France.

« Beaucoup d'autres lettres écrites dans le même sens étaient adressées à des diplomates étrangers; puis enfin des documents extorqués, je ne sais comment, aux ministères de la guerre et de l'intérieur. Cette capture était fort importante et donnait lieu à de vives inquiétudes. Par quels moyens les légitimistes s'étaient-ils procuré certains renseignements; et ne pouvaient-ils pas renouveler avec plus de succès la tentative qui venait d'échouer?

« L'Empereur s'informa si toutes les précautions avaient été prises pour que l'arrestation de madame La *** restât secrète. Savary dit que le seul témoin de l'expédition de la police, le postillon, étant mis en un lieu de sûreté, rien ne pouvait transpirer sur cette arrestation.

« Savary pressa l'Empereur de prendre des mesures pour faire cesser ces complots permanents contre son gouvernement. L'enlèvement de quelques-uns des chefs de ces dangereuses menées eût suffi pour déjouer les intrigues; mais l'Empereur ne prit aucun parti, et congédia Savary en lui disant d'attendre ses ordres.

« Aucun des coupables n'a gardé au fond du cœur le souvenir de la magnanimité de Napoléon. Dans cette circonstance, il pouvait cependant faire un exemple terrible; mais il dédaigna de se venger.

« Après le départ de Savary, il relut la plupart de ces pièces, et certes il y avait bien de quoi exciter sa colère. Quelques cris d'indignation lui échappèrent, mais sans trop d'emportement. Il jeta au feu une partie de ces papiers après les avoir parcourus, et d'autres furent serrés dans le tiroir de son bureau. L'Empereur était triste et soucieux, et ce ne fut que

quelques instants après qu'il me dit : « Conce-
« vez-vous de telles atrocités? »

« Napoléon n'aimait pas à punir ; je ne l'ai jamais vu sévir de sang-froid contre les gens qu'il avait connus. Et, depuis quelques mois, tant d'illusions s'étaient évanouies, tant de déceptions avaient brisé son âme, qu'il devenait presque indifférent aux lâchetés dont il était l'objet; de si grands événements l'accablaient, qu'il semblait éprouver le besoin d'y appliquer toute son attention sans la distraire par de petites choses. Je remarquais aussi que sa pétulance habituelle avait fait place, dans beaucoup d'occasions, à un calme qui ne lui était pas naturel; peut-être son organisation physique cédait-elle aux fatigues de tous les genres qui dévoraient sa vie?

« En effet, chaque jour une nouvelle désastreuse venait compliquer notre situation, déjà si embarrassée. Les places fortes que nos garnisons en Allemagne défendaient encore, nous échappaient une à une, et nous perdions ainsi en hommes, en munitions, en matériel, des ressources précieuses dont les ennemis s'enrichissaient. La levée de trois cent mille hommes s'organisait avec facilité, mais le temps nous manquait. Nous étions en décembre ; les alliés arrivaient à marches forcées. Le premier janvier 1814, ils franchirent nos frontières....

« L'Empereur ne me parla plus de ma proposition d'en appeler au peuple français. Cependant je persiste encore dans l'opinion que cette mesure était la seule qui pût prévenir notre ruine. L'intelligence nationale aurait compris que le concours simultané de tous à la défense commune assurait à chacun l'inviolabilité du foyer, la conservation de la propriété, la paix pour le pays. Non, l'invasion des puissances étrangères n'aurait pu s'effectuer en présence de la France armée. Que de fois, pendant cette affreuse lutte de la campagne de 1814, les paroles de Napoléon à Duben me revinrent à l'esprit ! *Le destin marque la chute des nations.* Cet axiome se vérifiait chaque jour d'une manière effrayante.

« D'après les ordres de l'Empereur, je partis dans les premiers jours de janvier pour le quartier-général des alliés, où de nouvelles et inutiles négociations furent ouvertes. Je vous ai parlé du congrès de Châtillon, et je ne me sens pas le courage de repasser cette autre page si sombre dans mes souvenirs... C'est, je crois, le 25, que l'Empereur quitta la capitale pour se mettre à la tête de son armée déjà refoulée jusqu'à Saint-Dizier d'où, en arrivant, il chassa l'ennemi.

« Alors commença cette campagne de miracles où le génie de Napoléon brilla d'un immortel éclat. Jamais armée n'avait exécuté de plus beaux faits d'armes, de plus savantes manœuvres, de telles merveilles. Dans la campagne de France se renouvelèrent ces prodiges d'Italie, qui avaient signalé au monde entier l'apparition d'un héros! La fin de la carrière militaire de Napoléon fournit la plus gigantesque défense qu'offrent les annales de la guerre.

« Je n'ai pas de faits intimes à vous en citer jusqu'au 23 mars, puisque je n'étais pas auprès de l'Empereur. Je ne le rejoignis qu'à Saint-Dizier, après la rupture des conférences. Je me retrouvai avec bonheur au quartier-générale. Ce que j'avais souffert à Châtillon est inexprimable.

« Pendant ces négociations, je ne conçois pas comment je ne suis pas devenu fou.... Le temps des illusions était passé.... L'actualité était dévorante, et à mes lettres je ne recevais que des réponses évasives, alors qu'il eût fallu traiter à tout prix... L'avenir nous restait.... Maintenant il ne nous reste qu'un tombeau.

« Oh ! ces souvenirs me tuent.

« — Vos lettres » interrompis-je, « resteront comme un monument de vos efforts et de votre courage. Le manuscrit de 1814 de M. Fain vous donnera de belles pages dans l'histoire de nos malheurs.

« — Mes lettres n'étaient qu'une pâle copie de ce que je disais à l'Empereur dans nos entretiens particuliers; que de curieuses révélations j'aurais à faire ! »

Il s'arrêta pensif et reprit :

« La veille de mon départ de Châtillon, j'étais rentré chez moi, fatigué, exténué de ces interminables conférences où le mauvais vouloir, où la mauvaises foi des puissances n'étaient que trop évidents. La place n'était plus tenable ; tout était désespéré ; il me fallait en conférer de vive voix avec l'Empereur ; je donnai des ordres pour mon départ.

« L'esprit bourrelé, incapable d'aucun travail, je m'étais jeté sur un canapé, ma tête reposait sur ma main, j'étais livré aux plus tristes pensées. Un frôlement de papier me fit diriger mes yeux du côté d'où venait le bruit, et j'aperçus un imprimé qu'on poussait du dehors par-dessous la porte. « Qui est là, » m'écriai-je ? Un *chut* très-prononcé m'avertit de me taire. Je m'empressai de saisir le papier et j'entendis qu'on s'éloignait. La lune était pure et brillante ; de ma fenêtre je vis un jeune homme enveloppé d'un manteau, le chapeau rabattu sur la figure, traversant la cour rapidement ; avant de franchir la porte de la rue, il s'arrêta, dirigea son regard vers les persiennes de mon cabinet, porta son doigt sur ses lèvres et disparut. Je laissai retomber le rideau.

« A la haute taille de l'inconnu, à ses cheveux blonds bouclés, j'avais reconnu un des secrétaires de l'ambassade russe. — Alexandre n'existe plus... je ne le nommerai pas, pour ne point le compromettre, le bon jeune homme !

« Ce papier qui m'était parvenu avec tant de mystère, c'était un pamphlet, apporté la nuit d'avant par un courrier extraordinaire, à chaque ambassadeur. Il portait pour titre : « *De la nécessité de renverser Buonaparte, et de rétablir les Bourbons, par le lieutenant-co-*

lonel du génie de Brichambault. Nancy, le 1er mars (1). »

« Ce libelle émané d'un officier français, devait produire un grand effet sur les souverains alliés, en appelant leur attention sur des conséquences assez spécieusement présentées. Il y avait un machiavélisme diabolique dans la pensée de ressusciter, aux yeux des rois, le gigantesque fantôme de la république universelle et de la présenter comme une nécessité que Napoléon ne manquerait pas d'employer, pour se faire pardonner par les Français les stipulations d'une paix honteuse. On m'a assuré depuis qu'à ce libelle étaient joints des calculs exacts et raisonnés, sur la force actuelle de l'armée, sur son état moral de découragement, etc., etc.

« Retranché qu'il était au milieu du camp ennemi, l'auteur, officier français du génie, disgracié par l'Empereur et exilé à Nancy, eut l'infamie de lancer cette torche vengeresse sur son pays !....

« La perfide insinuation qui venait d'être

(1) *Voir* cette pièce à la fin du volume.

présentée à l'esprit de la sainte-alliance pouvait avoir une immense influence sur ses dernières déterminations, et justifier en quelque sorte son implacable ressentiment. Cette communication était d'une haute importance; il me tardait que l'Empereur en fût instruit. Mon départ de Châtillon était décidé; je l'avançai; je partis cette nuit même, 20 mars, et après des circuits sans fin, je parvins, le 23, à Saint-Dizier où se trouvait le quartier-général.

« L'Empereur, au moment où j'entrai dans son cabinet, dictait des ordres; trois secrétaires écrivaient sous sa dictée.

« Ah!... » fit-il, en jetant sur moi son regard ardent... « Sortez, messieurs » qu'y a-t-il « de nouveau, Caulaincourt? »

« Il était au courant de la rupture des conférences, mais il ne m'attendait pas sitôt. Je connaissais l'Empereur; il ne fallait pas affaiblir l'effet par des paroles. Je lui remis le pamphlet.

« Je suivais attentivement l'expression de sa physionomie pendant qu'il lisait. Ses traits se contractèrent; ses lèvres étaient agitées d'un certain tic qui leur donnait toujours un mouvement particulier, lorsqu'il était violemment ému. Il dévora l'écrit jusqu'à la dernière ligne, revint sur quelques passages qu'il avait marqués d'un coup d'ongle, et, le lançant sur le bureau près duquel il était assis, il se leva et parcourut à grand pas l'appartement. Enfin il s'arrêta droit devant moi ; ses yeux flamboyaient.

« Mais c'est une œuvre infernale... la diabo« lique pensée d'évoquer le nom de la répu« blique peut avoir une portée incalculable...
« Auprès des alliés, il y a, dans ces considé« rations, un puissant motif pour ne faire ni
« trève ni paix avec la France... Il y a au fond
« de ce fait, pour tous les trônes, une ques« tion de vie ou de mort. Cet audacieux a
« soulevé là un levier qui retombera de tout
« son poids sur le pays... La république... la
« république, comme dernier moyen, pou« vait s'essayer, » dit-il plus lentement, « mais
« dans les circonstances présentes, cette révé« lation est un malheur... un crime !...

« Cet homme, Caulaincourt, cet homme
« est un misérable... il devrait être tenaillé...
« Ce libelle aura du retentissement... quel

« effet a-t-il produit? comment vous est-il
« parvenu? oui, comment est-il parvenu en-
« tre vos mains?

« — Sire, il m'est parvenu du seul côté où,
« pour Votre Majesté, se trouve de la sym-
« pathie, de la loyauté, » et je lui racontai
l'apparition du secrétaire de l'ambassade russe.

« — Bah!! en êtes-vous sûr?..... bien sûr,
« Caulaincourt?» et sans attendre ma réponse:
« Je le sais bien, il y a de la noblesse dans
« celui-là... c'est un beau caractère, il ne m'a
« pas compris... Il fallait tout sacrifier, tout,
« au maintien du blocus continental... Avant
« dix ans nous eussions été maîtres de l'An-
« gleterre, des possessions anglaises... L'Em-
« pereur Alexandre, Caulaincourt, n'a pas
« d'avenir dans l'esprit.

« — Mais, sire, » dis-je, emporté par un
sentiment d'équité contre une allégation injuste, « l'empereur Alexandre comprenait très-
« bien toutes les conséquences du blocus con-
« tinental éxécuté loyalement. Ce système qui
« ruinait momentanément la Russie n'était
« supportable qu'autant que la France, par
« sa fidélité à l'observer, concourrait à en

« abréger la durée ; au lieu de cela, en fraude
« de nos engagements, nous délivrions des
« licences...

« — Ah ! vous voilà retombé dans votre ma-
« rotte; les licences, les licences... laissons
« cela » et puis s'arrêtant devant une table où
étaient étalées les cartes de France : — « Appro-
« chez Caulaincourt, » et en peu de mots, à
l'aide de ses épingles, il me traça un admirable
plan de la position respective des deux partis,
des lieux occupés, des forces, des mouvements
des deux armées.

« J'ai travaillé la nuit dernière avec Dalbe;
« j'ai là, » dit-il en se frappant le front,
« toute mon affaire.... J'ai combiné mes
« moyens.... j'ai encore d'immenses ressour-
« ses... mes troupes sont admirables, admira-
« bles! Oh! les Français... brave nation... je
« n'accepterai pas de conditions humiliantes,
« non, je ne me laisserai pas mettre le pied sur
« la gorge... Nous n'en sommes pas encore
« là... c'est tout ce qu'on pourrait faire pour
« conserver la couronne à mon fils, si j'étais
« tué d'un coup de canon... Quel effet a pro-
« duit ce vil pamphlet, là-bas?

« — L'effet m'en est maintenant expliqué par « les nouvelles complications, qui ont amené « de notre côté la rupture des conférences...

« — Allons donc? » et il reprit sa promenade à grands pas. « Asseyez-vous, Caulain-« court... moi je ne pourrais rester en place... « Ainsi ils prétendent m'imposer de plus dures « conditions encore ! Et maintenant, » dit-il en se redressant de toute sa hauteur, « au-« jourd'hui, à cette heure, il ne me convient « pas de traiter avec des prisonniers.... Oui, « avec des prisonniers... Entendez-vous, Cau-« laincourt ? »

Pénétré que j'étais de la gravité de notre position, désespéré de l'incroyable aveuglement de l'Empereur, je lui retraçai avec des paroles de feu l'état déplorable de la France, l'épuisement du pays envahi et foulé de toutes parts, l'attitude morale de tous les corps de l'état, le découragement trop évident des chefs de l'armée...

« Est-ce donc pour calomnier l'armée que « vous avez quitté vos amis ?.... » Il se posa devant moi, les bras croisés, la tête haute, le regard terrible.

Je me levai indigné, et, m'élançant sur mon

chapeau, je revins vers lui ; puis, appelant à mon aide toute ma raison, je me dirigeai vivement vers la porte.

Il me retint par la basque de mon habit.

« Où allez-vous?... nous sommes deux fous...
« il est quatre heures... je suis fatigué... vous
« l'êtes aussi, mon pauvre Caulaincourt. » Et, me tendant la main avec un air de câlinerie intraduisible « je vais dormir deux heures...
« allez-vous reposer ; revenez déjeuner avec
« moi.

« — Cela est impossible, sire, je prie votre
« majesté de m'accorder un congé...

« — Non, Caulaincourt, non... vous ne
« pouvez pas, vous ne devez pas me quitter...
« j'ai besoin de vous, mon ami... « Il ajouta, en appuyant fortement sa main sur mon bras :
« il faut avoir une tête de fer, pour qu'elle ne
« soit pas brisée dans une semblable lutte...
« un contre dix... est-ce là le moment de m'a-
« bandonner, Caulaincourt ! »

CHAPITRE XIV.

« Tout ce qui entourait l'Empereur était plein de dévouement et d'ardeur, et quoique nos affaires fussent bien mauvaises, chaque victoire partielle que nous remportions redonnait de la confiance et de l'espoir. Lorsque j'arrivai la bataille d'Arcis-sur-Aube électrisait toutes les têtes, les détails en étaient dans toutes les bouches, les soldats ne parlaient pas d'autre chose.

« Le fait suivant me fut raconté par le colonel de Mondreville, brave et excellent officier attaché au grand quartier général.

« Pendant la bataille, au moment où l'affaire était engagée sur tous les points, une division de cavalerie russe, forte de six mille hommes et précédée de Cosaques, franchit nos lignes en culbutant notre cavalerie très-inférieure en nombre.

L'Empereur dont le coup d'œil rapide saisissait tous les mouvements du champ de bataille, aperçoit un nuage de poussière qui grossit devant lui et à travers lequel on ne peut rien distinguer. Il se porte aussitôt de ce côté. Quelques cavaliers en arrivent à toute bride, les uns blessés, les autres effarés. En un moment une foule de fuyards enveloppe l'Empereur. « Qu'est-
« ce? » dit-il, « qu'est-ce donc? Dragons, où
« allez-vous? arrêtez, arrêtez.... vous dis-je!
« — Les Cosaques! les Cosaques! » Le tumulte est au comble, la déroute imminente.

Un officier survient sans casque et couvert de sang; il aperçoit l'Empereur, et s'élançant à sa rencontre : « Sire, les Cosaques ont en-
« foncé nos lignes, nous ont culbutés; ils sont
« appuyés par une forte division de cavalerie.
« — Dragons, ralliez-vous! » crie l'Empereur d'une voix tonnante, en se dressant sur ses étriers; « que faites-vous? vous fuyez et
« je suis là..... serrez vos rangs, dragons! en
« avant... » et mettant l'épée à la main, il s'avance intrépidement au grand trot au devant d'une nuée de Cosaques. Il est suivi de son état-major, de ses escadrons de service et de ces mêmes hommes qui, terrifiés, démoralisés,

en fuite, un instant plus tôt, se précipitaient maintenant sur l'ennemi aux cris de : « vive l'Em-
« pereur! » La colonne russe est culbutée, refoulée hors de nos lignes, et poursuivie à outrance.

« L'Empereur, après cette échauffourée, revient tranquillement se placer au milieu du champ de bataille d'où il continue à commander l'action. Cependant, dans cet engagement partiel, nous n'avions pas eu mille chevaux à opposer à six mille Russes supérieurement montés. C'est à la tête des débris d'un régiment de dragons que l'Empereur entreprend de repousser l'ennemi et qu'il y parvient.

« Le combat dura jusqu'à minuit, mais nous ne pûmes arracher la victoire. L'armée française combattait avec à peine dix mille hommes, épuisés de fatigue, contre trente mille de troupes fraîches commandées par de Wrède.

« Ma mémoire ne me rappelait aucune affaire où j'eusse vu Napoléon mettre l'épée à la main de sa personne. Je lui parlai d'Arcis-sur-Aube. Il me regarda d'un air étonné. « Ma
« foi! » dit-il en riant, « il y avait longtemps
« que cela ne m'était arrivé... Parbleu! à pro-

« pos, je me rappelle que j'ai eu bien de la
« peine à trouver mon fourreau pour rengaî-
« ner. » Et il se mit à rire aux éclats de sa
maladresse; puis il ajouta gaîment : « Or, il
« faut savoir que ma redoutable épée est cer-
« tainement une des plus mauvaises lames de
« l'armée. »

« Nous nous mîmes tous à rire. Cela était
vrai. Une des manies de l'Empereur était de
ne pas souffrir qu'on renouvelât cette épée à
la simple poignée de nacre, bien terne et bien
mesquine. Il n'est pas un officier qui eût voulu
en porter une semblable.

« Cette conversation l'avait mis en bonne
humeur; il passa son bras sous le mien et
m'entraînant à l'écart : « Vous ne savez pas
« que j'ai failli m'emparer du beau-père ! c'eût
« été une jolie capture ! il ne s'en est guère fal-
« lu.... J'ai sans cesse manœuvré pour pren-
« dre le quartier général des alliés, cela au-
« rait bien avancé nos affaires à Châtillon,
« qu'en dites-vous, Caulaincourt? » Son front
se rembrunit. « Je suis harcelé de toutes parts
« pour couvrir Paris.... Couvrir Paris ? je le
« sais bien, cela est essentiel ! mais je manque
« ainsi toutes mes opérations... En abandon-

« nant Paris au soin de sa propre défense, je
« suis au contraire maître de mes mouvements,
« rien ne m'empêche de marcher sur le Rhin,
« de rallier ses garnisons avec celles de la Mo-
« selle, d'organiser sur toute la ligne *votre* le-
« vée en masse.... de fermer ainsi les routes,
« de rompre les communications des armées
« ennemies engagées au cœur de la France. »

« Il resta quelques instants pensif, puis il re-
« prit : » Depuis l'ouverture de cette campagne,
« je me suis familiarisé avec cette idée, je l'ai
« mûrie, développée; mon plan est arrêté.....
« Quelle est votre opinion, Caulaincourt ?

« — Sire, ce plan me paraît certainement
« très-bien combiné...

« — Mais, pour le mettre à exécution, »
interrompit-il vivement, « il faut abandonner
« Paris.... Que fera Joseph ? Résistera-t-il avec
« vigueur ? C'est là toute la question..... J'ai
« la tête pleine de mille idées.... L'incertitude
« ne me va pas, et dans cette guerre qui ne
« ressemble à aucune autre, je vais au jour le
« jour..... Les avis que je reçois de Paris sont
« très-alarmants ; je ne sais que résoudre !... »

« Le soir Berthier vint chez moi ; j'avais
bien des détails à lui demander sur ce qui s'é-

tait passé autour de l'Empereur pendant mon absence; et lui, le cœur gros de tristesse, avait besoin de s'épancher; nous fûmes heureux de nous retrouver. Berthier vieillissait; les fatigues de cette campagne étaient au-dessus de ses forces. L'âge avait refroidi en lui cette ardeur qui s'accroît avec le danger; il voyait les choses sans illusion et il les jugeait désespérées.

« Il me confirma dans l'opinion que j'avais sur la véritable cause des irrésolutions de l'Empereur, pendant les négociations de Châtillon. « Sans doute, » me dit-il; « ces alterna-
« tives de victoires et de revers ont dû pro-
« duire chez l'Empereur cette fluctuation d'i-
« dées qui a rendu votre position si fausse et
« si difficile aux conférences, mais il était do-
« miné par une arrière-pensée à laquelle il se
« rattache contre toute évidence. L'Empereur
« croit encore à l'intérêt, au bon vouloir de
« l'Autriche en faveur au moins de sa femme
« et de son fils. Cet erreur sera la cause de
« notre ruine entière. Il fait écrire lettre sur
« lettre par l'Impératrice à son père, et vous
« connaissez la nullité complète de Marie-
« Louise. Ce n'est pas là une femme à décla-

« rer énergiquement qu'elle recommencera
« Marie-Thérèse, qu'elle est décidée à défen-
« dre la capitale et que plutôt de la livrer elle
« s'ensevelira sous les ruines de Paris avec ses
« fidèles habitants, tandis que de son côté
« l'Empereur, à la tête de l'armée, soutien-
« dra la gageure. Ce langage ferme et digne
« n'est pas à l'usage de l'Impératrice ; elle
« écrit mollement, piteusement ; elle ne sera
« utile à rien, et voilà ce que l'Empereur ne
« veut pas se persuader. Cette autrichienne
« nous a porté malheur, » ajouta Berthier en soupirant.

« Il me raconta la scène qui eut lieu entre l'Empereur et le duc de Bellune, à la suite du combat de Montereau où nous enlevâmes la victoire à force de sang français. « Si la veille
« vous eussiez exécuté mes ordres, » lui dit l'Empereur, « vous fussiez arrivé à temps pour
« surprendre le pont et peut-être cette sanglante
« affaire de Montereau n'aurait pas été néces-
« saire. — La fatigue m'a empêché d'arriver, » répondit le maréchal, qui a le malheur de n'avoir pas d'autre excuse à donner. L'Empereur demeura quelques instants muet de surprise en

entendant cette réponse, et son indignation éclata terrible contre le duc de Bellune.

« Que voulez-vous ? » reprit Berthier, « il « arrive cependant un moment où les forces « trahissent le courage, et certainement Vic- « tor est brave et dévoué. L'Empereur, qui est « réellement infatigable, ne peut comprendre « qu'on ne le soit pas. La paix est faite, mais « le pauvre Victor en est resté fort affligé.

« Dans la matinée du 19 au 20 février, » continua Berthier, « l'Empeur déjeuna à Bray, « près de Nogent, dans la même maison que « l'Empereur de Russie avait quittée la veille « au soir ; nous y trouvâmes une lettre fort « curieuse oubliée sur la cheminée. Wintzin- « gerode écrivait à l'empereur Alexandre que « les campagnes n'étaient pas sûres ; que les « paysans français commençaient à s'aguerrir « et faisaient une guerre très-active aux sol- « dats isolés. Cette nuit même, » disait-il, « trois officiers et une vingtaine de Russes ont « été massacrés dans le rayon de deux lieues « du camp. » Il appelait l'attention de son maître sur ce fait, que depuis quelques jours il avait signalé déjà plusieurs cas semblables.

« — Parbleu! » dit l'Empereur en serrant la lettre dans sa poche, « cette déclaration
« n'est pas suspecte? Si nous sommes secon-
« dés ainsi par ces braves campagnards, il se
« pourrait faire qu'il ne sortît pas de France
« un seul des alliés. Les Français sont nés
« soldats..... Il est bien fâcheux que nous
« ayons été pris de si court..... En armant les
« campagnes, en organisant les paysans en
« corps francs, nous aurions créé d'immenses
« ressources. »

« Berthier me dit encore que le duc de Raguse, qui s'était parfaitement conduit pendant toute cette campagne et qui avait obtenu de brillants succès dans diverses affaires, à Corbeny, après avoir commis la faute de ne pas rejoindre Ney, ainsi qu'il en avait reçu l'ordre, s'était laissé surprendre dans ses bivouacs. Sa division avait été écrasée, deux mille hommes tués, son artillerie et ses bagages perdus en partie, et il avait repassé l'Aisne, poursuivi l'épée dans les reins.

« Eh bien? » continua Berthier, « vous con-
« naissez l'Empereur, et certes il y avait là de
« quoi lui faire passer son épée à travers le corps
« du chef assez imprévoyant pour se laisser

« surprendre ainsi ; l'Empereur en a fait de
« vifs reproches au maréchal, mais il a un tel
« faible pour Marmont, qu'il s'est apaisé et
« lui a laissé son commandement. Bellune a
« été bien autrement mal mené pour beaucoup
« moins. »

Ces détails m'intéressaient beaucoup. Depuis deux mois et demi que j'étais éloigné de l'Empereur, il s'était passé tant de choses ! Nous reparlâmes de la bataille d'Arcis-sur-Aube.

« Il est de la dernière évidence pour moi, » me dit Berthier, « que l'Empereur y a cherché
« la mort, il voulait se faire tuer. »

« — Comment ! » m'écriai-je ?

« — J'en suis convaincu. Et si cette sinis-
« tre idée ne se fit pas jour hautement dans
« l'état-major, elle était au fond de toutes
« les pensées. »

« Effrayés des dangers qu'il courait, l'état-
« major et les escadrons de service se rappro-
« chaient de lui et le serraient de près, mais
« à chaque instant l'Empereur se portait en
« avant. Epouvanté de son intention que je
« pénétrais, je me hasardai à lui faire obser-
« ver que le débouché servant de point de mire

« à l'ennemi, il se trouvait horriblement ex-
« posé à cette place. « Je me trouve bien, » me
« répondit-il brièvement. Ce ne fut qu'au
« moment où il s'élança l'épée à la main au-de-
« vant des Cosaques qu'il quitta cette dange-
« reuse position. Durant cette affaire, enve-
« loppé plusieurs fois dans le tourbillon des
« charges, son escorte ne put le rejoindre.
« Un obus tombe à ses pieds et il disparaît dans
« un nuage de poussière et de fumée. Des cris
« de terreur s'élèvent de toutes parts? On le
« croit perdu! Il se relève, se jette sur un
« autre cheval et va se placer sous le feu
« d'une batterie que quelques bataillons de la
« vieille et de la jeune garde cherchaient en
« vain à débusquer. La présence de l'Empe-
« reur au milieu d'eux, les dangers qu'il court,
« électrisent ces braves gens. Leurs efforts
« redoublent, ils forcent enfin la position, en
« chassent l'ennemi, et laissent à cette seule
« place plus de quatre cents des leurs. Cette
« scène de carnage est impossible à dépein-
« dre. Les figures des morts sont hideuses, leurs
« yeux sont rougis de sang, l'écume est à leur
« bouche..... »

« Mon cher Caulaincourt, » ajouta Berthier d'un ton pénétré, « l'Empereur voulait « se faire tuer à Arcis-sur-Aube ! »

« Il y avait bien des douleurs dans ces paroles, et cependant je ne me lassais pas d'interroger Berthier ! Nous ne nous séparâmes qu'au jour.

« Dès le lendemain de mon retour, » reprit le duc de Vicence, « je recommençai, sous la dictée de l'Empereur, ma correspondance avec Metternich... Le 26, à Saint-Dizier, nous eûmes une affaire sérieuse. Wintzingérode fut culbuté et rejeté au-delà de la Marne. Nous fîmes deux mille prisonniers; un parc d'artillerie, un équipage de pont restèrent en notre pouvoir. Les prisonniers ne faisaient qu'augmenter nos embarras. On ne savait sur quel point les diriger, c'était encore une victoire inutile! Mais ces avantages partiels entretenaient sans cesse dans Napoléon l'espoir d'obtenir la paix à des conditions moins rigoureuses. Fatale confiance !

« Après ce combat de Saint-Dizier, l'empereur perdit un moment de vue la marche des alliés, et les inquiétudes sur la capitale lui revinrent à l'esprit. Nous arrivâmes le 27 à Vitry, et le soir on obtint quelques renseignements par les dépositions des prisonniers, et par les rapports de quelques-uns de nos soldats échappés des mains de l'ennemi. Des paysans de Vitry apportèrent des bulletins et des proclamations. On ne peut plus conserver de doute, les mouvements des alliés sont connus, ils marchent sur Paris.

« Survient un officier blessé qui s'est échappé par miracle du quartier-général des alliés; il parle parfaitement le russe; voici ce qu'il a recueilli :

« Les alliés ont hésité, dans le conseil tenu dernièrement, s'ils continueraient à harceler Napoléon ou s'ils avanceraient, coûte que coûte, sur Paris. L'empereur Alexandre craint une *Vendée impériale*. On parla alors de se retirer sur le Rhin, et la réunion de toutes leurs forces était nécessaire, soit pour opérer une telle retraite, soit pour marcher en avant.

« Oh ! » dit le duc, « à ce moment, des propositions raisonnables, faites par l'Empereur, auraient eu quelque chance d'être acceptées, et nous pouvions être sauvés. Mais comment le deviner ?

« Le conseil, ajoute l'officier, s'est séparé sans rien décider. Pendant la nuit, un émissaire secret envoyé de Paris, a pénétré chez l'empereur de Russie. A la pointe du jour, le conseil est de nouveau convoqué. Les avis qu'Alexandre a reçus sont d'une nature telle que toutes les irrésolutions doivent cesser ; un parti puissant attend les alliés dans la capitale; Paris est sans moyens de défense, démoralisé et dépourvu de troupes; les puissances y entreront sans coup-férir.

« A Paris ! Messieurs, » s'écrie l'empereur Alexandre, « de la célérité surtout. »

« Les ordres s'expédient de tous côtés, et l'ennemi est en pleine marche sur la capitale.

« L'Empereur entend ces détails d'un air morne. « J'y serai avant eux, » dit-il. « Nous revînmes à Saint-Dizier; il s'enferma dans son cabinet et passa la nuit sur ses cartes. Ce fut encore une cruelle nuit ! pas une parole étrangère à son travail n'y fut prononcée; de profonds soupirs sortaient quelquefois de sa poitrine oppressée, mais il semblait qu'il eût perdu la faculté de s'épancher au dehors. Mon Dieu, qu'il a souffert !

« — Et vous ? » dis-je au duc.

« — Oh moi ! j'en porte les coups là, » dit-il

en portant la main sur la place endolorie, siége de son affreuse maladie !

« Les ordres de départ son donnés, » reprit-il, « et nous nous dirigeons par Doulevent sur Troyes. Au moment où l'Empereur monte à cheval, des paysans amènent des charrettes de prisonniers dont les voitures ont été enlevées du côté de Langres, par les habitants de Saint-Thibaut. Au nombre de ces prisonniers se trouve M. de Weisemberg ambassadeur d'Autriche en Angleterre, et appelé au quartier-général des alliés; puis un général suédois, Brandt, je crois; un conseiller de guerre dont j'ai oublié le nom, et MM. de Tolstoï et Marcoff, officiers russes.

« J'avais beaucoup connu Tolstoï et sa famille à St.-Pétersbourg; il me sauta au cou avec effusion et, au milieu de mes chagrins, je retrouvai encore quelque joie en repassant avec Tolstoï les heureux jours de mon ambassade en Russie. Tolstoï gai, jeune et expansif, me disait : « Mon cher duc, je suis fou de la France, « fou de voir Paris. — Taisez-vous, mon « cher, taisez-vous, » lui répondais-je, « vous « me percez l'ame ; pensez donc que vous parlez « à un Français ? » Mais rien ne pouvait lui faire contenir l'expression de son bonheur de se trouver en France. Son compagnon Marcoff était beaucoup plus réservé, et aussi beaucoup moins aimable.

« Les prisonniers s'estimèrent heureux d'avoir été conduits par leur bonne étoile auprès de l'Empereur qui les traita fort bien. Il n'en voulut tirer d'autre avantage que d'essayer une démarche directe auprès de son beau-père, et M. de Weissemberg, après un fort long entretien avec Napoléon, partit chargé d'un message pour l'Empereur d'Autriche. On fit rendre à tous leurs portefeuilles et leurs dépêches, je fus chargé de leur procurer des chevaux, et de donner l'ordre qu'on leur délivrât des saufs-conduits. Tolstoï me serra dans ses bras, puis s'élança sur son cheval et s'éloigna léger et joyeux. Que nos rôles étaient changés depuis St.-Pétersbourg ! Je ne le revis plus qu'à Paris, où il fut parfait pour moi en tout ce qui dépendait de lui. Alexandre apprit de Tolstoï tous les détails de l'entrevue des prisonniers avec Napoléon. De ce côté, nous n'avions pas d'ennemis irréconciliables !

« Par un de ces coups du sort qu'il m'est impossible de ne pas signaler, l'Empereur

François avait été séparé du quartier-général; une vive alarme ayant été répandue parmi ses équipages, il avait failli être pris et s'était jeté sur la route de Dijon, où il arriva effectivement. M. de Weissemberg ne sut donc où le rejoindre.

« Cependant le fatal dénouement approchait. L'Empereur, tiraillé de tous côtés, abandonna définitivement son projet de se porter sur le Rhin, et manœuvra pour couvrir Paris. L'ennemi avançait à marches forcées sur la capitale, et pour empêcher la jonction des différents corps d'armée des alliés, pour les disséminer et nous rapprocher nous-mêmes de Paris, nous avions chaque jour à soutenir un combat. On peut dire avec exactitude que la bataille était en permanence. L'ardeur et le dévouement des troupes semblaient s'accroître avec le danger, et la nécessité d'être infatigables. Le cœur se serre au souvenir de ces admirables soldats, dans ces derniers jours de crise...

« Le 30 mars au matin nous étions à Troyes. L'Empereur traça l'itinéraire de l'armée, de manière à ce que le 2 avril elle fût réunie devant Paris. A dix heures il partit accompagné de Berthier et de moi. Nous fîmes le trajet de

Troyes à Montereau c'est-à-dire dix lieues en deux heures. Une mauvaise carriole attelée de deux chevaux, toujours lancés au grand galop, nous amena à travers champs sur la route de Paris, entre Essonne et Villejuif. Là étaient les équipages de l'Empereur. En relayant à la Cour de France, nous y trouvâmes quelques troupes débandées qui avaient, disaient-elles, évacué Paris dans la soirée, après la capitulation (il était dix heures du soir). « Ces gens « sont fous ! » dit l'Empereur. Il descend de sa voiture en ordonnant qu'on lui cherche un officier. A ce moment arrive Belliard qui lui annonce la prise de Paris et lui donne tous les détails qui ont amené ce résultat. De larges gouttes de sueur inondent le front de Napoléon; sa bouche est contractée, la pâleur livide de son visage est effrayante. « Vous entendez, « Caulaincourt ? » dit-il en se retournant vers moi, et ses yeux s'attachent sur les miens avec une horrible fixité. Il veut marcher sur Paris avec les corps des deux maréchaux qui ont reçu ses ordres à Troyes ; la garde doit arriver dans la nuit du 31; il fera irruption sur les boulevarts, au moment de l'entrée des souverains. « La garde nationale et la population me sou-

« tiendront... » ajoute-t-il : « quand je serai entré
« dans les murs de Paris, je n'en sortirai que
« mort ou vainqueur. »

« Successivement arrivent des gardes d'honneur, des chefs de corps, des officiers généraux qui ont concouru à la défense de Paris sous les ordres de Marmont.... Ce nom me fait mal à prononcer, » dit le duc avec un accent déchirant. » L'Empereur, toujours debout, se fait répéter tous ces affreux détails qui le navrent. Il annonce hautement son intention de marcher sur Paris. On lui objecte que ce serait violer la capitulation en vertu de laquelle les troupes évacuent la capitale ; qu'elles sont harassées et en bien petit nombre... Quatre mille hommes ont péri sous les murs de Paris. Si cette audacieuse entreprise échoue, c'en est fait de la capitale, elle sera livrée au pillage, mise à feu et à sang.

« Toutes ces raisons étaient plausibles sans doute ; mais il est affreux de dire, et c'est la vérité, qu'aucun de ces avis n'était désintéressé... Chacun à part soi se repliait dans de coupables calculs... Le cœur humain renferme de sales recoins !

« Et l'Empereur ne se trompa point sur les

motifs qui dirigeaient les donneurs d'avis. « C'est assez, » dit-il d'un ton sec et il ordonna que les corps de Mortier et de Marmont prissent position derrière la rivière d'Essonne ; puis se penchant vers moi, il me dit : « Courez « ventre-à-terre à Paris, Caulaincourt ; voyez « s'il est encore possible d'intervenir au « traité... Je suis livré et vendu... N'importe, « partez, partez à l'instant ; je vous donne « plein pouvoir. Je vous attends ici... La dis- « tance n'est pas longue, » ajouta-t-il en soupirant profondément ; « partez. »

« L'Empereur n'était séparé que par la Seine des avant-postes ennemis qui s'étaient répandus dans les plaines de Villeneuve-St-Georges ; les feux de leurs bivouacs éclairaient la rive droite, tandis que Napoléon, sur la rive opposée, attendait dans l'obscurité avec deux voitures de poste et quelques serviteurs.

« Je brûlais le pavé, quelque chose d'extraordinaire se passait en moi. Mon cheval avait la vitesse du vent et il me semblait que je le portais, que son poids m'étouffait. Hélas ! j'arrivai trop tôt aux avant-postes pour apprendre que tout était accompli, la ruine de la France consommée et le sort de l'Empereur à la merci des misérables qui, ainsi qu'il venait de me le dire, l'avaient vendu et livré.

« D'un mauvais cabaret, déjà envahi par les Russes et les Prussiens, je lui expédiai une estafette. Puis le délire de l'inquiétude me saisit en pensant au désespoir qu'allait lui causer ma lettre; je m'élançai sur le premier cheval venu et je le rejoignis au moment où il finissait de lire ma dépêche. Nous causâmes quelques instants. « Je ne leur demandais « que de tenir vingt-quatre heures... les mi- « sérables!... Marmont! Marmont, qui avait « juré de se faire hacher sous les murs de « Paris plutôt que de se rendre... et Joseph « en fuite, mon frère.... Livrer ma capitale à « l'ennemi? les misérables!! Ils avaient mes « ordres, ils savaient que le 2 avril je serais là « à la tête de 70 mille hommes... Mes braves « écoles, ma garde nationale qui m'avait pro- « mis de défendre mon fils... tous les hommes « de cœur se seraient levés pour combattre à « mes côtés! Ces misérables ont capitulé! Ils « ont trahi leur frère, leur pays, leur souve- « rain, ravalé la France aux yeux de l'Eu- « rope!... Entrer sans coup-férir dans une « capitale de 800 mille âmes, ah!! »

L'empereur était abîmé de douleur; il me navrait; des larmes brûlantes inondaient mon visage.

« — Mon pauvre Caulincourt, retournez,
« retournez au quartier-général, faites en-
« sorte de voir l'Empereur Alexandre... Vous
« avez mes pleins pouvoirs. Allez, Caulin-
« court... partez, partez.

« — Sire, » lui dis-je, « je n'ai pu même
« approcher d'Alexandre, on se méfie de moi.
« Les souverains entrent demain dans Paris,
« ils sont occupés de leurs préparatifs; voilà
« les motifs qui m'ont été donnés pour moti-
« ver le refus de me laisser arriver à l'empe-
« reur Alexandre.

« — Retournez... je n'ai plus d'espoir qu'en
« vous, Caulincourt, » reprit-il en me ten-
« dant la main.

« — Je pars, sire : mort ou vif, je pénétrerai
« dans Paris et je parlerai à Alexandre. »

« L'Empereur prit la route de Fontaine-bleau, et moi celle de Paris... Je vous dirai comment je parvins à remplir cet engagement d'honneur; cela est bien curieux.

« Ma tête est en feu, » dit le duc en portant la main à son front; » j'ai la fièvre... Oh! voyez-vous, je vivrais cent ans que je ne pourrais oublier ces scènes ; elles sont restées l'idée fixe de mes nuits d'insomnie. Mon imagination, fortement frappée, ne me reporte jamais à ces quelques beaux jours jetés à travers les épines dont ma carrière fut hérissée... Mes souvenirs sont tous affreux, ils me tuent !

« Demain, si je le puis, je vous dirai ces vingt jours de tortures passés à Paris ou à Fontainebleau... Le repos de la tombe est doux après de telles souffrances !! »

CHAPITRE XV.

« Me voici arrivé, » dit le duc de Vicence, « à la plus désastreuse époque du règne de Napoléon. Si j'étais soigneux des quelques jours qui me restent, au lieu de raviver mes souvenirs sur la désolante phase que je vais rappeler, j'éloignerais de ma pensée ces heures de tourmente que la parole est impuissante à retracer. J'ai appris aux dépens de ma vie ce qu'un homme peut supporter, peut souffrir quand il est résolu à se briser dans la lutte plutôt que de déserter la cause qu'il a embrassée.

« Au moment où l'Empereur prenait la route de Fontainebleau, je me dirigeais vers Paris pour remplir la mission dont je m'étais chargé auprès de l'empereur Alexandre.

« Mon cheval fatigué allait au pas et je ne le pressais pas. A l'exaltation qui m'avait soutenu dans les courses rapides que je venais de faire, succédait un découragement affreux. Les vives émotions qui m'avaient assailli depuis vingt-quatre heures semblaient avoir épuisé toute ma force morale; tout était vague et confus dans ma tête; j'éprouvais une telle lassitude d'esprit que la seule idée distincte qui me restât se rattachait aux derniers mots de l'Empereur : *Je n'espère plus qu'en vous, Caulaincourt.* Encore me fallait-il faire un grand effort de mémoire pour trouver le sens de cette phrase et en saisir toutes les conséquences.

« En me résignant à retourner au quartier-général des alliés, j'avais accepté une œuvre d'humiliation et de dégoût ; tout ce qu'il y a en moi de dignité et de fermeté se révoltait en face du devoir qui m'était imposé ; mais il est de ces nécessités contre lesquelles viennent se briser toutes les répugnances, où les yeux fixés vers un but, il le faut atteindre, n'importe par quels sacrifices personnels. Au mot honneur est attachée toute la destinée d'un homme !

« La route que je parcourais était encombrée

de débris de régiments de toutes armes, qui marchaient au hasard. Un chef d'escadron des gardes d'honneur, blessé à la tête, se soutenant avec peine sur son cheval, s'approcha de moi et me demanda où se trouvait le quartier général. A l'instant je fus entouré de tous ces malheureux fugitifs.

« Où est l'Empereur, » disaient-ils « nous
« voulons le rejoindre, nous n'avons pas d'or-
« dres, où faut-il aller? l'Empereur ne sait
« pas ce qui se passe à Paris. Nous nous som-
« mes bien battus, nous sommes prêts à nous
« battre encore, et cependant on nous fait cé-
« der le terrain à l'ennemi ! »

« Sur tous ces visages se peignait une douleur farouche, des malédictions contre les traîtres, des menaces furieuses sortaient de toutes les bouches, car ces hommes se considéraient comme trahis, et non vaincus. L'instinct des masses saisit avec une incroyable sagacité la physionomie morale des grands événements. Je fus frappé du sens des paroles d'un cuirassier de la vieille garde, exprimées avec cette indignation qui part de l'âme : « Nous
« les avons toujours battus, battus partout, » dit-il en relevant fièrement la tête, « et nous

« aurions encore gagné cette bataille. Ni
« nous ni notre empereur nous n'avons pas
« quitté le champ de bataille, nous n'avons
« pas capitulé. Donc, il y a trahison et non
« pas capitulation. Qu'on nous ramène sur
« Paris, et les étrangers n'y rentreront qu'en
« passant sur le cadavre du dernier soldat
« français... Où est notre Empereur? S'il est
« mort, tout est fini! Qu'on nous le dise, »
ajouta-t-il avec un accent déchirant, et de
grosses larmes tombaient de ses yeux flamboyants.

« Je cherchai à calmer l'exaspération de ces
braves gens ; j'engageai les chefs à les diriger
en bon ordre sur Fontainebleau, où ils trouveraient l'Empereur. A ce nom magique, des
cris, des vivats délirants éclatèrent, c'était le
même enthousiasme, le même amour qu'aux
jours de la fortune de Napoléon. A cette heure
où des misérables, dans leurs salons dorés,
signaient par des traités honteux la ruine de la
France, de pauvres soldats exténués de fatigue et de faim, la plupart blessés, abandonnés à eux-mêmes sur les grands chemins, retrouvaient des forces pour aller verser le reste
de leur sang à la défense du pays. Leur con-

fiance dans l'Empereur, leur dévouement à sa personne subsistaient dans toute leur force, alors qu'outrageusement abandonné de ceux qu'il avait comblés, Napoléon succombait sous leurs coups. Qu'a-t-on fait, mon Dieu! de cette admirable armée, si nationale, si dévouée?

« A chaque moment je rencontrais des troupes isolées : mêmes questions, même indignation, et je les faisais diriger sur Fontainebleau.

« L'armée russe, divisée en plusieurs corps, couvrait les routes de Chartres, d'Orléans, de Melun et celle d'Essonne par laquelle j'arrivais. Le jour commençait lorsque je me trouvai en vue des bivouacs ennemis ; là, tout était triomphe et bonheur. Ce contraste avec les scènes de la nuit qui venait de s'écouler était horrible. Les troupes russes qui devaient occuper militairement Paris paradaient en grande tenue, et se livraient aux bruyantes joies de la victoire. Les officiers, groupés en tête de leurs régiments, semblaient, par leurs regards heureux, défier le ciel et la terre ; toutes les physionomies étaient rayonnantes ; des acclamations, des hourras forcenés se faisaient entendre à mesure que les corps prenaient position pour le défilé.

« L'aspect, le mouvement de ce camp, ces joies, ces fanfares éclatantes firent surgir de mon cerveau un frénétique délire. Par un sentiment que tout homme de cœur comprendra, ma main saisit convulsivement la poignée de mon épée..... La rougeur de la honte couvrait mon front, mon sang bouillonnait dans mes artères ; l'idée que ces hommes, sous mes yeux, allaient entrer triomphants à Paris, me rendait fou ; je discutais avec moi-même la possibilité de les combattre un à un, de ne les laisser pénétrer dans notre capitale qu'en passant sur mon corps. Il me semblait que dans cette lutte était placé le véritable honneur, et non dans le devoir qui m'était imposé d'aller implorer le vainqueur... Cette surexcitation, cette fièvre de l'âme cessèrent, la raison me revint, je compris qu'il y avait plus de grandeur à faire face au malheur qu'à chercher une mort inutile.

« Mais que peuvent les plus sages raisonnements contre ces émotions qui remuent en nous les plus ardentes passions ! Il me fallait fuir ce spectacle,... j'enfonçai les éperons dans le ventre de mon cheval et je rebroussai chemin. Une lieue plus loin, je descendis à la porte d'une ferme où je passai une partie de la journée.

« Vers six heures, je revins aux avant-postes et je me présentai comme porteur d'une mission pour l'empereur de Russie ; il me fut répondu par l'officier commandant que les ordres les plus sévères avaient été donnés de ne laisser entrer à Paris aucun individu appartenant à l'armée française.

« Un officier-général russe se présenta ; je me nommai et lui dis que, chargé par l'empereur Napoléon, mon maître, d'une dépêche importante, je demandais à être conduit auprès de l'empereur Alexandre auquel elle était adressée. L'officier-général me répondit qu'il ne pouvait prendre sur lui d'obtempérer à ma demande, parce qu'il avait reçu les ordres les plus formels de ne laisser pénétrer dans Paris aucune personne venant de la part de l'empereur Napoléon, et que moi, le duc de Vicence, j'étais nominativement désigné comme ne devant être admis sous aucun prétexte.

« Mais, général, » dis-je vivement, « vous

« assumez sur vous une immense responsabi-
« lité, en refusant l'entrée de la ville à un en-
« voyé (quelle que soit d'ailleurs sa qualité)
« chargé de communications officielles pour
« votre souverain..... Ces ordres émanent-ils
« directement de l'empereur de Russie?

« — Monsieur le duc, j'ai une consigne et
« je ne vous dois aucun compte, mais de mon
« plein gré je dirai à votre excellence que ces
« ordres ont été délibérés dans le conseil des
« monarques alliés, réunis chez le prince de
« Talleyrand Périgord, où est descendu l'em-
« pereur Alexandre, et qu'une estafette expé-
« diée de l'hôtel du prince me les a apportés
« cette nuit même.

« — Vous êtes sûr, général, » répondis-je, indigné, « vous êtes sûr que l'Empereur Alexan-
« dre est descendu chez M. de Talleyrand....

« — Parfaitement sûr. »

« Ah! pensai-je, ceci passe toutes les pré-visions sur la perversité humaine. Cet homme a reçu l'ordre de l'Empereur de suivre l'impé-ratrice sur la Loire, et c'est lui, lui Talleyrand, qui fait les honneurs de Paris aux alliés!... in-famie!

« Je me réclamai de quelques généraux

russes, Woronsof, Csernicheff, Ouwarow, et autres dont j'étais personnellement connu, mais ils avaient accompagné l'Empereur Alexandre à Paris.

« Jamais je ne pourrai vous exprimer, » continua le duc, « ce que j'ai souffert en présence de ces soldats étrangers qui gardaient nos barrières et me défendaient l'entrée de Paris : c'était boire le calice jusqu'à la lie. L'indignation, la colère crispaient mes nerfs; il me prenait des envies furieuses de me jeter sur l'un de ces chefs triomphants et de lui demander raison de l'humiliation que j'éprouvais. Un affreux bourdonnement bruissait à mes oreilles; j'étais fou, ivre; je ne pouvais rester là en spectacle, et cependant il me semblait qu'il y avait honte à rétrograder. Dans ces quelques minutes j'ai épuisé tout ce que le malheur réserve d'atroce douleur aux vaincus d'une grande et noble cause.

« Un grand mouvement se fit autour de moi; tous les regards se dirigeaient sur une voiture qui arrivait. On battit aux champs, et moi, machinalement, je me mis à aller au devant de cette voiture; et, sans savoir comment, je me trouvai droit près de la portière au moment où un homme en descendit. C'était le grand duc Constantin !

« Que me voulez-vous, Monsieur? Qui êtes-
« vous? » dit-il sévèrement.

« — Prince, je suis le duc de Vicence, » répondis-je en frémissant de rage.

« Il me regarda d'un air profondément étonné.

« — Ah pardon ! Monsieur le duc, je n'a-
« vais pas d'abord reconnu votre excellence, » et, passant son bras sous le mien, il m'entraîna dans la direction d'Essonne : « En quoi
« puis-je vous être personnnellement utile,
« Monsieur le duc ?

« — Prince, l'entrée de Paris m'est refusée,
« et il faut que j'entre à Paris... il le faut,
« prince... » ajoutai-je dans un état d'exaspération que toute ma volonté ne pouvait parvenir à dompter.

« — Calmez-vous, monsieur le duc, ne
« voyez-vous en moi qu'un ennemi?.. Les
« souvenirs de Saint-Pétersbourg sont-ils donc
« entièrement effacés ?

« — Prince, » dis-je, vaincu par le ton affectueux de Constantin, « daignez m'excuser,
« je suis si malheureux que je doute de tout...

« — Ne doutez pas de moi, mon cher duc,
« vous savez bien que dans notre famille vous
« n'avez que des amis.

« — Eh bien ! mon prince, au nom de cette
« précieuse amitié dont vous m'honorez, je
« vous demande une grâce... faites-moi en-
« trer dans Paris...

« — Qu'allez-vous y faire?

« — Plaider la cause de mon maître, la
« cause de mon pays.

« — Mon cher duc, tout est fini pour *Na-*
« *poléon*... les puissances n'écouteront au-
« cune proposition de sa part.

« — Mon prince, l'*Empereur mon maître*
« m'a chargé d'une mission secrète auprès de
« l'Empereur Alexandre, je dois m'acquitter
« de ce devoir sacré; au péril de ma vie j'en-
« trerai dans Paris...

« — Je suis vraiment au désespoir d'ajouter
« un refus à vos chagrins, mais je ne puis
« prendre sur moi d'enfreindre des ordres
« formellement donnés...... c'est une respon-
« sabilité... »

Je dégageai mon bras de celui de Constantin, « mon cher duc, » dit-il en saisissant ma
main, « écoutez-moi, vous me forcez à vous dire

« qu'on a arraché des mains d'Alexandre la
« promesse de ne pas vous recevoir.

« — Les infâmes ! » m'écriai-je, « je n'in-
« siste pas davantage auprès de Votre Altesse,
« mais je lui déclare que, mort ou vif, j'en-
« trerai dans Paris ; je serais un lâche si je dé-
« sertais la cause qui a été confiée à mon hon-
« neur ; prince, je ne reculerai pas devant les
« balles de vos soldats, à chacun son lot... »
et je m'éloignai.

Le grand duc me retint, « Et moi, » dit-il
vivement, « je ne me pardonnerais jamais d'a-
« voir abandonné un homme tel que vous. Il
« en arrivera ce qu'il pourra, je vous em-
« mène avec moi, c'est le seul moyen que j'aie
« de vous faire pénétrer dans la capitale. Quit-
« tez-moi, mon cher duc, remontez à cheval,
« franchissez les derniers postes et tenez-vous
« à portée sur la route. Le reste me regarde.
« Quittez-moi froidement et tout de suite. »

« Je pris congé du prince et je dépassai au
galop le camp. Lorsque je fus hors de vue je
donnai l'ordre à mon domestique d'aller m'attendre au premier village. Et, à pied, comme
un malfaiteur qui évite les grands chemins, je
revins sur mes pas en me faufilant derrière les

arbres. A quelque distance j'aperçus la voiture du grand duc qui était arrêtée sur un des bas côtés de la route.

« Brisé par la fatigue mais bien plus encore par les émotions violentes qui depuis vingt-quatre heures m'avaient écrasé, je me tapis près d'un buisson, les yeux tournés vers le point d'où je pouvais apercevoir venir le prince. Je passai ainsi une mortelle heure dans une horrible fièvre d'attente, d'angoisses et de poignantes réflexions. Les souvenirs les plus déchirants se présentaient en foule à mon esprit. Mon imagination me faisait parcourir l'incommensurable distance qui séparait l'époque de mon ambassade en Russie, de ce jour où la ruine de l'empire était consommée..... Je me reportais dans ce palais de Saint-Pétersbourg, où la gloire du grand Napoléon se reflétait sur son ambassadeur et lui assurait la plus brillante position qu'un homme puisse ambitionner. Tout dans ces quatre années avait été délire, bonheur, magnificence, enivrement. Des siècles n'avaient pas passé sur cette poétique existence, trois années s'étaient seulement écoulées !... Et trois années avaient dévoré vingt ans de conquêtes, de merveilles de tous genres ; la mort, la destruction, marquaient la distance qui sépare Saint-Pétersbourg de Paris. Et de la toute-puissance du plus colossal empire des temps modernes, il ne restait debout que son immortel fondateur, prisonnier à Fontainebleau.

« Mes souvenirs me rappelaient avec une tenacité fatale les lieux et les dates qui, par leur coïncidence avec une autre époque, sont comme une torture imposée à l'âme. Ainsi je calculais qu'il y avait précisément six ans, la nuit du 31 mars au 1ᵉʳ avril 1808, je donnais une magnifique fête à Saint-Pétersbourg. Cette date, je ne pouvais l'oublier, un souvenir de cœur la rendait ineffaçable... Oh, alors, pour celui qui, du palais de l'ambassade m'eût tracé l'épouvantable itinéraire que je devais parcourir plus tard, pour ce démon, j'aurais demandé une place à l'hôpital des fous !

« Je vous l'ai dit tout à l'heure, » ajouta le duc de Vicence en souriant tristement, « j'ai appris aux dépens de ma vie ce qu'un homme peut moralement souffrir, quand il est résolu à se briser dans une lutte désespérée.

« La nuit était entièrement close, je quittai ce pilori où m'avait attaché la triste douceur de fouiller dans le passé comme pour me rendre le présent plus misérable, car le cœur humain est ainsi fait. Je me rapprochai de la voiture. Le grand duc Constantin ne tarda pas à arriver; la portière s'ouvre, je me précipite, le prince s'élance après moi; « A Paris, » dit-il, et les chevaux nous entraînent avec rapidité.

« Et quand nous eûmes dépassé la barrière ; « Mon cher duc, » dit Constantin, en se jetant à mon cou avec une de ces bonnes effusions de la jeunesse, « voilà un enlèvement « dans les règles. La plus jolie française ne « ferait pas battre mon cœur plus violemment « que vous ne le faites battre en ce moment. « Dites-moi, au nom du ciel, ce que je vais « faire de vous ? » et il riait comme un enfant heureux.

« Dans l'état d'irritation où j'étais, cette gaîté me fit un mal affreux. Les rires retombent froids au cœur de l'affligé. Et cependant, pensai-je, ce jeune homme est bon, il est généreux; ce jour, si malheureux pour moi, est bien beau pour lui !... Quand l'âge aura glacé ses sens, quand le temps qui emporte avec lui les impressions les plus profondes, aura éteint toutes les joies de la jeunesse, le vieillard se redressera encore fier et joyeux au souvenir de son entrée dans la capitale de cette redoutable France.

« Mon cher duc, aidez-moi donc, » continua-t-il avec vivacité. « Je sais bien que je ne
« vous aurai rendu qu'un service inutile si je
« ne vous introduis pas auprès de mon frère,
« mais comment m'y prendre?

« — Dites-lui, mon prince, que Caulain-
« court invoque les souvenirs de quatre années
« de bontés et d'intérêt ; qu'il sollicite au nom
« du malheur quelques instants d'entretien ;
« dites-lui que je lui demande plus que la
« vie...

« — Ah ! maintenant il faut bien qu'il vous
« reçoive. Il faut qu'il devienne mon com-
« plice, autrement si notre complot venait à
« être découvert, je ne sais trop quelles sottes
« suppositions se feraient jour sur mon comp-
« te. On est méfiant chez nous.... N'importe,
« le sort en est jeté ; à la grâce de Dieu. »

« J'étais dans une cruelle perplexité. Je comprenais, à part la position politique du grand-duc vis-à-vis de ses compatriotes, que du plus profond secret dépendait le succès, hélas ! plus que douteux, de ma mission. Si ma présence était soupçonnée, sans aucun doute les autres souverains, à l'instigation des ennemis de Napoléon, exigeraient d'Alexandre mon renvoi immédiat, et l'œuvre de haine serait consommée avant qu'il me fût possible de faire entendre un mot en faveur de la cause impériale.

« Plusieurs moyens furent choisis et rejetés ; enfin nous décidâmes que je resterais dans la voiture pendant que le grand-duc irait prévenir l'empereur Alexandre. Nous fîmes arrêter dans l'allée de Marigny ; Constantin m'affubla de son bonnet de voyage, me jeta sa pelisse de fourrures sur les épaules, descendit, referma lui-même la portière et recommanda à ses domestiques, dans les termes les plus énergiques, de ne laisser approcher personne de sa voiture.

« A cet instant dix heures sonnèrent à une horloge voisine. Je chercherais en vain à vous retracer ce que furent trois éternelles heures passées dans cette voiture. Aux plus amères réflexions venaient se joindre ces mille coups d'épingles qui, semblables aux tortures de la question, enlèvent la vie par lambeaux.

« Il régnait autour de l'Elysée un air de fête

qui me désolait.... Des lampions, placés à l'entrée principale, répandaient au loin une vive clarté; c'était la demeure d'un heureux conquérant. Les voitures se succédaient entrant et sortant rapidement. Le piaffement des chevaux, les éclats de voix des cochers, les hourras bruyants de la garde impériale russe répandue autour de l'hôtel, tous ces bruits m'arrivaient aigres et discordants et me donnaient le transport au cerveau. A ce moment, disais-je, où j'attends l'aumône d'un entretien, se décide peut-être la ruine de celui qui naguère régnait ici en maître. C'est ici qu'en 1812 l'Empereur, alors si puissant, élabora ses gigantesques plans contre la Russie... Et dans ces terribles contrastes je puisais un amer découragement de la vie.

« Une heure sonnait, lorsque le grand-duc vint mettre un terme à ce supplice des souvenirs..... « Les salons étaient pleins, » me dit-il, « et l'Empereur, en conférence
« avec les souverains, n'est sorti de son ca-
« binet qu'à minuit. Il m'a fallu attendre que
« tout le monde fût retiré. Alexandre est au
« désespoir de notre escapade, mais il vous
« recevra comme un ami. Gardez mon man-

« teau, mettez ce chapeau d'uniforme, ve-
« nez. »

« Constantin passa son bras sous le mien, nous franchîmes la distance à pied, et par l'escalier intérieur nous pénétrâmes aussitôt dans la chambre à coucher d'Alexandre. Il me reçut dans ses bras. C'était bien véritablement un noble cœur!

PIÈCE JUSTIFICATIVE.

(Voir page 332.)

De la Nécessité de renverser Buonaparte et de rétablir les Bourbons;

Par le chevalier (*) DE BRICHAMBAULT

IL est sur le penchant de sa ruine celui qui naguère insultait aux rois et foulait les nations : trop heureux d'acheter, par les plus grands sacrifices, une paix honteuse, il sera désormais dans l'impuissance d'inquiéter l'Europe.

Pour consolider leur ouvrage, les rois vainqueurs resteront à jamais unis par le double lien d'une communauté de gloire et d'intérêts; ils présenteront le faisceau d'une union indissoluble aux entreprises qu'oserait encore tenter le chef d'une nation toujours redoutable par son délire belliqueux; et, s'il est difficile de le croire corrigé de sa turbulente ambition, au moins est-il permis d'espérer que l'é-

---

(*) Aujourd'hui le baron.

puisement de ses ressources, la misère et l'extrême lassitude des Français le réduiront à former des vœux impuissants pour la reprise de ses projets invétérés. Ainsi, les rois vont jouir en paix de leur gloire, et les peuples du repos qu'ils auront si chèrement acheté. Tels sont les avantages que l'on semble pouvoir se promettre d'un traité qui resserrerait dans des bornes étroites la puissance de celui qui a su épuiser la haine et lasser l'indignation.

Son abaissement, objet de tant de vœux, suffira donc pour terminer nos maux. Les rois, éclairés sur le danger de leurs divisions, banniront de la politique toute inquiétude dont leur ennemi commun ne serait pas l'objet, et feront taire les jalousies naturelles entre puissances voisines; leurs cabinets seront inaccessibles aux intrigues, les ministres, aux séductions d'une diplomatie ténébreuse qui les a si souvent trompés, en se jouant avec impudeur de tout ce qu'il y a de plus sacré..... Il est vrai!

Examinons maintenant quel sera l'effet de l'invasion sur l'esprit des Français, et nous connaîtrons bientôt les moyens qu'elle va fournir à ce chef si habile à tirer parti des moindres resources, si fécond en funestes expédients.

L'équitable histoire décorera les rois d'une palme nouvelle, pour la modération qu'ils auront conservée au sein de leurs triomphes; elle reconnaîtra dignement leurs sincères et nobles efforts, pour sauver des plus terribles représailles un peuple qui semblerait avoir appelé la vengeance des rois et des nations ; mais toute la noble volonté des souverains n'a pu contenir entièrement les soldats indignés, ni prévenir les désordres inséparables d'une invasion par d'aussi nombreuses armées. Ils ont pesé cruellement sur le peuple, et laisseront chez lui des germes de ressentiment qui, peut-être, ne disparaîtront qu'avec la génération qui en a souffert.

Le Français, naturellement impatient, supporte mal les moindres incommodités ; la nation se juge innocente des excès commis par son tyran et par les soldats forcés de marcher à sa suite, dont la plupart, payant de leur liberté ou de leur vie ses téméraires entreprises, ne laissent à leurs malheureuses familles qu'une source intarissable de douleurs et de larmes.

Au sentiment des maux présents, vient s'unir celui de l'orgueil national qui ne souffre qu'avec peine le joug des étrangers. Que l'on ne se méprenne pas à l'apparente soumission des départements conquis. La haine générale contre un tyran dont la France se croyait sur le point d'être délivrée ; l'amour de la nouveauté toujours puissant sur les Français ; l'attente d'un meilleur ordre de choses divisent et tiennent encore en suspens l'esprit public ; mais la paix détruirait toutes les espérances, et réunirait tous les partis en leur prouvant qu'on n'a jamais voulu que l'affaiblissement de la France, et non le rétablissement de l'ordre et le triomphe de la justice.

Oui, une paix accordée à l'usurpateur aux dépens de l'intégrité de la France (et vous ne pouvez pas lui en accorder une autre), indignerait doublement les Français contre vous, par le regret de voir leur patrie humiliée et abandonnée sans retour à la merci de son cruel oppresseur. Vous donneriez par-là créance aux mensonges dont il se sert avec tant d'astuce pour inspirer aux Français une aveugle confiance dans ses volontés ; mais pouvez-vous espérer de conserver des provinces qu'il répugnerait à la fierté nationale de laisser dans vos mains ; des provinces qu'elle croit nécessaires à sa gloire et à sa sûreté ? toute guerre qui aurait pour but de les reconquérir serait à ses yeux légitime et sacrée.

Exposons maintenant les autres causes du mécontentement général qui serait la suite d'une semblable paix.

L'apparition des Bourbons avait flatté un moment les anciens royalistes et toutes les personnes de bonne foi qui, détrompées de la séduction des prétendues idées libérales, ne voient plus maintenant de salut et de repos pour l'Europe que dans le rétablissement de la plus auguste et de la plus malheureuse des dynasties. Cette apparition avait, à la vérité, réveillé des inquiétudes chez la plupart de ceux qui ont donné des gages marquants à la révolution, soit par leurs opinions politiques ou anti-religieuses trop prononcées, soit par l'achat des biens nationaux, soit en s'attachant à la cause de l'usurpateur, mais il eût été facile de les rassurer entièrement par des déclarations franches et lucides, que l'on parviendrait, sans doute, à obtenir d'un roi clément et judicieux, quand on l'aurait éclairé sur le véritable état de la France actuelle. Les Français ne combattent plus pour leurs opinions; mais ils défendront jusqu'à la mort leurs intérêts et l'honneur national. Ce n'est donc qu'en ménageant ces deux grands mobiles de leur opiniâtre résistance, que l'on peut parvenir à les détacher de l'imposteur, qui sait trop leur persuader jusqu'à présent, qu'il est leur unique refuge contre l'opprobre et la spoliation.

La nation aura pu croire un moment que les puissances alliées voulaient lui laisser l'honneur de l'initiative, et attendre l'expression de ses vœux pour le rétablissement du trône légitime, avant de l'appuyer ouvertement. Cet adroit et sage ménagement ne pouvait manquer de la flatter, et de servir puissamment la cause de la royauté. Mais bientôt les gens éclairés ont dû se dire : on parle de détruire l'usurpateur et l'on traite avec lui; les Bourbons s'approchent et l'on réprime le zèle de ceux qui voudraient voler au devant d'eux; on leur prescrit de se renfermer dans les bornes d'une étroite prudence. N'est-ce point là comprimer l'élan au lieu de le développer? Quoi! nos princes, qui déjà devraient régner sur les provinces conquises, pour tout acte de leur légitime pouvoir, n'ont encore pu se faire connaître que par de vaines proclamations; On n'a rien fait, jusqu'ici, pour relever l'opinion, pour redresser l'éducation politique d'un peuple nourri depuis vingt-cinq ans de préventions, de sophismes et d'erreurs ; on néglige les moyens propres à réveiller le souvenir d'une maison toujours chère à la France, mais dont le cruel et long exil a dû affaiblir la mémoire chez les générations nouvelles qui ne l'ont point connue; cependant il reste en France assez d'idées saines, germes heureux de dispositions en faveur des Bourbons, pour les voir se développer rapidement, sous l'influence d'une politique franche et vigoureuse, qui voudrait les aider de tous ses moyens. Pourquoi, depuis trois mois, n'avoir pas répandu en profusion des écrits fulminants qui auraient excité une horreur indicible contre le tyran, en dévoilant tous ses forfaits à ceux des Français qui sont encore aveugles sur son compte. C'était ainsi qu'il fallait préparer les esprits à recevoir de nouvelles opinions. Il en est temps encore; employez enfin des moyens terribles, mais justes, mais nécessaires; déclarez l'usurpateur déchu de tous les droits que vous lui avez reconnus, unissez les armes de la politique et de la religion pour l'accabler de proscriptions et d'anathèmes. Cette mesure salutaire, décisive; et qui devient chaque jour plus urgente, pouvez-vous l'attendre d'un sénat paralysé par la terreur? d'une armée qui, aveuglée par un faux point d'honneur, ne voit dans vos guerriers que des adversaires qui voudraient la dépouiller de sa gloire. Pouvez-vous l'attendre de ceux qui sont encore sous le bras de fer du tyran, quand vous êtes frappés d'étonnement à l'aspect de la stupeur où sont plongées les provinces qui depuis deux mois sont délivrées de son joug. Conciliez donc les ménagements que vous devez à l'honneur national avec le gage irrécusable que l'on attend de votre loyauté, de votre justice, de votre imminent intérêt. Prononcez que Buonaparte et sa race sont à jamais déchus du trône, et que la nation française est libre de se choisir un maître.

Alors vous entendrez nos vœux, et le secret des cœurs vous sera connu.

Alors il vous sera facile de lever une armée royale, dont la seule apparition devant celle de l'usurpateur en opérerait la désorganisation, plus promptement que toutes vos forces réunies : et qu'avez-vous à craindre en armant la nation pour la cause de son roi? Vous allez mériter sa reconnaissance en lui donnant un témoignage indubitable de la sincérité de vos intentions; vous la soulagerez du rôle passif qui l'humilie; vous rendrez des moyens d'existence à une multitude ruinée par la guerre, et qui bientôt vous deviendrait redoutable, soit par des brigandages particuliers, soit en rejoignant les armées du tyran; la nécessité seule les réunira, peut-être d'abord sous les drapeaux du roi (je veux bien l'accorder un moment à ceux qui calomnient l'esprit national), mais bientôt la ferveur, les exhortations de chefs dévoués, et surtout la présence d'un prince du sang français les changeront en soldats fidèles.

Voilà le vrai, et peut-être l'unique moyen d'assurer le repos de l'univers, et de rendre promptement la couronne aux Bourbons.

Quoi! vous pourriez laisser échapper votre implacable ennemi, lorsque vous le pressez de vos armées victorieuses, lorsque d'un mot vous allez soulever contre lui tout le peuple des provinces délivrées par vos victoires; tout un peuple qui releverait avec transport l'étendard des lys, et courrait planter, vis-à-vis le camp du cruel oppresseur des Français, le drapeau blanc, ce présage infaillible de sa ruine prochaine, le drapeau blanc, dont le seul aspect redoublerait ses remords, et le glacerait d'effroi.

Vous allez donc le laisser aux Français!

Bientôt je vois s'élever contre vous tous ceux qui, mal instruits de vos intentions, auront tremblé un moment pour leurs propriétés et leurs opinions; et les royalistes eux-mêmes, profondément indignés de l'abandon auquel vous aurez voué pour jamais leurs princes chéris, les royalistes réduits à implorer la clémence d'un tyran farouche, qui saura le leur vendre au prix du sang qu'ils s'engageront à verser pour sa cause. Joignez-y cette multitude dont je vous ai déjà parlé, à qui la dévastation de la France ne laissera d'autre ressource que le métier des armes; la terreur aura bientôt ramené sous ses drapeaux ceux qui auraient voulu s'en tenir éloignés.

Jusqu'alors il avait pour vous combattre la conscription, juste objet de vos vives alarmes, qui pourra vous rassurer désormais, quand il va tout à l'heure entraîner à sa suite une immense population exaltée par toute l'énergie d'un nouvel esprit national relevé de vos propres mains? une population qui, d'abord arrachée à ses foyers par la nécessité de se défendre, brûlera de se jeter sur les peuples qu'on lui signalera comme les auteurs de ses maux?

Telles sont les terribles ressources de cet homme que vous aurez humilié, et que vous croirez avoir affaibli. Humilié, oui! voilà ce qui doit vous faire trembler. Je vous ai fait connaître les moyens que vous lui laisserez; je vais vous dévoiler ses funestes projets.

Rois, peuples, vous avez vengé votre honneur, ressaisi votre indépendance; c'est assez pour votre gloire, mais non pour votre sûreté.

Tant que respirera votre implacable ennemi, du

comble de vos prospérités, il peut en un moment vous précipiter dans un abîme de destruction.

Il est plus redoutable que jamais, cet homme à qui la fortune semblerait n'avoir voulu donner que des leçons, et qui, à l'avenir, guidé par la prudence, ne portera que des coups assurés. Ce n'est plus cet insensé qui, partant du fond de l'occident, voulait, à travers les déserts, pénétrer jusqu'aux portes de l'orient, et laissait derrière lui une puissance formidable qu'il croyait pouvoir mépriser impunément. Aujourd'hui, l'expérience lui interdit les expéditions lointaines, et sa politique plus éclairée lui montre où il doit trouver la réparation de ses pertes.

Oui, même au sein de son anxiété, il médite la ruine du prince généreux devant lequel il s'humilie tous les jours avec tant de bassesse; il en savoure d'avance la chute et les dépouilles, et se rit secrètement de l'hésitation que son hypocrisie jette dans le cœur, d'un père trop sensible qu'il se fait un jeu d'attendrir et de tromper.

Les Français marcheraient encore avec joie à la conquête de l'Autriche, qui leur semblerait un jeu auprès des excursions gigantesques devenues si familières à cette belliqueuse nation; mais la ruine d'un grand souverain et de son empire ne suffit plus à ce dévastateur humilié : il nourrit d'autres désirs.

De plus brillantes chimères soutiennent son cœur contre l'adversité. Les rois et les nations se sont unis pour sa perte : s'il était assez puissant pour les anéantir d'un seul coup, il ne regretterait que de ne pouvoir régner sur eux ; il sait maintenant que pour écraser les rois, il faut les séparer de leurs peuples.

Peuples! il vous ménagera ; il vous avait donné des fers, il va vous porter la liberté ; il n'a pu être le roi des rois, il veut devenir le roi des nations.

Le trône est un siége de bois recouvert de velours, a-t-il dit, au corps législatif : le souverain qui a pu avilir ainsi la majesté de son propre trône, à la face de sa nation, n'y veut plus rester assis, il en saura descendre, mais en conservant son sceptre de fer ; il va s'élever sur la chaire dictatoriale, armé de la puissance absolue ; là, au nom des nations, dont il se dira le seul *représentant*, il proclamera la chute des rois ; il s'enivrera de l'énormité de sa vengeance et d'un pouvoir qu'il saura conserver au milieu du renversement de toutes les couronnes brisées, au cri unanime de république universelle ; mais quel est, dira-t-on, ce rêve d'une imagination égarée par la haine ?

C'est l'aveu même du tyran conspirateur qui, dans sa rage, a trahi son secret devant la noble fermeté d'un représentant de la nation (M. Lainez). Il fallait qu'il fût bien tourmenté de cette affreuse pensée, pour que le cri de la vérité ait pu, dans la première surprise de son orgueil révolté, l'entraîner à dérouler ainsi les plus profonds replis de son cœur.

Ah! sans doute, il s'est assuré un grand nombre de complices au dedans et au dehors, les ferments révolutionnaires sont loin d'être éteints en Europe, parce que celui qui médite la destruction des trônes a su, de longue main, entretenir ces funestes levains, comme une dernière mais infaillible ressource contre les rois, qu'il voulait pousser au désespoir en les outrageant avec tant d'audace. C'est là le secret de son indomptable orgueil et de sa témérité sans frein.

Tels sont les dangers qui vous menacent : et quand vous échapperiez à ses fureurs, n'auriez-vous pas d'autres périls à redouter, si, par un traité, vous consacriez à jamais le droit impie de l'usurpation; vos trônes seraient désormais établis sur le sable; il vous faudrait toujours étouffer les talents naissants qui auraient fait la gloire de vos monarchies, dans la crainte de ne pouvoir plus réprimer l'essor des ambitions particulières; et quelles bornes leur assignerez-vous, quand le plus fatal exemple apprendra au moindre de vos sujets que les rois s'abaissent à légitimer le crime et l'audace que le succès a couronnés.

Quelle confiance les nations auront-elles dans leurs forces une fois désunies, quand la plus sainte, la plus formidable union n'aura pu consommer la ruine d'un ennemi tant de fois vaincu; vous pourrez former encore des coalitions, mais comment soulever une seconde croisade, où retrouver tant d'indignation?

Monarques, faites disparaître de la terre ce nouvel Antée, qui saura toujours y puiser de nouvelles forces, tant qu'il en touchera la surface; vous devez sa ruine aux nations; et si vous accordiez la vie à ce dévastateur, ne laisseriez-vous point à vos peuples le regret éternel de n'avoir pas été assez vengés.

Qui sait même, qui sait si la haine générale ne se tournerait pas bientôt en admiration pour un homme qui paraîtrait plus grand que tous les rois ensemble, quand ils n'auraient ligué toutes leurs forces contre lui que pour finir par signer d'un commun accord l'aveu de leur infériorité; pourriez-vous compter à l'avenir sur le dévouement de vos sujets mécontents, dans un siècle où ils ont trop appris à peser les actions de leurs souverains; dans un siècle où l'opinion se forme et se change avec une rapidité si effrayante? quels terribles avantages n'aura-t-il pas contre vous, lorsqu'à la tête de formidables armées il viendra, précédé d'une gloire nouvelle, se présenter aux nations en leur offrant l'alternative d'un combat à mort ou d'une éternelle confraternité, fondée, je le répète, *sur la république universelle.*

FIN DU TOME PREMIER.

TABLE

des Chapitres du tome premier.

Chapitres Ier.	Pages	1
II.		27
III.		45
IV.		76
V.		106
VI.		138
VII.		161
VIII.		195
IX.		209
X.		239
XI.		256
XII.		270
XIII.		317
XIV.		339
XV.		362
Pièce justificative.		381

Jules Janin.

LE CHEMIN
DE TRAVERSE,
2 vol. in-8°.

Mortonval.

Un Secret d'État
1 volume in-8°.

CHARLES DE NAVARRE,
2 volumes in-8°.

DON MARTIN GIL,
2 volumes in-8°.

LES TEMPLIERS,
Par M. J. Brisset.
2 vol. in-8°.

LES MONTAGNARDS
DES ALPES,
Par FABRE D'OLIVET.

2 volumes in-8°.

Théodore Muret.

Mademoiselle de Montpensier.
2 volumes in-8°.

LE CHEVALIER DE SAINT-PONS.
2 volumes in-8°.

LES GUÉRILLAS,
Par le Comte de LOCMARIA.

2 volumes in-8°.

SOUS LES VERROUS,
Par HIPP. RAYNAL,
Auteur de Malheur et Poésie.

1 vol. in-8°.

www.ingramcontent.com/pod-product-compliance
Lightning Source LLC
Chambersburg PA
CBHW052034230426
43671CB00011B/1649